Rachel Rep
PANZERSCHOKOLADE

Roman

Mehr als eine Tonne Thanx to U &
Marc Steinhausen, Dr A. Ruoff, Dorothée Engel, Ch.v. Ditfuth, The Diddifighters, F.U.R.T., Dr.M.Gärtner, The Rep's, Köln und die Donnersbergerbrücke.

Mittwoch

Macht nichts, was soll sein, ist ja nur vorübergehend. Zweiter Stock, hinten durch, Nummer ziehen, setzen. Natürlich glotzen alle, wer die Neue ist. Gott sei Dank hat sie ihre Helmut-Schmidt-Gedenkmütze tief ins Gesicht gezogen.

»Sehr geehrte Damen und Herren, wir sind heute leider unterbesetzt. Von daher müssen Sie sich auf längere Wartezeiten einstellen. Wir bitten um Verständnis!«

Hätt' sie sich mal was zu lesen mitgenommen. An der Leuchttafel stehen die Nummern: 38, 39, 40. Sie ist die 68. Okay, kein Ding, Zeit für mindestens 25 Zigaretten. Ruhig bleiben. Die anderen müssen da schließlich auch durch. In zwei bis drei Stunden ist sie hier raus.

Das Geld aus der Coffee Lounge in Pankow ist mal wieder nicht gekommen, es ist der siebte (wie lang war *Rock am Ring* schon vorbei?), und die Miete ist noch nicht bezahlt. Sie hätte ein Foto von ihrem leeren Kühlschrank machen sollen – mit ihrem Blackberry.

Klick, 41, 42, 43. Raus, eine rauchen. Sie bittet ein eingespieltes *Frauentausch*-Pärchen um Feuer. Setzt sich wieder auf den gleichen Platz neben den Typen. Mit Blick sowohl zur Eingangstür als auch zum Fenster.

»Will jemand die 55? Ich brauch se nich' mehr!« Fünf Frauen melden sich. Die mit den rosa Cowboy-Stiefeln, Härtegrad 12, und den auffällig unbehandelten Zehennägeln – was sonst würde sich durch die obere Schicht bohren – springt auf und gewinnt. Mist, ihre verdammte Höflichkeit bringt sie noch ins Grab. Herrgott, das sind nur noch 12 Nummern, sie wäre in nicht mal einer Stunde wieder in Freiheit.

Raus. Das Kettenraucher-Pärchen steht zum Glück noch immer da. Klick, 46, Klick, 47, Klick, 48. Wieder der gleiche Platz neben dem gleichen Typ. Ob der sie für total aufdringlich hält? Vielleicht kann er ihre Aura nicht mehr ertragen, bleibt aber aus lauter Mitleid auf seinem Platz sitzen. Schließlich war er ja zuerst da. Meine Güte, man sitzt aber auch wirklich sehr eng nebeneinander hier. Die Stühle sind zusammengeschraubt. Aber im Flugzeug beschwert sich auch niemand. Und überhaupt: Der kann sie mal, was kann sie denn dafür. Der Laden ist voll! Er soll sich lieber mal die anderen anschauen! Die da drüben hat sich komplett verirrt. Die wollte höchstwahrscheinlich ins »Tiffany's« in Gelsenkirchen-Rotthausen. Saß halt im falschen Bus. Kommt vor, Hauptsache, der Lipgloss hält. Die Chancen stehen gut für sie. So kacke sieht sie heute morgen gar nicht aus. Und extra keinen Knofi gegessen, nix. Irgendwie gewöhnt sie sich an ihre Leute. Sitzen doch alle in einem Bottich, konzentrieren sich auf das bevorstehende Gespräch, das über Leben und Tod entscheidet. Es herrscht Totenstille. Jeder weiß: Wer hier sitzt, der muss niemandem mehr was vormachen, der ist *durch hell and back*, verstehste, dem machste nix vor, ja?!

In Gedanken springt sie auf, fordert ihre Freunde auf, sich an den Händen zu fassen, den Herrn zu preisen, laut die deutsche Hymne anzustimmen und in einer Polonaise aus diesem Gebäude zu fliehen.

Klick, 55. Die dreiste Kuh, verdammt, das hätte *sie* sein können. Sie hasst sich. Pah ... weißte, sie wartet auch vier oder fünf Monate hier – auf einem Bein, wenn's sein muss – ohne Krampfadern zu kriegen.

Eines Tages ... Klick, 68. *Oh my God!* Elegant, ohne eine Miene zu verziehen, fast lächelnd, wie sie es gelernt hat, damals, als die blutigen Blasen in den High-Heels bei jedem Schritt auf dem Laufsteg in Tokio, Paris, New York geplatzt sind, schwebt sie wie eine Siegerin, ja, eine Auserwählte aus dem Warteraum des Grauens und der Depression. Sie spürt, dass sie auf dem Weg hinaus noch ein letztes Mal alle ihre Leidensgenossen mit ihrer positiven Energie streift – jeder Einzelne sich schnell ein, zwei Liter Kraft abzapfen kann –, und geht. Ihr Schicksal liegt jetzt in der Hand der Dame von Platz 19. Ein ziemlich großer Raum. 50 Schreibtische nebeneinander, offenes Detektivbüro, getrennt durch Plastikscheiben, genau wie in »Straßen von San Francisco«. *All right everybody, this is a robbery!* Platz 19 ist am anderen Ende, sie muss sich sputen – jetzt bloß nicht auch noch die entnervte Zuständige warten lassen.

Und leise, vor allem ruhig und leise. Gute Laune kann man später einbauen. Erst mal ruhig, locker, demütig. »Frau Fiedler« steht auf dem Schildchen. Sie dürfte so um die Ende 20, Anfang 30 sein. Braune Bob-Frisur, Ohrringchen, Porzellankätzchen auf dem Schreibtisch.

Die Tische haben eine merkwürdige Walfischform – zur Sicherheit der Besatzung. Nicht selten kommt es zu Auseinandersetzungen. Manchmal werden die Bearbeiter auch angegriffen. Warum bloß? Es gibt nur diese beiden Sitzmöglichkeiten: entweder am Ende des Walfischs, gefühlte 20 Meter vom Ansprechpartner entfernt, oder ungefähr in der Mitte. Irgendwie vertraut sie ihr und gewährt ihr den Walfischmittelsitz mit dem Rücken zur Wand, Blick zu ihr und aus dem Fenster. Sehr gut; wenn sie gleich Inspiration braucht und sich sammeln muss, schaut sie einfach an ihr vorbei in den strahlend grauen Novemberhimmel und auf die gegenüberliegende Plattenbauanstalt und fängt im Ernstfall an zu heulen. *Method acting* ist das Stichwort.

»So, den Personalausweis bitte, was kann ich für Sie tun?«

S. senkt den Blick. Na dann:

»Ja, ähm, also, ich war ja letztes Jahr schon mal bei Ihnen, also nicht bei ›Ihnen‹, ich meine, ich habe schon einmal Unterstützung von diesem Arbeitsamt bekommen. Ich wollte die Chance nutzen und habe in diesen vier Monaten eine Fitnesstrainer-Ausbildung gemacht. Jeden Morgen um halb sechs bin ich ... ach, ich habe jede Woche mindestens drei Prüfungen ... und in der B-Lizenz, also der wichtigsten, da hatte ich 'ne 1, aber das hat alles nicht so ... – Jedenfalls bin ich jetzt eigentlich Musiklehrerin an einer echt tollen Musikschule, aber ich hab definitiv noch zu wenig Schüler, und das Café in Pankow ... also wegen der Bauarbeiten wird meine Chefin wohl bald den Laden ... und als Hostess auf der internationalen Fruchtmesse musste ich in der arabischen Halle arbeiten, und zwar am ägyptischen Stand, ausgerechnet an dem Tag, als Mubarak ... aber ... – und ich schwöre, dass ich auch bei dem Typen, der Messebau macht und 'ne Schreinerwerkstatt hat ... der dachte wahrscheinlich, bloß weil ich nicht aussehe wie Schwarzenegger hätte ich keine, aber ich hab ja ... und ehrlich gesagt, meine Miete ... und der Kühlschrank ...«

Frau Fiedler schaut von ihrem Computer hoch, wo sie ihre Daten eingesehen hat, und strahlt sie an: »Mensch, Sie sind doch die Sharona Gádji!« Sie beugt sich zu ihr rüber, ihre Augen leuchten: Wie klasse das sei, dass sie jetzt hier bei ihr sitze, dass sie sie kenne: »Ich hab euch mal in der Columbia-Halle gesehen. Ist schon länger her. Mann, war das ein klasse Konzert!« Das müsse sie unbedingt ihrer Kollegin erzählen. »Weißt du, für die Wuhlheide haben wir blöderweise keine Karten mehr gekriegt, sonst wären wir da natürlich auch hingegangen. Heute vor fünf Monaten war ich bei *Rock am Ring*! Das war großartig, aber ihr habt da diesmal nicht mitgespielt, stimmt's? Du glaubst gar nicht, wie sehr mich das freut, dass ich dich jetzt richtig kennenlerne!« Das mit dem Antrag, das werde schon wieder, sei ja nur vorübergehend.

Ihre Ohrringe baumeln. Wäre Kurt Cobain wirklich 'ne coole Sau gewesen, hätte er sie damals angerufen und sie mit in den Tod gerissen. Sie hätten gemeinsam Hand in Hand auf dem Hotelboden gelegen, er hätte erst sie, dann sich selbst erschossen, *bloody idiot!*

»Ja genau, Frau Fiedler. Das nächste Mal setze ich Sie natürlich auf die Gästeliste. Das geht klar. Und wirklich vielen Dank noch mal, Frau Fiedler.« Seeehr, sehr gute Karten – dass der Antrag durchgeht.

Wie sie so auf ihrem – dieses Jahr noch nicht geklauten – Bike durch die mit Kastanien bepflanzten Seitenstraßen in Charlottenburg heizt und unerwartet vor einer roten Ampel tatsächlich eine Vollbremsung hinlegt, in reinster Vorbildfunktion (der »Wehe-du-fährst-jetzt-bei-Rot-da-rüber-und-mein-Sohn-macht's-dir-morgen-nach-und-landet-unterm-Laster-dann-bring-ich-dich-um-und-außerdem-sind-wir-momentan-nicht-einmal-versichert-Blick« der Mutter neben ihr klemmte sich zwischen ihre Speichen), muss sie an Helmi denken. Musikmesse in Frankfurt. Sprinter vollbepackt auf dem Weg hin, die Nacht durchgefahren, von egal woher. *On the way back*, Frankfurt-München, die Karre noch vollgestopfter mit nagelneuem Equipment von vor Ort und wieder bester Dinge den Rückzug antretend, war die Welt ca. dreißig Kilometer lang absolut in Ordnung. Helmi war die letzten zwei Wochen am Stück gefahren und ließ sich auch die Rückfahrt nicht nehmen.

Nun ist man ja als Schlagwerkinstrumentalistin bemüht – sie zumindest –, auch wenn man noch so unangemessenen Bedingungen ausgesetzt ist, um Gottes willen nicht pingelig oder sogar empfindlich zu reagieren. Verkneif dir diesen oder jenen Spruch, nein, hau ihm bitte nicht aufs Maul, beherrsch dich, usw. Andererseits aber hätte es sie alle nicht wirklich weitergebracht, wenn sie mit einer Bindehautentzündung in irgendeine Linse oder angeekelte Fangesichter, die zudem für die gute Laune bezahlten, hätte blicken müssen.

»Leute, sorry, ich finde, es zieht!«
»Echt? Na, ein bisschen schon, stimmt …«
»Olli, nee, Helmi, hast du's Fenster auf?«
»Quatsch, Maikie hat …«
»So a Schmarrn, wo ziahgt's? Bei eich ziahgt's im Hirn, ihr Zipflklatscha!«
»Du, sag amoi, des kann doch net sei … wo ziahgt's denn da …?«
Hin und her, her und hin. Helmi schaut in den Rückspiegel.
»Naa …!«
Alle Blicke nach hinten, an ihr vorbei, zum Equipment, durchs Equipment hindurch, in das Blau des hessischen Himmels hinein, auf den Asphalt der Autobahn, in die Gesichter des Audi Quattro, der zwei Meter hinter ihrer Stoßstange nur darauf wartet, das eine oder auch andere herauspurzelnde Instrument elegant mit der Motorhaube auffangen zu können, sich bei der nächsten Ausfahrt vom Acker zu machen, die Kumpels anzurufen und alles schön für teuer Geld bei *ebay* versteigern zu dürfen. Natürlich nicht mit ihnen! Obwohl, wenn die Ampeg-Box nicht ganz unten verstaut gewesen wäre …

Gut, sie rechts ran, Klappe zu, weiter geht's. Irgendwann wird's immer dunkel, und sie sitzt wieder mal auf dem Beifahrersitz, damit ihre Jungs endlich ihren zwei Tage alten Rausch in Ruhe ausschlafen können, bevor sie ihren Frauen zu Hause zufällig über den Weg laufen. Sie wieder Bayern 3, Rod Stewart, lauter, alle zwei Minuten links von ihr nach dem Rechten schauen. Es hat die Augen immer noch auf. Aber ist es auch wirklich wach? Sonst: Gummibärchen reinstopfen oder: »Helmi, wie viel sind zweihundertundeinundsiebzig durch zwölf?«

Drei Uhr MEZ. Natürlich, auch ihr kann das um diese Uhrzeit passieren. Man schaut auf den schwarzen, von wem auch immer perfekt geplanten Verlauf der geteerten, mit weißen Streifen gekennzeichneten, von hohen Scheinwerfern beleuchteten Autobahnstrecke ins nebelige Nichts hinein, während im Augenwinkel die Katzenaugen der Leitplanken vorbeidonnern und denkt … Mensch, tja … vielleicht noch ein Bärle …? Plötzlich wird man von etwas, nein von *jemandem*, ja, von Helmi, durch einen entsetzlichen Aufschrei aus dieser Traumwelt gerissen.

»Naa! Des gibt's net! Hüijfe! Des gibt's doch net! Was macht die denn ... Des konnt i wirklich net seh'n! Um Gott's will'n! I dra durch!« Und fährt weiter.

»Sag mal, spinnst du jetzt, Helmi? Was ist denn? Was war denn? Brauchst du 'ne Pause? *What the ...?*«

»Na, brauch i net, i glaub, i hab grad a kloans Madl mit rote Hoar im roten Regenmantel mit rote Gummistiefl und nam roten Regenschirm überfahr'n!«

Auf jeden Fall, hast du. Und auch vier Kamele im Hasenkostüm! Mit Engelszungen usw. Er saß nach zwanzig Minuten und einer zweiten Gummi-Tüte wieder fest im Sattel, und sie riss das Radio noch weiter auf. *Relax, man.* Alles im Griff.

Halb fünf. Hammer. Komisch, das Sägen von hinten kommt ihr immer lauter vor. Wie wär's zur Abwechslung mal mit Bach?

Sie beugt sich gerade zum 99. Mal allein auf dieser Fahrt zum verflixten Radio, um den einzig erträglichen Sender, der einem die Seele mit Brauchbarem füttert, zu suchen, als – bei 160 km/h, Maximum eines Sprinters, der noch bis nach München aushalten soll – eine Vollbremsung ihren Schädel samt den daranhängenden fünfzig Kilo in die Windschutzscheibe schleudert. Den Volume-Knopf in der einen Hand, mit der anderen hält sie sich ihre schmerzenden Schneidezähne fest, blickt sie auf die Straße. Was zum ... war passiert? Ein grünhaariges Mädel mit grünem Dudelsack ... oder wie? Nichts zu sehen. Sie stehen mitten auf der Autobahn unter einer Autobahnbrücke. Blitzschnell wendet sie sich zum Heiligen Stahlhelm und versucht mit vorgehaltener Hand zu artikulieren: »*Shit*, verdammter! Bist du eigentlich noch ganz sauber? Was machen wir bitte hier?«

Helmi sieht sie verständnisvoll an und sagt: »Spatzl, mir san da«, befreit sich entspannt vom Gurt, knipst die Scheinwerfer aus und öffnet die Fahrertür, um auszusteigen.

Richtig. Genau das kann man sich an dieser Stelle sparen. Selbstredend, dass sie wie eine Wahnsinnige ausgerastet ist, ihn erst angeschrien, dann angebettelt, zehnmal geschüttelt, ihm eineinhalb dezente Backfpeifen gegeben hat, bis er schließlich doch einsehen musste, dass diese Autobahnbrücke, unter der sie standen, an der ihnen Sportwagen, die um diese Uhrzeit endlich mal richtig ausgefahren werden konnten, um die Ohren flogen und hupten, NICHT seine Garage war!

Aus der Mitte von Nichts ging's weiter durch die Nacht ... an der nächsten Raste kann man immer mal 'ne Pause machen. Warum auch nicht ... und sich schon wieder auf die nächste freuen ...

Das rote Männlein verschwand. Grün.

Jetzt aber Vollgas, erst mal nach Pankow, Abschied feiern.

»Hallo! Heute kommt endlich Ware. Bitte kontrolliere, ob alles richtig geliefert wurde. Croissants, Ciabatta, Brownies mit und ohne Nuss, Schwarzwälder Kirsch- und Marmormuffins. Könntest du doch noch einmal Mittwoch um 14 Uhr? Habe vergessen, Apfelsaft zu kaufen, wenn Nachfrage, dann hol bitte einen Tetrapack bei Penny oder bei Erkan, sag, kriegt er nächste Woche wieder. Viel Spaß, Jessi.«

Giorgo's, der Sonderzug in Pankow. Was will man mehr? Der Laden ist so übersichtlich, dass man locker, ja sogar gezwungen ist, alleine über ihn zu herrschen. Weit weg von Schickimickis, anonym, inkognito. Ein Traum, irgendwie. Fast.

Es hatten sich alle, wirklich alle Lieblingsgäste angekündigt, selbst frühere Mitarbeiterinnen, kurz und lange vor ihrer Zeit, kamen vorbei.

S. hatte mit jedem eine eigene Welt aufgebaut. Blöd nur, wenn alle gleichzeitig da waren. Sie musste sich förmlich zerreißen, um allen gerecht zu werden und ihnen ihre gesamte Aufmerksamkeit zu schenken. Das hatten sie wirklich verdient, denn schließlich, dieser Eindruck wurde ihr oftmals vermittelt, kamen sie nicht nur wegen der ausgezeichneten Kaffeebohnen, die waren dem Veranstalter mittlerweile zu teuer und man musste auf andere Verpackungen ausweichen, sondern eben auch wegen ihr. So etwas verpflichtet. Wann wird einem schon so eine Ehre zuteil? Wildfremde Menschen, die ihre kostbare Freizeit, um mal eben kurz neue Energie zu tanken, an der Koffeintanke bei *Giorgio's*, ausgerechnet immer wenn sie Dienst hatte, mit *ihr* verbringen wollten. Freiwillig, oft stundenlang. Was die letzten Monate – durchaus für beide Parteien – nicht nur ausgesprochen erheiternd, inspirierend, rührend und lehrreich war, sondern auch durch den Lärmpegel anstrengend bis unerträglich.

Die Fiberglasknochenfrau zum Beispiel. Als sie das erste Mal das Café betrat, musterte man sich beiderseits, wie Frauen das so machen, und empfand spontan eine gewisse Sympathie füreinander. Man spürte sofort, dass sie ein Herzchen war. Selbst als S. der Fiberglasknochenfrau, körperlich emotional, wie sich S. in solchen Situationen zu äußern pflegt, vor lauter Freude über … lassen wir es eine unwesentliche Gemeinsamkeit gewesen sein, die man in den ersten Sekunden entdeckte … saftig auf die Schultern klatschte, erstarrte diese zwar, wurde kreidebleich, hielt sich aber zurück.

»Oh, na ja … Du, das macht nichts, schon gut, du, das gibt jetzt halt 'nen Bluterguss über die komplette Schulterpartie, aber so was geht ja vorbei … Ich muss halt nur nachher einen Termin bei meinem Osteopathen kriegen, damit er mich wieder einrenkt. Schiebst du mir das Wechselgeld bitte bis ganz an den Rand der Theke, sonst brech' ich mir wieder die Finger, weißt du? Danke dir!«

Ja, selbst dieses rohe Ei wagte es immer öfter, wenn sie nicht gerade in der Reha war oder Termine bei südamerikanischen Wunderheilern hatte, mit der für sie lebensgefährlichen Kellnerin im Presslufthammer-Ambiente Gespräche über Kunst und dies und das zu führen. Die beiden beschlossen, wenn es möglich war, zwei Tische in unmittelbarer Nähe zu okkupieren und sich über ein paar Meter Abstand anzubrüllen.

S. lernte neben Spülmaschinen aus- und einräumen, Käsekuchenbacken, Frühstücke mit Eisbergsalat dekorieren und Milchaufschäumen unendlich viel über die einzelnen Zusammenhänge der komplexen deutschen und ostdeutschen Geschichte, die sie gefühlte siebzig Jahre zuvor niemals interessiert hätten. Sie wurde ein Fan von Friedrich dem Großen und Heinrich dem Löwen.

Heiko war eine Gattung, der S., hätte sie das Wort »Dienstleistung« oder »Servicewüste« – nicht in Pankow! – nicht so wörtlich genommen, den Hals gerne umgedreht hätte. Nun gut, jedes Haus hat sein schwarzes Schaf. Aber dieses Schaf musste sich leider mitteilen. Dinge, die keiner wissen wollte, noch nicht einmal S. Oder interessiert es Sie, wie viel die Prostituierten in dem Club die Straße runter, gleich neben dem Tabakladen, normalerweise kosten? Ach, für die Hälfte, also eine halbe Stunde mit allem drum und dran zwanzig Takken, soso … und nett sind die, reden kann man mit denen auch, besonders die aus der Ukraine sind extrem sauber und verständnisvoll, ach was …

»Hähä, oder haste Mann? Du? Bist nicht zu alt für mich, zeig mal Titten. Isch spiel immer Lotto, weiße, und letzens hab' gwonne, elf Euro, habsch Spielkonsole kaufen wolle … hammse mir nösch geben wolle … hast du Konsole, kannse mir schenke?«

Sein Hörgerät war nicht immer auf normale Lautstärke eingestellt, wer weiß, ob seine Betreuer das immer so genau im Auge hatten, jedenfalls konnte er auch Lippenlesen, manchmal verstand er. Auch das Wort »Arschloch«, oder »verpiss dich, RAAAUUUUS!!«.

Ehrlich gesagt gab es mehrere mit diesen Genen, aber Pankow, dem Laufsteg der Schönen und Reichen, tat das keinen Abbruch, in keinster Weise. Im Gegenteil, wie oft trafen sich die Alt-68er, politisch Verfolgte, Querdenker und Visionäre, die sich von keiner Regierung mehr zum Narren machen lassen wollten. »Die Merkel und der de Maizière, alles Schweine, stecken doch unter einer Decke. Das Pamphlet, das ich an den *Spiegel* jeschickt hab, ist immer noch nicht veröffentlicht worden …«

»Okay, Leute ich seh's ein, es muss klar Schiff gemacht werden! Ab heute: jeden Donnerstag um viertel nach vier. Besprechung. Vorträge, Vorschläge. Lösungen! Alles klar, bis nächste Woche.«

Nachdem das *Giorgio's* zum Dissidentencafé umfunktioniert worden war, konnte es mit dem Sturz der sieben Schweizer Freimaurer, die die Weltherrschaft bis dato in Händen hielten, losgehen.

Der einzig wahre Realist ist der Visionär. Wer würde Herrn Fellini widersprechen wollen?

Wäre nur nicht der Senat gewesen. Der entschied doch allen Ernstes, die ganze Straße noch einmal aufreißen zu lassen. Vor einem halben Jahr, anders als letzten Sommer, da ging's um die Straßenbahnschienen oberirdisch, hat man beim Renovieren der U-Bahn eigentlich alles richtig gemacht. Problem: es tropfte. Als S. bei *Giorgio's* anfing, schwelgte die Gegend noch fast in romantischer Idylle. Nach und nach wurde alles abgesperrt, aufgerissen, Rohre rein- und rausgehievt, baggern, bohren, Pressluftbohrer. Das Überleben der gesamten Straße stand wieder einmal auf dem Spiel. Von der Romantik mal ganz abgesehen. Wenn man sich als Gast oder/und Raucher doch raus, gemütlich an einen der drei Tische zu setzen wagte, hatte das schon ein verdammt ayurvedisches Ambiente, so mit einem Stuhlbein im Abgrund und mit dem anderen auf dem noch dampfenden Teer klebend, von den zutraulichen, weit gereisten Bauarbeitern mal ganz abgesehen. Andererseits war man mitten im Geschehen. Man war zum Beispiel Zeuge bei jeder noch so unbedeutenden Verkabelung. – Was S. fast schon wieder über eine Umschulung nachdenken ließ. Sie hätte manchmal gerne Beton gemischt für irgendwelche Füße. Apropos, morgens, bevor die Gäste kamen und sie wieder mal *Geo* lesend ihren ersten Milchkaffee schlürfte, spielten ihre blanken Zehen – es war Sommer im Osten – direkt vom Stuhl aus mit den kleinen Stahlzähnchen der Baggerschaufel. Da war die Riviera doch ein Dreck dagegen!

Nichts gegen eine gesunde Portion Selbstverblendung, bevor man total durchknallt. Das Problem war weniger, dass Jessi das Geld die letzten Monate schon zum falschen Zeitpunkt ausgezahlt hatte, nämlich Wochen später, also nachdem die Bank schon sämtliche Mahnungen herausgeschickt hatte, sondern vielmehr die Tatsache, dass durch die immer forscher werdende Idylle kein normaler, real existierender Mensch weder einkaufen noch in der Baggerschaufel oder irgendwelchen Rohren Chai-Latte, falls Jessi noch 'ne Packung besorgt hatte, trinken wollte. Was hieß das jetzt speziell für S.? Sie saß wieder mal auf einem sinkenden Schiff, sie konnte höchstens noch den Totengräber geben, und das auf jeden Fall für Umme, versteht sich.

»Blume 2000« hatte das Ganze in die Hand genommen und selbstkopierte Unterschriftenlisten an alle umliegenden Läden verteilt. Das Dönerrestaurant, zwischen dem Obst- & Gemüseladen und *Giorgio's*, blieb merkwürdigerweise relativ entspannt. Kein Wunder, wer sonntagmorgens schon um 7 Herrengedecke verteilt, muss sich um seine Feinde nicht mehr sorgen. S. machte der Sonntag gar nichts mehr aus. Die Lebenszeit war eh vertrödelt. Auswege finanzieller Art – Utopie. Dafür Totensonntag. Ohne den gewohnten Baulärm in unmittelbarer Nähe, quasi am Gast, bzw. auf dem Schoß, hätte sie sich fast einsam gefühlt. Gäste kamen sowieso nicht mehr. Außer ihre Lieblingsstammgäste, die ein Herz für Verirrte und falsch Abgebogene hatten. Und eben die Herrenrunde nebenan, die sich erst nur lauthals zuprostete, später ein bisschen eindringlicher, bis sich dann zur vorangeschrittenen Stunde, nachmittags um vier, eine Multi-Globalisierungs-Kulti-Runde gebildet hatte und noch nicht ausgesprochene Wahrheiten über die Nazis und andere fiese Verschwörungstheorien mit stärker pigmentierten Freunden auseinanderklamüserte.

Andererseits, war nicht ganz Berlin nach der Mauer eine einzige Baustelle? Aber warum in Gottes Namen ausgerechnet hier? Und das seit Jahren! Existenzen gingen dadurch vor die Hunde. Darauf sofort noch mehr Raki mit Bier! Grell geschminkte Frauen saßen auch dabei. S. machte sich keine Gedanken mehr darüber, ob diese für 20 Takken oder zu einem ganz anderen Tarif für zusätzliche Unterhaltung sorgten. Reden konnte man ja schon mit ihnen. Die »Terrasse« schien zumindest belebtes Tummeln vorzutäuschen. Und das war nur für alle gut.

Sicher, nett waren sie. Selbst die rot-pigmentierten Herrengedecke. Immer höflich, immer aufmerksam. Da machte es auch nichts, wenn man morgens, in der friedlichen Morgenstimmung durch einen Huster, der aus dem tiefsten Inneren der Prostata heraus oder weiß der Henker, wo der dunkle Tod im Menschen steckt, dermaßen zusammenzuckte, sich sozusagen auch der Himmel auf der Stelle lieber wieder verdunkelt hätte, als sich diesem Dröhnen eines angesägten Orang Utan, eines Godzilla quasi, weiter aussetzen zu müssen. Hmm, lecker Milchschaum, echt gelungen diesmal. Auch dieses Thema bitte nicht unterschätzen! Das *Giorgio's* war in dem Sinne kein abgegrenztes Ladenlokal, das sich stumpfsinnig nur auf die Verkostung von hundert verschiedenen Kaffeezubereitungsmöglichkeiten spezialisiert hatte. Nein, es war durch das Vorhandensein einer Durchgangstür und den Geschäftssinn der Inhaber des Gebäudekomplexes sozusagen an einen Telekommunikationsbetrieb gekoppelt, wodurch beide Geschäftsideen miteinander verbunden wurden. Die Betreiber, auch wenn sie das *Giorgio's* an Jessi verpachtet hatten, waren sich nie zu schade, den ein oder anderen Tipp weiterzugeben. Auch S., immer offen für Neues, frei von Kompetenzparanoia und bereit, Neues dazuzulernen, auch wenn es zuerst keinen ersichtlichen Zusammenhang mit ihrem Leben zu geben schien, profitierte davon. Sie hörte aufmerksam zu, wenn es um die Molekularsituation der Milch ging. »Aufschäumen« war bei Gott nicht dasselbe wie »Ausschäumen«! Ein Seminar zur Perfektionierung ihres Aushilfsjobs jagte das nächste. S. nahm die Ratschläge gerne an, schließlich waren die Betreiber des *Giorgio's* Pros auf ihrem Gebiet und sogar schon mal in Italien gewesen! So Tür an Tür freundete man sich schnell an. Ein Mitarbeiter der Geschäfts-WG, Samy, hatte es ihr besonders angetan. Er kümmerte sich nicht nur um ihre bisherigen Handy-Verträge und zusätzlichen Flatrates, sondern machte sich auch ein wenig Sorgen um ihre Zukunft. Genauso wie ihre Stammgäste.

Keiner wusste genau, was sie sonst so in ihrem Leben getrieben hatte, das war natürlich auch nicht der Punkt. S. ließ das logischerweise auch immer etwas im Unklaren, aber dass sie hier offensichtlich nicht genug, wenn überhaupt, Geld verdiente, war allen klar. Zumal sie, den Grund konnte keiner wissen, denn es war ein heiliges Ritual geworden, seit acht Monaten dasselbe schwarze, ausgefranste Oberteil trug. Ganz so unbegründet schien deren Verdacht nicht, angesichts der leeren Regale und Getränkekühlschränke. Der Verfall des *Giorgio's* war spätestens jetzt, wo es keine Kaffeebohnen, weder für Espresso noch Kaffee, mehr im Café gab, glasklar. Die Prognose hinsichtlich der Zukunft ihres Arbeitsplatzes war alles andere als rosig.

»Ach wat, sei keen Frosch, meene Kleene, geh doch mal rüber zum Hatum. Hab jehört, der sucht schon 'ne Weile nach 'ner Aushilfe, lauf doch mal schnell rüber, und frach ma. Komm, dit bringt doch hier allet nüscht, wa? Ick pass solang uff hier.«

Es war ja wirklich gut gemeint, aber in einem Kiosk zu stehen – nicht dass S. sich für irgendetwas zu schade gewesen wäre –, würde höchstwahrscheinlich nicht die mehrere tausend Euro fürs Finanzamt einbringen. Dennoch, besser als eines Morgens vor einem komplett ausgeräumten Café zu stehen und ohne die Adresse und ohne Überweisung aufs Konto ... das hatte sie schon einmal erlebt ... mit einem Reisebüro, in dem sie an einem Tag zwei Flüge nach Fort Lauderdale gebucht und bezahlt hat, aber am nächsten Tag voll Vorfreude beim Abholen der Tickets vor einem ausgeräumten Ladenlokal stand. Die Polizei hatte die Nachforschungen nach drei Monaten eingestellt. Jedenfalls war das mit dem Kiosk im Gegensatz dazu etwas geradezu Solides. Warum auch nicht? Ein Euro ist 'n Euro. Marc, ein sehr guter Freund, der sie einmal auf der Baustelle besucht hatte, um ihr gehörig den Kopf zu waschen, hätte diese Idee unterirdisch gefunden. Also, zu keinem ein Wort.

S. kannte den netten Kioskbesitzer. Wie oft ist sie quer über die Baustelle über die unübersichtliche Kreuzung geflitzt, um sich dort Kippen zu kaufen, während einer ihrer echt zuverlässigen Stammgäste wie ein abgerichteter Bullterrier im Notfall jeden Übergriff mit seinem Leben verteidigt hätte? – Oft.

Sie beschloss, im Voraus zu kündigen. Das erhöhte den Druck und war meist von Vorteil. Gerade in der Gastro.
Schock, Enttäuschung auf Jessis Seite. Revolutionäre Erleichterung auf Seiten von S. Frei. Endlich wieder frei, bis Schichtende.
Abschiedsparty im *Giorgio's* also.
Und weil sie gerade so beisammensaßen, beschloss S. sogar, sich nach all der Zeit zu outen. Sie wollte Samy und Leah, einer Aushilfe, die viel früher kapiert hatte, was eine Totgeburt war und die Reißleine schon vor Monaten gezogen hatte, nichts mehr vormachen. Ja, Schlagzeug, ja, bei »A.X.T.« Sie fühlte sich schlagartig wieder wie ein Mensch, wie etwas, was mit ihr zu tun hatte. Ein gleichwertiges Wesen, das nur mal kurz in ein anderes Milieu gestolpert war, aus unwesentlichen finanziellen Gründen. Schwamm drüber. Man muss die Reaktion der beiden nicht näher kommentieren. Erst ungläubige Gesichtsstarre, dann Freude auf allen Seiten. Gästeliste: Ehrensache! Noch 'ne Ladung letzter Kaffeebohnenreste für alle! Aufs Haus!

Aber Moment mal, wie konnte es bitte sein, dass ein Mitglied der berühmten Combo *A.X.T.*? Ausgerechnet HIER? Fragen über Fragen ließ sie mehr oder weniger gerne über sich ergehen. Absurd, und doch wahr. Während die einen mit geöffneten Mündern auf ihre Antworten gierten, entstanden an anderer Stelle bereits Grüppchen, die ihrerseits nach plausiblen Erklärungen suchten. Andere wiederum googelten, Samys Flatrate sei Dank, aufgeregt in ihren Handys herum. Kein Zweifel: Sie war es leibhaftig!

SMS wurden verschickt, Fotos geschossen, von »der von *A.X.T.*« im verrotteten Shirt, mit verschmiertem Eyeliner und zertrümmertem Dutt auf der Rübe. Inzwischen teilte Lotta, eine Freundin von der Freundin von … Zettel aus, auf dem jeder seine eigene Idee bezüglich der Zukunft »der von *A.X.T.*« aufschreiben konnte. Bei einer Sache waren sich alle einig: »Das musst du unbedingt aufschreiben! Für deine Fans!« Mhm, also für euch …, dachte sie. Die Stimmung erreichte den Siedepunkt. Ein Karnevalszug der Emotionen.

Hin- und hergerissen zwischen Scham und der ansteckenden Euphorie, Befreiung und Autogrammstunde versuchte sie einen Augenblick innezu-

halten. Der Kiosk war tatsächlich noch eine Möglichkeit, übergangslos ... Plötzlich konnte Flatrate-Samy sich nicht mehr auf seinem Stuhl halten. Er sprang auf, verschwand im Fachhandel für Telekommunikation und andere elektronische Spielereien und kam Sekunden später mit einem kleinen Gerät in der Hand zurück, rief »Ich hab's!« und knallte ein Diktiergerät von Olympus auf den Tisch.
»Da rein! Ganz einfach, ich erklär's dir kurz ...«
Der Akku sollte mindestens eine Woche halten, meinte Flatrate-Sam, und die Handhabe war selbst für sie easy.

Der Tag neigte sich langsam dem Ende, also dem späten Nachmittag, zu und so manchem wurde übel. Zu viele Kippen, zu lascher Kaffee, zu viel Stimmung. Um das Ende nicht einfach so zerbröseln zu lassen, besorgte S. sich aus der Küche des *Giorgio's* eine handelsübliche Haushaltsschere, und Samy, der Lieblingsmitarbeiter der letzten Monate, hatte die Ehre, als Zeichen einer abgeschlossenen Ära, ihr nun offiziell und im Beisein aller diesen entsetzlichen Lappen, den sie nun gefühlte fünfzehn Jahre am Leib trug, in Fetzen zu schneiden. Kein Feuerwerk, keine musikalische Untermalung einer zweihundertköpfigen Blaskapelle – und dennoch: ein pathetisch bis historischer Akt der Befreiung, an Theatralik nicht zu überbieten. Zumindest nicht in Pankow!

Abschied ja, aber nicht für immer. Schließlich würde sie, so der Himmel wollte, demnächst gegenüber arbeiten. So war doch alles halb so schlimm. Nachdem sie die Ladentür das allerletzte Mal zugeschlossen hatte, atmete sie tief durch, ließ sich das letzte Mal die Sonne – gut, gnädigerweise bohrte sich ein einzelner, unerschrockener Strahl durch die meterdicke anthrazitfarbene Wolkenwand auf ihr grünes, extra für diese Gelegenheit herausgekramtes Tanktop scheinen, konzentrierte sich und marschierte schnurstracks über die Abgründe der Baustelle zum Kiosk. Aber Halt! Vielleicht doch erst mal eine Runde um den Block, und bei der Gelegenheit das Gerät ausprobieren und sich Mut anquatschen:

Also dann, rec.:
»Guten Tag, Herr ... Frau ...«

Löschen.
»Hallo, mein Name ist ... jetzt egal, aber wenn Sie dieses Band abhören, können Sie davon ausgehen, dass ich ertränkt, erschossen, erdolcht ... Scherz.«
Löschen.
»Hallo ... ich bin eine Moorleiche.«
Stopp.

Fakt ist, dass ich geboren wurde, an einer Tankstelle, eigentlich einer Autobahnraststätte im Schwäbischen. Genauer gesagt zwischen Tailfingen, heute Albstadt 2 und Truchtelfingen, ganz in der Nähe von Burladingen, Onstmettingen und Hechingen. Musste aber gleich ins Krankenhaus, unters Sauerstoffzelt nach Tübingen. Meine Eltern waren aus Ex-Jugoslawien ausgebüchst und auf dem Weg zum Bodensee, zu einem Gig. Während ihrer Scheidung war ich dann im Kindergarten auf der Insel Krk an der Adria. Ballettunterricht, Klavierunterricht, Gesangsunterricht, rote Schwimmflügel, Serbokroatisch, Ungarisch, das übliche Programm. Onkel und Tante haben wirklich alles gegeben.

Ein paar Jahre später zurück in Deutschland mit neuer Familienzusammenstellung und endlich wieder auf Tour. Als Berufsmusiker, Gitarre, Klavier, Gesang, hatte mein Vater, der vor meiner Geburt mit seiner Band »Meteori« so eine Art Rockstar im alten Jugoslawien war, sich wohl oder übel damit abgefunden, dass ihm in Bad Dürrheim, Warburg, Bremerhaven, Friedrichshafen keine kreischenden Teenies mehr zujubelten. Mir machte es nichts aus, 25 Mal die Schule zu wechseln, entsprechend auch die KlavierlehrerInnen, Chorleiter- und GesangslehrerInnen. Hauptsache, ich war immer dabei und konnte das Klavier mitnehmen.

In Fischbach konnte man uns leider keine Wohnung, keine Pension, geschweige denn ein Hotel für das sechsmonatige Engagement meines Vaters zur Verfügung stellen. Somit hatten wir die einmalige Gelegenheit, direkt am Bodensee auf dem Campingplatz in einem Zweizimmerzelt zu wohnen. Mit Klavier. Nicht zu glauben, wie schnell man da echte Freunde findet. Allerdings musste ich üben. Meine neue Mutti war wundervoll und sehr flexibel. Ihre gesamte Familie entstammt einer ungarisch-jugoslawischen Musikerdynastie. Sie hatte zehn Jahre knallhartes Konservatorium hinter sich und war das Herumtouren gewohnt.

Es war nicht ungewöhnlich, dass Vater nach den Gigs samt Band um vier Uhr morgens auffällig gut gelaunt auf dem Campingplatz oder im Hotelzimmer aufschlug (wir wohnten zwei Monate lang im Hilton in Ludwigsburg) und wir mit allen zusammen zum nächstbesten Tümpel angeln fuhren. Mit Taschenlampe ging es los, um Regenwürmer aus ihrem Versteck zu blenden. Karpfen lieben Regenwürmer. Natürlich kam es vor, dass man auf dem Weg dorthin mal den ein oder anderen Igel an- oder überfahren hat, ich weiß es nicht mehr, ich wollte auch nicht so genau hinschauen ... Jedenfalls hatte sich das mit dem Angeln in solchen Momenten ganz schnell erledigt. Igel schmecken auch sehr gut, wenn man sie in Alufolie und mit einer Prise Salz auf der heißen Motorhaube oder direkt auf dem Motor grillt. Im Geschmack liegen sie irgendwo zwischen Huhn und Schwein.

Als ich in die Pubertät kam, meinten meine Erziehungsberechtigten, dass nun Schluss sei mit dem Vagabundenleben. Das sei zu meinem Besten, in mein Leben müsse Struktur kommen. Für meine Entwicklung als anständiges Mitglied dieser Gesellschaft sei das wichtig. So wurden wir sesshaft. In Mönchengladbach, Hockstein. Zur alten Bahn 34. Letzte Siedlung an der A 61. Zwischen der letzten Häuserreihe – 80er-Jahre-Bungalows – und der Autobahn erstreckten sich irrsinnig schöne Kartoffel- und Rübenfelder. Mittendurch, bis exakt zur Mitte der Felder, verlief ein schmaler Weg, ehemalige Eisenbahngeleise, der zu unserem süßen Hexenhäuschen führte. Später erfuhren wir, dass es sich tatsächlich um ein Eisenbahnerhäuschen handelte, das während des Zweiten Weltkrieges Verwandte von Goebbels übernommen hatten.

Wir fühlten uns ganz wohl dort. Es gab einen kleinen Hof mit Garage, im hinteren Teil lag ein schmaler schlauchförmiger Garten mit Partyraum, wo es Hund, Gänsen, Enten und unseren Hühnern sauwohl ging. An sonnigen Tagen führten Spaziergänger ihre Hunde aus, an unserer Promenade entlang. Ich war im Pubertätskrieg, aber ansonsten war alles ganz okay. Nicht so bei meinen Eltern. Wir waren nun sesshaft und zivilisiert, und so musste mein Vater sich in der Auswahl seiner Engagements noch mehr zurückschrauben. Das brachte Unstimmigkeiten ins Eheleben. Eines schönen Sommertages kam mein Vater strahlend nach Hause und erzählte von seiner neuen Band, die unzählige Buchungen für Auftritte schon ein Jahr im Voraus vorweisen konnte. Alles schien fantastisch. Es gab allerdings einen klitzekleinen Haken: die Auftrittsgarderobe. Mein Vater verschwand im Schlafzimmer, kam kurze Zeit später raus und präsentierte stolz sein Kostüm. Meine Mutter hatte gerade gekocht, »Töltött Káposzta«, mein Leibgericht, der Tisch war gedeckt. In kurzen speckigen Lederhosen mit weißer Bluse, Weste und Hut samt Feder stand er da. Er hatte sich in eine bayerische Blaskapelle verirrt.

Lautstarke Diskussionen unter Eheleuten können durchaus länger dauern, also setzte ich mich schon mal hin und begann zu essen. Anders als am Tag zuvor sank der Lärmpegel jedoch nicht nach zehn Minuten ab, nein, es schien immer leidenschaftlicher zu werden. Mutter drohte mit Scheidung, eine solche Demütigung sei ihr in ihrer ganzen Musikerdynastie noch nie untergekommen. Es sei ihr, uns, der gesamten Menschheit nicht zuzumuten, mit einem Mann verheiratet zu sein, der in einer »HUMPA-HUMPA-TÄTÄRÄÄ«-Kapelle spielen würde. Sie stellte ihn vor die Wahl: TÄTÄRÄÄ – oder wir! Theatralisch riss sich mein Dad den Federhut vom Kopf, stampfte ins Wohnzimmer und zerrte das Klavier aus dem Wohnzimmer durch die Küche, am Tisch vorbei, um die Ecke durch den Flur in den Hof, vor die Garage. Dort nahm er die an der Außentür der Garage hängende Axt und hackte das Klavier in Stücke.

Ab da war unser Ruf als Erholungs- und Ausflugspromenade dahin. Die Trümmer meiner Kindheit standen bei Regen und Schnee noch fast ein Jahr lang im Hof. Dad stieg aus der Band aus. Es gab nie wieder Sepplhosen im Haus, und das Gerede im Ort interessierte uns nicht.

Sesshaft zu werden war auch für mich nicht so einfach. Die Sommerferien, Ostern und Weihnachten verbrachten wir nach wie vor auf dem Balkan mit gefühlten 70.000 wundervollen und vor allem wunderschönen und talentierten Verwandten. Wir musizierten, genossen die Sonnenuntergänge und Moskitoattacken an den Ufern der Donau, *cruisten* mit dem Fiat 500 durch Schlaglöcher, angelten, buken Fladenbrote und grillten selbstgeschlachtete Schweine am Strand. Der Rest des Jahres war weniger Kusturica-like: Abhängen auf betonierten Kinderspielplätzen, im Parkhaus nach Fledermäusen jagen und bei deutschen Freundinnen, die mich ab und an zu sich nach Hause einluden, aus blau-weiß verziertem Meissener Porzellan Filterkaffee trinken.

Eine Zeitlang war ich tatsächlich ganz gut in der Schule. Mir blieb keine Wahl bei all dem Gehänsel, bloß weil ich nicht mit Graubrot und Nutella, sondern mit Tupperdosen voller Lammgulasch im Schulhof stand.

Trotz meiner Leistungen zitierte die Leiterin der Mädchenrealschule in Mönchengladbach meine Mutter eines Tages zu sich, um ihr mitzuteilen, dass ich die Schule verlassen müsse. Ich verhielte mich merkwürdig und respektlos. Ein Kind, das den ganzen Unterricht unter dem Tisch statt auf dem Stuhl verbringe, sei besser in der Sonderschule aufgehoben. Anstatt die Schulleiterin zu erstechen, nahm mich meine Mutter tatsächlich von der Mädchenschule. Eigentlich kam ihr das ganz recht, denn insgeheim hatte sie Angst, ich könnte dort homosexuell werden. Ihre Sorge war nicht, dass ich dann einer Randgruppe angehören würde – wir waren ja schon eine –, sondern weil ich ihr dann später keine sechsundzwanzig Nachkommen schenken würde.

Auch auf dem gemischten Gymnasium erschien es mir sinnvoll, nicht die Schlechteste der Klasse zu werden und büffelte wie wild. Der Erfolg ließ nicht lange auf sich warten: Bald wurde ich jeden Morgen vor der ersten Stunde von den Mitschülern belagert, die mir eben noch das Leben zu Hölle gemacht hatten. Sie rissen mir die Hausaufgaben aus der Hand, bedienten sich an meinem Schulranzen und schmissen mir, nachdem sie alles schnell abgeschrieben hatten, den Haufen wieder auf meinen oder auch andere Tische. Ich glaube, sie haben sich sogar bedankt!

Irgendwann machte mir die Rolle der eingebildeten und hässlichen Streberin einen Spaß mehr. Hässlich, na ja: langes glattes Haar, mit absurden Schmetterlingsspängchen platt an die Stirn gewalzt, Hornbrille Marke AOK, weil ich als Kind schielte, Zahnspange, Schuheinlagen wegen Wirbelsäulenschiefstand und das Ganze verpackt in meinem Lieblings-, weil von Mutti selbst genähten Schottenrock mit überdimensionaler Sicherheitsnadel aus der Modeserie *Spenden Sie an hoffnungslos verbaute Töchter e. V.* Mein Gott, ich war schließlich erst 14!

Schwimmunterricht war für mich uferlose Wasserratte das Tollste. Das Föhnen danach an diesen unerträglich lauten Föhnkästen weniger. Auch meinen Mitschülerinnen, denen, die »hängen geblieben« waren, also schon 'ne Dauerwelle und Schminke, Knutschen, Rauchen und sogar Alkohol hinter sich hatten, war das aufgefallen. Sie beobachteten, wie ich mir jedes Mal an diesem Kasten, leicht in Trance, mit beiden Händen vom Mittelscheitel, rechts und links am Kopf entlang, über die Huckel an den Ohren am Hals bis zu den Schultern, über die Haare presste. Zwanzig Minuten lang. Dann montierte ich die Schmetterlingsklemmen, die ich übrigens in mehr als zwölf Farben besaß, rechts und links direkt neben meine Augenbrauen, setzte die Hornbrille auf und ging zumeist direkt zum Klavierunterricht. Nicht so dieses Mal.

Cora und Lydia hielten es, selbstbewusste Fashion-Ikonen, die sie waren, für ihre verdammte Pflicht, mich vor der totalen Verschrottung zu bewahren. Energisch stöckelten sie auf mich zu und redeten – so diplomatisch, wie sechzehnjährige Mädels zu einem Nerd nur sein können – mit Engelszungen auf mich ein. Ich bräuchte eine total verrückte Umwandlung. Spangen und Brille wurden aus meinem Gesicht gerissen, kopfüber wurden mir die Haare nochmals geföhnt, während sie Tonnen billigsten Haarsprays über mich sprühten, mich toupierten, schüttelten, noch mehr Haarspray, wieder schütteln, fertig? Nein, noch nicht in den Spiegel schauen, erst noch das Allerwichtigste: der Kajalstift. Cora nahm sich das rechte, Lydia das linke Auge vor. Erst nachdem sie mir die Augen mit dem brennenden Zeug beschmiert und ihre kritischen Blicke ihr Werk für gelungen erachtet hatten, durfte ich in den Spiegel schauen.

Wer zum Henker war das? Fasziniert starrte ich auf das, was mir aus dem Spiegel entgegenblickte. Ich war zu einer professionellen Prostituierten mutiert. So konnte ich meinen Eltern keinesfalls unter die Augen treten! Davon abgesehen, dass ich befürchten musste, von perversen Lüstlingen ins Gebüsch ... Also abwischen, Schmetterlinge wieder drauf und alles bleibt bitte beim Alten.

Nichtsdestotrotz. Ich war angefixt und experimentierte so lange herum, bis die Transformation perfekt war. Immer öfter wurde ich auf der Straße angesprochen. Nicht nur von schwitzenden Bauarbeitern, Besoffskis und älteren Herrschaften, die eine flotte Haushaltshilfe suchten, nein auch von Fotografen, angehenden Fotografen und Modelscouts. In der Schule ließ ich nach. Nicht, dass ich kein Interesse mehr gehabt hätte, aber erstens war es uncool, zu büffeln, und zweitens verbrachte ich mittlerweile immer mehr Zeit auf *Castings, go sees, Fittings*, Model-Partys, im Flieger und sonst wo. Mit 18 brach ich die Schule ab, eine Agentur in Japan lud mich für ein paar Monate ein. Es wurden acht.

Die amerikanischen Models rasieren sich sogar die Unterarme. War bei mir nicht nötig, fand ich. Bei meinem ersten Job, einem Covershooting für die *Quick* – gibt's die noch? – sollte ich total happy und wie selbstverständlich aus einem weißen Porsche steigen. Ich war 17. Zurechtgemacht wie 'ne erfolgreiche 30-Jährige. Fühlte mich aber wie zwölf. Die Make-up-Artistin, Miriam aus Australien, konnte es nicht fassen, dass sich mehrere Härchen an meinem Schienbein durch die hautfarbene Strumpfhose bohrten und schleifte mich ins Badezimmer des Studios. Dort stellte sie sich mit mir unter die Dusche und rasierte mir die Beine. Jetzt kam ich mir vor wie fünf. Fehlte nur noch, dass Tante Miriam mir die Zähnchen putzte und mich ohne Gutenachtgeschichte ins Bettchen schickte. Erst Jahrzehnte später überwand ich diese Schmach.

Nach einem Jahr hatte ich aus sämtlichen Fauxpas gelernt und kam dann auch in Japan wunderbar zurecht. Als Europäer, der gewohnt ist, dass unterschiedlichste Mentalitäten auf engstem Raum zusammenleben, hat man nun mal den Vorteil, ein gewisses Feingefühl zu besitzen, sich problemlos auf fremde Kulturen einstellen zu können. Nur ein einziges Mal musste ich mehrere tausend Yen Strafe dafür zahlen, dass ich, in der Schlange zu einem der nobelsten Clubs im 82. Stockwerk eines der höchsten Gebäude, in dem die Models aus meiner Agentur fast umsonst Berge von Sushi essen konnten, Kaugummi kaute. Ich sah das ein. Besonders ästhetisch sieht das nicht aus.

In den ersten sechs Monaten war ich die einzige Europäerin in meiner Agentur und wurde eindeutig bevorzugt behandelt. Wahrscheinlich weil ich nicht morgens um acht die Tür aufriss und ein »*Hey, man, wass' up yo, great man, how many f... go sees today, man that's so f... great, yeah, see ya ...!*« brüllte, sondern gleich am ersten Tag ein höfliches »ohaio gosaimasta« aufschnappte und auf Sheba-Perserkatzen-Samtpfötchen ins Büro schlich, um mir meine 34 Termine für jeden Tag, auch sonntags, abzuholen. Zwar wieder in die alte Streberschiene gefallen, brachte mir das aber zumindest später ein Spezialticket für ein unglaubliches Konzert meines Idols Ryuichi Sakamoto ein.

Ansonsten war Alltag: morgens seine Hausaufgaben abholen, sofern man an diesem Tag nicht schon gebucht war, mit einem Stadtplan und Pumps in der Tasche losrennen und alle Studios in Nagoya, Osaka, Tokyo, wo »V.I.P. Intern. Inc.« ihre Dependancen hatte, abklappern. Es gab in dieser Steinzeit zwar noch keine Handys, aber ich hatte schon einen Walkman und einen Song, den ich ständig hörte. Sting: »I'm an Englishman in New York«.

Klar, die Japaner haben ihre Hieroglyphen und wir die unseren. Aber solange man sich in den Mega-Städten aufhält, muss man nicht unbedingt Japanisch studiert haben, denn alle wichtigen Fakten können auch auf Englisch bzw. in lateinischen Buchstaben entziffert werden. Es sei denn, man hat morgens um sieben – und ich war überpünktlich, denn das Motto meiner Agenturchefin war: »*Honey, in time is too late!*« – einen Job am Arsch der Welt, steigt in einer gottverdammten Reisfeldwüste aus, wo noch nie ein Ami zuvor gewesen ist, keine Sau in Sicht und kann ums Verrecken kein einziges Wort dieses Gekritzels aus der Ming- oder Pong-Dynastie entziffern. Bin ich hier richtig? Der einzige Mensch außer mir die vermutlich älteste Frau Japans, die schnurstracks in ihr Reisfeld marschierte. Keine Ahnung, wo ich war, auf jeden Fall an einer Endstation. Dieses Gefühl sollte sich in meinem Leben noch öfter einstellen.

Es gab keine Telefonzelle, ich hatte eh keine Nummer dabei, und selbst wenn jemand vorbeigekommen wäre, musste ich davon ausgehen, dass mich niemand verstehen würde. Die Zeit rennt, wann geht der nächste Zug und wohin? Es gab einen An-/Abfahrtplan, doch der Japaner erlaubt sich auch hier, eigene für Zahlen erfundene Schriftzeichen zu benutzen, um Menschen wie mich, die unter Schlafmangel, Zeitdruck, Hunger, Panik, Wut und Hass leiden, zu zeigen, wo das Sushischwert hängt.

Was, wenn die ganze Crew seit Stunden irgendwo anders auf mich wartet, ich aber hier einfach nie mehr im Leben wegkomme? Sie werden in der Agentur anrufen, sich auf feine japanische Art beschweren und ich werde auf die feine europäische Art schon morgen wieder im Flieger nach Hause sitzen, ohne Scheck in der Tasche! Vielleicht ertränke ich mich lieber schnell in einem Reisfeld. Wenn ich Glück habe, werden sie mich bald suchen, spätestens wenn ich mich nicht, wie seit Jahren üblich, um 18 Uhr Ortszeit in der Agentur abmelde. Sie werden mich an ein Seil binden, ich werde wie die Blonde bei Godzilla mit wehenden Haaren 300 Meter über dem Boden am Hubschrauber hängend bis nach Tokio geflogen und sanft auf den Dachgarten meiner Agentur herabgelassen. Alle werden sich freuen, mich in den Arm nehmen, keiner wäre böse. Meine Rettung würde in die Geschichte ...

Stille.

In etwa wie in »Der unsichtbare Dritte«, wo Cary Grant zu einem dubiosen Termin auf ein riesiges Feld gelockt wird, außer einer einzigen zirpenden Grille kein Laut, bis sich ein kleiner Punkt am Himmel nähert, der sich als Doppeldekker entpuppt, ihn schließlich attackiert und mit Pestiziden ... und er rennt um sein verdammtes Leben ...

Der schwarze Jeep, der aus dem morgendlichen Nebel auftaucht, hält vor meiner Nase. Kylie Minogue plärrt aus dem Radio: »I could be so lucky«. Ein gut gelaunter Fahrer entschuldigt sich für seine zehnminütige Verspätung und öffnet mir die Beifahrertür. Meine geschwollenen Lymphknoten beruhigen sich wieder. Glücklich springe ich ins Auto, siehste, wieder alles richtig gemacht. Wir fahren zum Rest der Crew an den Hafen. Von dort aus ging's auf die Okinawa-Inseln. Dagegen waren die Bahamas trocken Knäckebrot. Traumhaft.

Back in Gladbach. Zur alten Bahn 34. Inzwischen hatten mich fünf Agenturen unter Vertrag und meine Eltern konnten die Trauer darüber, dass ich jetzt endgültig keine Konzertpianistin mehr werden würde, kaum verarbeiten. Wie auch, das zerhackte Klavier stand nicht mehr im Hof – es war auch kein neues mehr gekommen.

Auf einer »La Perla«-Modenschau lernte ich Carlos, einen Spanier, der in Paris aufgewachsen war, und mit ihm die Stadt der Liebe und eine neue Agentur kennen. Wir reisten gemeinsam nach Miami, weil er dort für Guy Richie, der damals auch Werbespots drehte, als Make-up-Artist gebucht war. Auf irgendeiner anderen Artdirector-Model-Fashionvictim-Langeweiler-Party kam noch Matteo dazu. Er versorgte die Fußballerszene in Milano und weltweit mit Ferraris. Ich freundete mich mit seiner Familie, die in einer Italo-Community in Kenia lebte, an und blieb. Drei Jahre lang pendelte ich zwischen Miami und Kenia hin und her. Dazwischen schaffte ich es immer, alle paar Monate in Mönchengladbach aufzutauchen, zwei, drei Mangos aus dem Garten in Malindi auf den Küchentisch zu knallen, und wieder abzuhauen. Meine Eltern schüttelten nicht einmal mehr den Kopf.

Miami Beach, die Agentur auf dem Ocean Drive; die Fotostudios mit ihren Schminktischchen, voll mit weißem Puder, das ich dankend ablehnte, ich war sowieso gegen alles allergisch; Matteo, der immer auf anderen Kontinenten unterwegs war, mir aber alle seine Autos zur Verfügung stellte; Wasserbett in meiner von der Security bewachten Wohnung am Biscayne Boulevard ... und meine Mutter, die mich eines Morgens anruft und spricht: »Szia, tündérlevelem (Hallo, mein elfengleiches Feenblättchen). Was zum Hänkär geht hier vor? Was soll ich värdammt noch mal däm Gärichtsvollziehär ärzählän? Där will unsärän Färnsehär und die Gitarrän deinäs Vatärs mitnehmän! Ich habe ihm schon zwäi Äimer Mokka gekocht, abär är lässt nicht lockär. Är sagt, du schuldäst ihm dräiundzwanzigtausänd Mark!«

Trotz der ständigen Umzieherei in der Kindheit war mir gar nicht bewusst geworden, dass man sich immer wieder an- und abmelden musste. Ich wohnte längst in Düsseldorf, also ich war nie da, aber die Mahnungen landeten alle dort. Ach Gottchen, was soll's, dann musste ich halt wieder mal einen Monat lang umsonst arbeiten, fürs Finanzamt. Ich lud Freundinnen ein, bezahlte ihre Flüge, kaufte sämtliche eurasischen Kunst-Antiquitätenläden leer, hatte Spaß auf den

Bahamas auf einem Boot eines älteren Pärchens, sie 72, er 79, die mich Schlag sechs zum Morgenyoga auf Deck weckten, machte einen Tauchschein auf Little Huraa auf den Malediven und wäre dort ums Haar in dreißig Metern Tiefe an einem Lachflash verreckt, klapperte halb Afrika ab, wo ich mir zwei fast identische Teppiche für sechstausend Mark habe andrehen lassen, nachdem ich im Teppichbasar einen vermutlich mit Koka-Blättern gebrühten Tee getrunken hatte ...

Alles, was ich dafür tun musste, war, gelegentlich im Bikini auf einem Gletscher zu stehen, kopfüber an den Füßen angeseilt und nackt von der Studiodecke zu hängen, mir flussabwärts auf einem Floß mit einem über einem Feuerzeug desinfizierten Taschenmesser an den Augenwimpern herumpfuschen zu lassen oder zwei, drei andere Nervenzusammenbrüche im Monat einzustecken ... Bis Carlos mich eines Morgens, wir wohnten gemeinsam in München-Bogenhausen, ernst ansah: »Chérie, listen, wie du dir stellst Lebben weiter, ha?! Du bist jetzt 23, es ist sehr spät für mehr modeling. Bon, was, wenn wir eine schönne Piano kaufen, und du wieder ...«

Well, wahrscheinlich hatte er es auch bemerkt. Ich hatte mindestens ein Kilo, wenn nicht mehr, in der Weißwurschthauptstadt zugenommen. So würde das wohl nix mehr mit Lingerie und so ... Aber noch zehn Minuten oder eine Viertelstunde könnte es doch so weitergehen ... die Lebben ...?

Piano, ich glaub, es hackt! *Never ever!*

⓿⓿⓿

Na also, war doch gar nicht so schlimm. Lass sie doch alle gucken.

Der Kiosk hatte sonntags mindestens so lange geöffnet wie das *Giorgio's*. Mehr wusste sie nicht. Solange die Zeitungsständer draußen zu sehen waren, war's nicht zu spät.

Noch behinderte eine Straßenbahn ihre Sicht auf das Tabak- und Spirituosengeschäft. Die fast unbesetzten Wagons bretterten an ihr vorüber. Die andere Seite der Baustelle, die »Westseite« sozusagen, war für die anderen immer tabu. Gut, man ging davon aus, dass die drüben auch jemanden gefunden hatten, der eigene Unterschriftszettel für alle kopiert und verteilt hatte. Die Straßen in Berlin können eben sehr breit sein. Nur S. musste, wenn die Tage sich wieder wie Kaugummi zogen und sie aus Verzweiflung viele Kilo kubanischen Tabaks inhalieren musste, um einigermaßen locker zu wirken, drüben wieder für Nachschub sorgen. Bald würde sie an der Quelle sitzen. Vielleicht gab's für Mitarbeiter sogar Rabatt. Die zwei Treppenstufen vor der Eingangstür ließ sich ein kreischendes Kind von seiner fluchenden Mutter am Oberarm hinunterzerren. Kein Wunder, die Arme war zudem noch vollbepackt mit allem, was liebende, süchtige Mütter, die zum achten Mal schwanger sind, brauchen. Sogar hier hatten sie die NPD-Wahlplakate noch nicht abgenommen, obwohl die Bürgermeisterwahl seit Wochen gegessen war. Definitiv kein Unterschied, sie wusste das. Sie stellte sich an den roten Coca-Cola-Plastestehtisch, ließ das Familienglück vorbeirollen und ging als Nächste hinein. Der hagere, grau melierte Ladenbesitzer grüßte mit einem »Hallo« in Mediumlaune. Eine schrille Frauenstimme aus dem hinteren Teil der Teeküche verstummte im selben Augenblick.

»Hallo, wie geht's? Na, etwa wieder sechs Richtige?«

»Hach, nee, das isse, meine Fraue, isse wieda saua, unsa junge Sohn ... Schule unsoweida, tja. Wie imma?« Der zuvorkommende ältere Herr aus einem fernen Land lächelte. Sie hatte das Ehepaar leider nie miteinander sprechen hören.

»Nein, nein, ich hab noch, danke. Ich wollte mal was ganz anderes.«
Krampfgrinsen.

»Na, ich muss leider ... das *Giorgio's* zieht um, und ... wie soll ich sagen, ein Gast, der gerne bei Ihnen ... sie meinte, Sie suchen eventuell jemanden, der Ihnen ab und zu oder auch öfter hilft?«

»So, wie ... äh ... ja, sagen Sie das ... kann sein, kann sein ...«
Kann sein, na toll! Schnapsidee, verdammte. Vielleicht hatte er ihr Anliegen gar nicht so recht verstanden. Sie sollte schnell eine Alibipackung Kippen kaufen und sich schleunigst verkrümeln. »Ach, nein, das war bestimmt eine Verwechslung, und ...«

»Nee, bitte, warten ... hol meine Frau ... Moment ...«

Wahrscheinlich waren es die zärtlichsten aller Worte, die sich ein Ehepaar sagen kann, nur klangen sie für europäische Ohren wie eine Kampfansage des Dschihad.

Die Frau des Hauses schob augenblicklich den gemusterten Vorhang zur

Seite und schlurfte in den vorderen Bereich des Ladens, während sie ihre Hände in die farbenfrohe Schürze wischte.

»Hallo?«

»Ja, hallo ...«

S. leierte denselben Text von eben herunter, nur 5 Dezibel leiser, war schon einen Schritt zurückgetreten, in der Hoffnung, gleich die erlösende Absage zu bekommen und ihre Blamage in Ruhe auf dem Fahrrad, während der recht langen Fahrt nach Hause, verarbeiten zu dürfen.

»Doch, doch, keine Problema ... gut, gut ... kommen Sie, setzen ... Kaffee?«

Diese Menschen boten nicht nur auf dem großen Schild im Schaufenster Kaffee an – sie hatten auch welchen!

Gesagt, getan. Butter bei die Fische. Klartext. Das gefiel S. Sie fühlte sich schon im ersten Moment, als die beiden da so vor ihr standen, wie die Tochter, die gerade ihr Taschengeld für die Disco-Rollschuhbahn bekommen hatte.

Selbstverständlich wurde sie auch nach persönlichen Details gefragt. Man will seinen Angestellten schließlich trauen. S. hatte in der letzten Zeit viel Erfahrung durch Bewerbungsgespräche sammeln dürfen. Bloß dieses Gespräch hier schien zuweilen in andere Sphären abzudriften, was aber bei anderen Kulturkreisen auch ganz natürlich war, fand sie.

Einen erfrischenden Automatenkaffee und zwölf Zigaretten später vereinbarte man, S. am nächsten Tag probearbeiten zu lassen.

Albanien, auch ein schönes Land, mit Sicherheit.

Sonst hatte sie sich immer Schlag 18 Uhr mit Scheuklappen auf ihr Fahrrad geschwungen und war vogelfrei Richtung Charlottenburg gesegelt, hatte im Laufe der Reise *peu à peu* ihre vor lauter Höflichkeitsgegrinse – unnötig, wer wollte das hier schon? – wie festgetackerte Gesichtsmuskulatur entspannt und die abgeschlafften Muskeln im Fahrtwind schlackern lassen. Eins war klar, falls sie sich beim Probetag bewährte, würde sie ganz entspannt hinter dem Tresen stehen dürfen. Ihre neuen Chefs verlangten mit Sicherheit nichts, wozu sie selbst nicht fähig waren. Bemühtes Kampfgrinsen adieu, dachte sie erleichtert.

Da an Einschlafen wieder mal nicht zu denken war, beschloss sie, sich noch einmal mit dem geliehenen Aufnahmegerät zu befassen. Sie könnte das vollgequatschte Band ihrem guten Freund Herrn de Hoop schicken. Obwohl der mittlerweile Naturdokumentarfilme drehte. Oder einem Psychiater, der auf hoffnungslose Fälle spezialisiert war. Zur Not tut ein Gespräch mit sich selbst auch einfach gut. Wo war sie stehen geblieben? Beim Klavier!

◍◍◍

Das Klavier war wieder da, ich übte jeden Tag. Es war die Hölle, aber auch schön. Trotzdem, es war an der Zeit, Carlos reinen Wein einzuschenken. Ich hatte da eine andere Idee.

Ein paar Jahre zuvor hatte ich mir ein Konzert von Jeff Beck in der Kölner Sportarena angeschaut. 96 Prozent der Bühne bestanden aus Schlagzeug. Links in der Ecke begnügte sich Jeff Beck mit seinem Plätzchen. Terry Bozzio also, unübersehbar. Unüberhörbar. Spektakulär! Ich war paralysiert, infiziert, homogenisiert und pasteurisiert. In meinem Umfeld musste ich mich bis dato nur mit Saiten- und Tasteninstrumenten auseinandersetzten. Ich hatte diese Art von Monsterinstrument nie wahrgenommen. Drums? Braucht kein Mensch!

Am selben Abend, nach dem Konzert, durfte ich mich an das Schlagzeug eines Freundes setzen. Ab da wusste ich: Es gibt kein besseres Gefühl für den Körper. Aber das Erlebnis verschwand in einer der hinteren Ecken meines Schädels. Jetzt, fast zwei Jahre später, empfand ich zwar eine quälende Freude an der Nostalgie des Klavierspielens, hatte aber gleichzeitig Sehnsucht nach diesem anderen, diesem, mich magisch anziehenden Monsterinstrument. Keine Ahnung, warum. Völlig unsinnige Sachen auszuprobieren ist doch nichts Schlimmes, oder?

Um nichts auf der Welt konnte ich mich dazu durchringen, mich freiwillig wieder an einer Musikschule anzumelden. Carlos übernahm die Führung. Ihm war eine Anzeige einer Schlagzeugschule aufgefallen. »Chérie, une surprise, on y va!« In meinem damaligen Outfit, einem Hauch von kurzem Nichts, überdimensionalem Schuhwerk, hysterisch aufgebrezelten Haaren, schritt ich mit Carlos – er im Anzug – die Stufen zu »Drummer's World!«, einer der renommiertesten Schlagzeugschulen Europas, hinab.

Der Weltraum. Unendliche Weiten und Schlagzeuge, soweit das Auge reicht. Gewohnt, die Blicke auf mich zu ziehen, blieb ich am Ende der Stufen verzückt stehen, machte eine Pose wie die Freiheitsstatue, die gerade ein Taxi heranwinkt. Ein leuchtendes Wesen begrüßte uns: Roy, der Guru der Schule. Er fiel meinem Freund um den Hals, mich musterte er kurz und mitleidig. »Bon jour« hin, »bon jour« her, die beiden verwickelten sich in ein frankophiles Geplänkel. Ich glaube, es ging auch um Sartre und Victor Hugo. Nach gefühlten neun Stunden, meine Zehen schmerzten, fuchtelte Roy mit dem Aufnahmeformular in Carlos' Gesicht herum. »Mais non, monsieur, c'est Sharonne, qui veut jouer la battérie!« »Ach was, ach du Kacke«, hörte ich seine Augen sagen. Missmutig ließ er mich den Vertrag unterschreiben. *However*, ab jetzt gab's für mich nur *eine* Arbeitskleidung: versiffte Jeans, Turnschuhe, XXL-T-Shirt, Zopf, Punkt! Mein Lehrer, Mathew, der die heißesten Schlangenboots à la »Bon Jovi« trug, stellte mich nach kurzer Zeit knallhart vor die Wahl: »Also, entweder du eierst weiterhin als Model durch die Gegend, oder du hörst mit diesem Schwachsinn auf und übst jeden *goddam day*!« *Yeah*, *all right*, ich bin dabei!

Das war der Startschuss in die selige Brotlosigkeit.

Kein Besuch, selbst wenn man sich seit Jahren nicht mehr gesehen hatte, war mir böse, glaube ich, dass ich ihn gleich nach dem Begrüßungsmokka erst mal um den Block geschickt habe. Ich wollte doch nur in Ruhe auf meinem Gummipad Paradiddle üben! Meist sahen meine Freunde ein, wie ernst ich meine Hausaufgaben nahm und packten am nächsten Tag die Koffer, allerdings nicht ohne ihre Bewunderung für meinen unbeirrbaren Fanatismus Ausdruck zu verleihen.

Mir selbst kam der absurde Wandel in meinem Leben gar nicht so merkwürdig vor. Klar, würde sich vor allen Dingen finanziell einiges ändern, aber das war doch nichts gegen meinen wiedergewonnenen Sinn im Leben – der vielleicht doch keiner war? Wer sollte das in diesem Stadium schon wissen? War nicht alles irgendwie Risiko? War das nicht das Spannende? Mein Lehrer war anscheinend überzeugt von meinem Talent. Das und meine Freude bzw. mein unerklärlicher Drang, einfach weiterzumachen, reichten. Mit wem hätte ich überhaupt darüber reden sollen? Meine Verwandtschaft war seit Jahrhunderten auf Saiten- und Tasteninstrumente fixiert. Drums waren nicht existent – oder zumindest unwichtiger als Husten. Wer hätte eine Antwort auf die Frage »Warum zum Henker hockst du hier stundenlang vor einem schwarzen, rochenartigen Gummipad und klopfst wie 'ne Irre vor dich hin, obwohl du gar nicht weißt, ob und was dir das jemals bringen wird? Du könntest tausend sinnvollere Dinge tun, die Welt geht zugrunde, und du ...?« – eben. Keiner. Auch ich hatte, ehrlich gesagt, keine großen Pläne in petto, keine atemberaubenden Wünsche, keinen Plan B noch A, überhaupt keine Vorstellung, wie das hier weitergehen sollte. Sich mit Aushilfjobs über Wasser halten zu müssen, anstatt gemütlich im Flieger zu sitzen und sich auf den nächsten Hänge- oder Tauchjob freuen, war kein schöner Gedanke, aber wenn's dich erwischt, erwischt's dich. In zehn Jahren hätte Carlos recht gehabt, wenn ich total ausgefranst und zu Tode gelangweilt in einem schlecht sitzenden Kostümchen der Billigfirma XY vor der Linse zum hundertsten Mal im selben Studio gestanden hätte. Aber wer weiß, ob es wirklich so schlecht gelaufen wäre? Bis jetzt hatte ich mich wirklich nicht besonders zerreißen brauchen, um in dieser Branche meinen Platz zu finden. Aber es stimmte schon, eine Bewusstseinserweiterung war zu diesem Zeitpunkt schon lange nicht mehr in Sicht.

Jetzt also *Drums*.

Das, mein Leben lang verhasste, Üben nahm ich in diesem Fall so übertrieben ernst, dass sich Carlos über mein autistisches Verhalten einerseits zwar freute, andererseits ging mein manisches Verhalten ein wenig auf Kosten unserer Leidenschaft. Etwas ganz Besonderes hatte ich da für mich entdeckt, und das war ganz *mein* Ding, mit dem ich am liebsten *allein* die Zeit verbringen wollte, egal warum.

Ich schickte Carlos zurück nach Paris zu Victor Hugo, wo er eh glücklicher war als in »Weißwurst-City«, und nahm mir eine kleinere Wohnung. Sehr praktisch. Streckte ich mich auf der Matratze aus, berührte mein Kopf die Kühlschranktür, während meine Füße aus dem Balkon wehten. Diverse Aushilfsjobs versüßten nun mein neues Leben. Montags, mittwochs und freitags stand ich in einer Pausendruckerei, in der mich 200 Architekten, Dozenten der TU und deren Studenten belagerten und ihre architektonischen Meisterwerke in der von mir persönlich bedienten, fünf Meter langen Druckmaschine zu einer Pause umgewandelt haben wollten. Das konnte etwas länger dauern, wenn zum Beispiel mal die Druckertinte alle war. Die Chefin hatte nach einem Monat Erbarmen und bot an, mich für den Rest des Monats zu bezahlen, wenn ich sofort ginge. Dienstags und donnerstags bediente ich in einem Fischrestaurant. Meinen tamilischen Kollegen bereitete es das höchste Vergnügen, mich jedes Mal, wenn ich ihr Küchenreich betrat, um Teller abzustellen oder sie mit fantastischen Köstlichkeiten beladen wieder zu den Gästen hinauszubringen, mit den Augen der aus den für die Bouillabaisse ausgekochten und ausgepulten Fischköpfe zu bewerfen. Ich rannte, ständig schreiend vor Ekel, raus und rein. Beschwerden ließ mein Chef nicht gelten. Er nahm sich sogar die Zeit, um mir zu erklären, es sei ein tamilischer Brauch, die gekochten Fischaugen zu rösten und sie zuhause beim Fernsehen nebenbei wie knusprige Chips zu verzehren. Ich kündigte trotzdem.

Am Wochenende kellnerte ich in einem Café, dessen Besitzer persischer Herkunft mich nach nur zwei Monaten nicht mehr aushielt. Dabei hatte ich nur professionellen Einsatz zeigen wollen, als ich eines Abends, nach Feierabend, ein letztes Mal über die fünfstöckigen, mit Gläsern gefüllten Regale wischen wollte, und dabei die gesamte Kollektion herunterriss.»Sharona, ich bitte dich, lass die Trümmer meines Lebens dort liegen, trink noch einen Kaffee, und dann geh. Geh mit Allah, aber geh!«

Abends übte ich immer in der Schule.»Und wenn du ein Licht am Ende des Tunnels siehst – geh bloß nicht hinein!« Mittlerweile hätte ich höchstens noch bei einem Casting für Grottenolme mitmachen können. Das war meinem Lehrer auch nicht entgangen. Mehr als zweieinhalb Jahre betreute er mich schon. Mit dem Schlagzeug kamen wir allerdings gut voran. Ich absolvierte mehrere Prüfungen, die mit Video und hochkarätiger Jury in meinem Rücken aufgenommen wurden, während Roy auf dem Fußboden robbte und mir die ständig verrutschende Bassdrum festhielt. Alles richtig amtlich. Ich übersprang sogar eine Klasse, und es gab eigentlich keinen Grund zu verzweifeln. Dennoch meinte mein Förderer, mich in die Welt hinausschicken zu müssen. Es sei jetzt an der Zeit, mir eine Band zu suchen oder auch mehrere, es sei Quatsch, immer nur für sich allein spielen zu wollen. Idee des Schlagzeugspielens sei, Teil eines sozialen Gefüges – sprich *Bandmitglied* – zu sein. Es sei ein Geben und Nehmen, ein Miteinander, und er hätte einen grandiosen Vorschlag, wie ich mich finanziell super über Wasser halten könne.

Mich grauste. Wenn ich eines nicht war, dann sozial. Meine Berufung hatte ich längst gefunden. Mir reichte es völlig, alleine im Keller vor mich hinzutrommeln, es gab für mich nichts Schöneres. Warum und für wen in aller Welt das ändern? Kein Grund. Soweit ich mich erinnern konnte, war ich immer solo unterwegs gewesen, und das hatte bis jetzt auch hervorragend geklappt.

Der Vorschlag jedoch, der mich endlich vor dem finanziellen Abgrund bewahren können sollte, klang ganz gut: Mein Lehrer spielte außerhalb der Schule natürlich auch in verschiedenen Bands. Unter anderem hatte er die letzten zwei

Wochenenden für eine Schlagergesangsgruppe gespielt. Richtig cool sei das gewesen. Die hätten mal den »Grand Prix« gewonnen und würden jetzt noch mal so richtig durchstarten. Mit fetter Band und Plattenvertrag und Tour und so. Suchten allerdings 'ne Sängerin. Das sei doch kein Problem für mich, ein paar Schlager am Wochenende zu trällern und dann mit drei-, viertausend Mark nach Hause zu gehen? Nee, stimmt. In der übrigen Zeit würde ich üben! Üben! Üben! Und mit meiner ersten Mädelsband »The Hoover Girls« Nekrophilie und andere Morde besingen. Guter Plan.

Die »Band« hieß »Sturm« ...

»Ja, selbstverständlich haben wir dieses Oberteil auch in 36. Aber leider nicht in Beige, sondern in Crème, besser gesagt in einer Art Eierschalenfarbe, die perfekt zu der anderen Hose von eben passen würde ... ›ton sur ton‹, sozusagen ... Hammer ... wie das bei Ihnen sitzt, wie ausge... angegossen ... mhm, ja, ja!«

Ich konnte nicht fassen, was ich da eben gesagt hatte, und starrte aus dem Schaufenster der Edelboutique eines Mafiosi aus Modena namens Francko in der Hohenzollernstraße, der Shoppingmeile in München, während meine pyramidenförmig gebaute Kundin abermals in der Umkleide verschwand. Um 18 Uhr Schlagzeugunterricht, dann Probe mit meiner nekrophilen Mädelsband. Am nächsten Morgen sollte ich mich mit ein paar intellektuellen Jungs, Journalisten und Ingenieuren treffen, die etwas, sagen wir, »kopflastige« Instrumentalmucke machten, und 'nen Drummer brauchten. Das wäre dann, im Sinne meines musikalischen Erziehungsberechtigten Mathew, die 7. Band gewesen. Am Nachmittag dann Termin bei »Weiß-der-Geier-Records« in Giesing, Werbejingle für Dings. Und am Wochenende gab's *cash* auf 'ner Gala in Untermenzing. Wieder »Rocky Horror Picture Show«. Ich als »Magenta« mit Jimi-Hendrix-Perücke. Die Speditionsfirma, bei der ich eineinhalb Jahre zuvor aus Platzgründen mein Klavier abstellen musste, hatte sich gemeldet. Die monatlichen Miete belief sich inzwischen auf 546,– DM. Ich würde mich nächste Woche mit dem Typen treffen müssen, der sich auf die Annonce »Historisches Piano zu verkaufen« gemeldet hatte. Es läuft!, dachte ich mir.

Ein blutroter Chevy ohne Verdeck, aber mit Inhalt – drei gestylte Vorstadt-Cowboys mit Sonnenbrillen und Gel im Haar –, schob sich in mein Blickfeld. Ja, er hielt sogar direkt vor meiner Nase. Miami kann überall sein, dachte ich. Die

Jungs schwangen sich von ihren Pferden und betraten meinen Arbeitsplatz. Das machte wohl mächtig Eindruck bei meiner stoffwechselerkrankten Kundin. Sie flüchtete.

»Grüeß di, Schärrn! Du, mir sann die Gruppe ›Sturm‹, weißt, mir hamm mi'm Mätju gschprochn, du hättst Bock, da mit uns mitzumacha, ha?! Jo, sag hoit was, Schärrn?!«

Crazy shit, dachte ich. Mit dem crème-, bzw. eierschalenfarbenen Oberteil in der Hand begrüßte ich die bayrischen Stars, die eindeutig zu mir wollten. Richtig. Mein lukrativster Nebenjob *ever* stand vor mir! So, jetzt erst mal einen guten Eindruck machen. Ich hampelte, Trüffelpralinchen der Sympathie um mich werfend, durch den Laden. Binnen Sekunden war klar: Wir gehören zusammen! Ein Termin im Studio in Grünwald, wo schon ... und vor allem Dings, 'ne Platte aufgenommen hatten, wird vereinbart.

Frohlockend verließen mich meine neuen Freunde. In weiser Voraussicht, dass mein finanzielles *Backup* nun gesichert war, kündigte ich schon mal bei Francko. Am darauffolgenden Mittwoch stand ich in der Gesangskabine des weltbekannten Studios in G. Vor mir ein *Sheet* mit einem Text drauf, für den meine Mutter mich erschlagen hätte, hätte ich ihn geschrieben.

»So, also, Schärrn«, ermuntert mich der grau melierte Herr, der weltberühmte Produzent von Dings, aber auch ... Na, jedenfalls ...

Ich hab's wirklich versucht, ich habe an die gesamten Grausamkeiten dieser Erde gedacht, an den 1., 2., 3. Weltkrieg. Doch es half nichts. Vor Lachen gekrümmt, wälzte ich mich auf dem grauen Teppichboden.

»Sag mal, das gibt's doch nicht, dass du diesen Song nicht kennst ... Der hat doch damals ... den ›Grand Prix‹ gewonnen, weißt du das denn nicht? Es gibt niemanden, der diesen Text nicht kennt, Mensch! Komm, versuch's noch mal!«

Ich tat, wie mir befohlen: »Lass die Gefühle in dein Herz, du musst an dich glauben ... Du bist nicht allein ... «

Jedenfalls saßen wir eine Stunde später in einem Sternerestaurant, das übrigens auch im Guide Michelin in den Himmel gelobt wurde, und besprachen die »Marschroute«. Ganz klar, ich war dabei, die Texte müsste man halt noch verinnerlichen, aber das würde sich ja automatisch ergeben. Mein Portemonnaie hatte ich zufällig nicht dabei. Kein Problem, Zahlemann & Söhne saßen ja am Tisch.

Der erste Gig stand schon fest. Eine Autohauseröffnung in Oberunterammerpolging. Wochenlange Proben. Auch Jacqueline, eine Sängerin aus dem schönen bayrischen Wald, blond, klitzeklein, war als mein Pendant mit im Boot. Der Höhenunterschied machte sich allerdings nicht so gut, rein optisch, in den Leopardenkostümen. Sie wurde gefeuert. Fünfzehn weitere Bewerberinnen auch. »Shärrn, such du am besten selber aus, schließlich musst du ja mir ihr klarkommen, uns is dös egal.«

Endlose Verhöre später erschien Silke in der geräumigen Küche des Studios. Die Jungs unterhielten sich im Nebenraum. Ich freute mich schon auf die neue Bewerberin, womöglich der Beginn einer tiefen Frauenfreundschaft, und betrat die Küche. Sie saß brav am Tisch, die blonden Haare auf 80er geföhnt, riesige Ohrringe, blauer Kajal zu blauen Augen und alles was man so braucht, um gut rüberzukommen.

Ich ging mit dem gleichen offenen Strahlelächeln, das auch sie mir entgegenbrachte, auf sie zu und begrüßte sie.

»Hallo, isch bin die Silke aus Mönschengladbach.«

Was für ein Zufall. Ein Zeichen? Wie es so meine unkontrollierte Art ist, haute ich ihr freudig überrascht auf die Schulter: »Nein, das glaub ich jetzt nicht!« Sie hatte sich wohl nicht fest genug am Küchentisch festgekrallt, fiel seitlich vom Stuhl, riss ihn mit sich um und als sie mit dem Kopf auf den Fliesen aufschlug, war der Knall so laut, dass meine männlichen Kollegen augenblicklich mit aufgerissenen Augen in der Tür standen. Dieses Aufeinandertreffen war bezeichnend für unsere spätere Beziehung und Zusammenarbeit. Wer diese Beule so lässig einstecken konnte, war auf jeden Fall eingestellt!

Wir waren zu fünft. Unterschiedlicher hätte man nicht sein können. Fünf verschiedene Mentalitäten, die den deutschen Schlager und das Rad hätten neu erfinden können, wenn man sie gelassen hätte: ein professioneller Schlagersänger auf dem tiefsten Ruhrpott, ein ausgebildeter Handwerker und Inhaber eines Logistikunternehmens im tiefsten Bayern, eine Friseurin mit Meisterbrief aus meiner Ex-Pubertätscity, ein Halbafrikaner, zu Hause in Simbabwe eigentlich Stammeshäuptling eines ganzen Dorfes der Ndebele, hier Schlagzeug spielender Nicht-Schlagzeuger an nicht mit Strom versorgten Elektro-Drums und – ich. Das konnte mich in meiner »Ich-intergrier-mich-und-es-macht-mir-gar-nichts-aus-denn-das-muss-ich-noch-unbedingt-lernen-weil-total-wichtig-für-irgendwas«-Entwicklung nur weiterbringen.

Die Platte wurde eingesungen, eine riesen Promotion geplant: Auftritte stapelten sich, vom Bierzeltgig bis zum Jubiläum des 250-jährigen Bestehens der

Freiwilligen Feuerwehr in Beilngries. Es ging ab, und es sollte noch besser werden. Das hoffte ich doch sehr, denn bei aller Liebe und dem Enthusiasmus – und vor allem der Zeit –, die für dieses enorme Projekt draufgingen, kam ich trotzdem irgendwie mit meinen Mietrückständen nicht nach.

Zum zweiten Mal im Leben klapperte ich jede einzelne deutsche Tankstelle ab. Nicht, dass mich das gestört hätte, das Touren war ja schließlich mein Zuhause, aber sich zu fünft an der Raste eine, maximal zwei Bockwürste teilen zu müssen, erschien mir doch am Thema vorbeizugehen. Aber: durchhalten! Hauptsache, nicht mehr mit Fischaugen beschmissen werden!

Auch Fernsehauftritte, auf die ich bitte nicht näher eingehen möchte, häuften sich. Erstaunlich, was Playbackjobs im – unter anderem – Schneehasenfellimitatkostüm, umgeben von brennenden Fackeln, herzförmig aufgestellt, oder hunderten von Weinbembeln, Kunstblumen und »Hängematte vor Fototapete mit Sonnenuntergang« aus einer zarten Seele machen können ... Da waren Vaters Seppl-Hosen nichts dagegen. Aber von mir konnte man sich auch nicht scheiden lassen.

Von all dem wusste Mathew nichts. Ich übte weiter in den von ihm und seinen Freunden fertiggestellten Studios und Proberäumen an der Donnersberger Brücke. Und zwar am echten Schlagwerk. Wie versprochen. Nach acht Monaten Herumklopfen auf einem Übungsrochen hatte ich mir das verdient.

Die »Universum Studios« waren mein neue Heimat. Ein enormer Gebäudekomplex im Hinterhof. Im linken Teil gab es eine Moschee, »Islam e. V.« oder so. Schnell gewöhnte man sich daran, wenn man mal in Gedanken um die Ecke bog und gerade ein Hammel geschächtet wurde, tausende von Schlappen vor der Tür lagen und es lecker nach ... was Guuutem roch, einfach mit einem schwungvollen Satz über die Blutlache zu springen, um die Treppenstufen zu erreichen, die hinunter in die Katakomben zu den Proberäumen führten. Auf der ersten Etage befand sich eine Taekwondo-Schule, darüber die »Freitänzer«, darüber ein Trommelbefreiungskurs für die Hausfrau-und-Mutter, ganz oben ein Swingerclub und die »Universum Studios«. Ich sag mal so, es war immer was los.

Die *Hoovergirls*, zwei Gitarristinnen und eine Bassdame, waren noch aufgeregter als ich. Es fand quasi eine Audition statt – meine erste, um Gottes willen! –, auf der wir ein paar ihrer abgefahrenen Stücke anspielten. Nach einigen Stunden legten die Mädels ihre Instrumente beiseite und sagten: nichts mehr. Vier stumme Fische saßen auf dem dunkelroten Proberaumteppich und starrten in

die Ferne, auf den schwarzen Mollton an der Wand. Irgendeine von ihnen überwand sich schweren Herzens, sah mich an und fragte ganz mutig: »Was meinst du ... würdest du denn eventuell, also, wenn du Zeit hättest, ab und zu ... vielleicht ...?«
»JAHAA!«
Dort probte also die komplette Besetzung der H.Girls und dort lernte ich auch zwei flotte Typen kennen, mit denen ich endlich ungeniert und ausgelassen plumpe Stücke spielen durfte und einen Heidenspaß dabei hatte – es ging ja um nichts, und wir nannten uns »Black«.

Die halbe Woche saß ich mit *Sturm* im Sprinter. Wir hatten einen Job auf der Automobilmesse. Meine Kollegen waren auch nicht auf den Mund gefallen, sondern gewiefte Geschäftsleute, und so ergab es sich, dass sie einem Autohändler amerikanischer Luxus-Vans einen super Deal aus der Tasche laberten. Schnell wurde eine GbR gegründet, ein lächerlicher Kredit aufgenommen, und schwupps, ein paar Wochen später saßen wir im amerikanischen »way of life«-Van, so einem, den auch Elton John fuhr ... fahren *ließ* – und aßen nur noch eine halbe Bockwurst auf der Raste. Der »Drummer«, Tommy, kam nach dieser gelungenen Aktion in Fahrt und machte bei der nächsten Gelegenheit bei einem Autohausauftritt für eine der renommiertesten deutschen Automarken einen weiteren Deal klar. Er leaste und verkaufte das Coupé ein Jahr später mit Gewinn, besorgte sich wieder das neueste Modell, um es erneut ein Jahr später zu verkaufen und so weiter. Die anderen Jungs folgten binnen Kurzem diesem lukrativen Geschäftsmodell und bald war, zumindest für die männliche Bevölkerung der Band, dies die Hauptbeschäftigung und Einnahmequelle.

Meine Eltern, inzwischen längst wieder in Ex-Jugoslawien, bzw. auch im Häuschen am idyllischen Balaton, konnten auch deutsche Fernsehsender empfangen und schauten meinem Untergang besorgt zu.

Rund zweihundert Tage im Jahr war *Sturm* unterwegs, und ich hatte in Tommy fast einen Freund gefunden. Er hatte eine WG im Harz und fragte bei einem Maisbauern für mich nach, ob ich meine antiken Kunstmöbel aus guten Zeiten bei ihm in der Scheune vorübergehend unterstellen könne. Tommy holte die Sachen aus dem Lager der Spedition ab, fuhr sie selbstständig in den Harz und stellte sie dort irgendwo ab. Das war das letzte Mal, dass ich mein Hab und Gut sah. Doof, aber es war ja nichts Neues, sich von Dingen immer wieder verabschieden zu müssen.

Im darauffolgenden Jahr ging's uns besser. Wir hatten sämtliche Schulden, die sich während der Trümmerjahre angehäuft hatten, zurückzahlen können. Der Van war auch weg. Die Autoschieberei florierte. Ich hatte aufgrund der Vielzahl meiner Einsatzbereiche mittlerweile mehrere Persönlichkeiten angenommen. Man kann es mir nicht verübeln, dass ich mich früher oder später wenigstens von einer ganz bestimmten, die sich besonders penetrant in meine Seele eingefressen hatte, trennen musste. Aber ausgerechnet diese ernährte mich. – Standarddilemma.

Dritte CD, siebte Singleauskopplung, Konzerte in Moskau, neue Autogrammkarten waren fällig. Wir hatten sogar eine Managerin, eine Koryphäe auf ihrem Gebiet, die damals schon mit den *Stones* und Dings in der Badewanne ... ach Gott, schon ALLES erlebt hatte. Sie besorgte uns einen Fototermin in einem der größten und besten Fotostudios in ganz Deutschland. Voller Erwartung, doch mit der Attitüde, die Rockstars aus Bayern nun mal haben müssen, rauschten wir in die berühmt-berüchtigten Hallen. Außer den 20 Assistenten und der Visagistin war noch niemand da. Also gleich ab in die Maske. Zwei Stunden später – die Visagistin versuchte immer noch, Locken in mein stahlgerades Haar zu biegen, stand also kurz vor dem Nervenzusammenbruch – ging die Garderobentür auf und ein hochgewachsener, braun gebrannter Mann mit wallender dunkelblonder Mähne und hochgeschobener Ray-Ban, lässigem Saint-Tropez-Hemd und ausgebreiteten Armen stand im Rahmen. Ich bekam einen Asthmaanfall. Kraft meiner unverwüstlichen Selbstbeherrschung sprang ich dennoch auf, hatte meine Gesichtszüge wieder unter Kontrolle und warf mich dem Mann um den Hals.

»Ich hab mich so gefreut, Sharona, ich konnt's kaum glauben, als ich erfahren habe, dass du heute auch dabei bist! Mannomannomann, lang ist's her. Ich hab immer noch die Fotos von damals in meinem Portfolio. Wie geht's dir? Was zum Teufel ... ich meine, ich wusste gar nicht, dass du auf *Schlager* stehst. Ich meine, früher, weißt du noch, die Fotos für meine Ausstellung ... die Aktgeschichte, du kopfüber an diesem dicken Seil von der Studiodecke ... Du hast so super durchgehalten, obwohl du danach tagelang nicht mehr richtig gehen konntest und wochenlang Blutergüsse hattest ... Wowwowwow!!! Ja, ja, das waren noch Zeiten ... Na ja, Kuhfell steht dir aber auch ganz gut, ist zwar ein bisschen *eighties*, aber was soll's. Also, *see ya, babe*, unten in Studio 4.«

Ja, der Tod stand mir bestimmt auch ganz gut zu Gesicht. Können Sie sich das vorstellen? Dennoch bin ich meinem lieben alten Bekannten J. Jager sehr dankbar, dass er ehrliche Anteilnahme bewies, indem er für den Rest des Tages die Vergangenheit ruhen ließ. Diese und ähnliche Momente häuften sich, und mein kleines Hirn konnte sie irgendwann nicht mehr verarbeiten. Die weise Voraussicht, dass ich die sechste oder siebte Tournee nicht mehr als gesunder Mensch hätte beenden können, veranlasste mich, meine Jungs – und natürlich auch Silke – zu einem offenen Gespräch zu bitten.

»Vergiss es, ich glaub, du spinnst! Du kannst uns doch jetzt nicht hängen lassen! Wo sollen wir denn jetzt, einen Monat vor der Tour noch 'ne schwarzhaarige Sängerin, die alle Texte ... Vergiss es!« Nach mehrmaligem Flehen: »Wenn du dich weigern solltest, sind wir gezwungen, dich zu verklagen! Mindesten auf Zwanzig- bis Dreißigtausend! Überleg's dir gut!« Ich überlegte sehr gut und machte die Hitparaden-Tour mit Jürgen, Wenke, Gunter, Ricky und Moni, Maria und Paul mit.

Corksel, einer meiner besten Freunde aus der »Universum«-Kommune, baute mich auf, machte mir Mut: »Komm schon, zieh das durch! Das schaffst du mit links! Und wenn's ganz schlimm wird, rufste uns an, und wir kommen mit der gesamten Mannschaft und setzen uns in die Gegengerade und ...«

Richtigpopichtig! Erst im letzten Drittel der Tour wurde mein Magengeschwür spürbar. Die letzten zweieinhalb Jahre hatten wir uns tausendmal verkracht und wieder vertragen. Aktuell, zu Beginn der fünften Hitparaden-Tour, war wieder Eiszeit angesagt.

Man fuhr getrennt in verschiedenen Konstellationen, auch alleine, in mehreren geleasten Wagen los. Wahrscheinlich hatte ich den Moment verpasst, in dem ich noch die Möglichkeit gehabt hätte, mich auf die »richtige« Seite zu stellen. Wie früher im Sportunterricht, wenn die Mannschaftskapitäne die Mitspieler wählen mussten und man am Schluss als Letzte dastand und hoffte, es möge sich doch endlich der Boden auftun und das Erdmagma einen verschlingen.

So in etwa fühlte ich mich schon nach etwa einer Woche morgens im Frühstücksraum des Hotels (Kategorie *First Class*, wenn man alle Hotels betrachtete, in denen wir abstiegen). Irgendetwas Unaussprechliches, ein mysteriöses Geheimnis schien im Gange zu sein. Ich verstand ja, dass die Mitstreiter meiner Schlagergesangstruppe so gar nichts mit mir zu tun haben wollten, aber ich konnte mir beim besten Willen nicht erklären, warum selbst Maria und Paul meine bloße Anwesenheit anzuekeln schien. Jedenfalls hatte ich mich bald damit abgefunden und daran gewöhnt, morgens alleine am Frühstückstisch zu sitzen, und das Geflüster an den 24 anderen Tischen zu ignorieren. Da in der Gruppe keine Konversation mehr zustandekam, fing ich in meiner Freizeit an, mit den Truckerfahrern über Hubraum und Hydraulik zu diskutieren. Gerade an den Off-Tagen hatte ich viel Zeit dazu. Die Tour neigte sich dem Ende entgegen, und es war einer dieser unerträglich sinnlosen Off-Tage, an dem meine Gruppe wieder mal unauffindbar war, als ich nach dem Soundcheck in die Garderobe schlurfte, und mir an unseren Kleiderständern etwas ins Auge stach. Tommys Adidas-Slipper standen frisch poliert da, aber mit ungewöhnlichem Inhalt. Er rauchte Gitanes ohne Filter, ja, aber das war doch kein Grund, sie in Turnschuhen zu bunkern! Sicherlich eine Kurzschlusshandlung. Kann ja mal vorkommen. Auf Tour ist alles möglich. Dennoch konnte ich es mir nicht verkneifen, ihn darauf anzusprechen, war er doch der Einzige, der mir zumindest manchmal eine Antwort gab.

»Ach so, nee das ist nur so ... das kann ich dir jetzt nicht erklären ... ich muss mich noch umziehen ...«, druckste er rum. Vielleicht ein ndebelsisches Ritual, das mir all die Jahre nie aufgefallen war? Ich ließ nicht locker.

»Ach, weißte, wir hatten ja heute frei und ... na ja, also wir hatten ... also die Ingrid hatte heute morgen 'ne Idee ...« Ich wurde hartnäckiger und drohte mit meiner tollwütigen Balkanverwandtschaft.

»Also gut, wir haben heute einen Termin bei einer Wahrsagerin im Ort klargemacht, weil sich alle mit der Situation, mit dir, nicht so richtig wohlfühlen, und ... na ja, es muss ja irgendwie auch eine Lösung her ... und wir dachten, die könnte uns vielleicht helfen ... also ich war ja von vornherein total dagegen ... aber, also sie meinte, sie hätte in den Karten gelesen, na ja, dass da eine Art Hexe in unserem Umfeld stünde und wir uns nur schützen könnten, indem wir uns mit Knoblauchzehen behängen ... aber es wäre auch okay, sie in unsere Schuhe zu legen ... ich kam mal wieder zu spät und für mich blieb keine mehr übrig, also dachte ich, mir tun's auch meine Gitanes. Nimm's bitte nicht persönlich, aber das ist halt jetzt so ...«

Sprach's und ging ins Catering. Gut, ich komme mit der Wahrheit normalerweise immer ganz gut klar ... *Was* hatten wir hier? – Einen Tross von Schlagersängern, die mich für eine gemeingefährliche Hexe hielten und sich aus Angst und zur Abwehr Knoblauchzehen oder Kippen in die Auftrittsschuhe stopften.

Mein Hirn implodierte und ich rief Corksel an. »Kein Thema, wo spielt ihr heute? Ich packe alle zusammen, und wir kommen. Was du jetzt brauchst, das bringen wir dir mit. Nur ein paar Gramm. Ach was, du brauchst mit Sicherheit viel weniger. Glaub mir, das ist ja 'ne echte Notsituation ... damit wirst du diesen Abend locker überstehen, ich freu mich, bis später.«

Hurra, meine Leute waren im Anmarsch, es konnte nichts mehr schiefgehen. Sie würden mich für ein paar Stunden wieder in die Normalität katapultieren. Alles wird spitze! Die Show war schon in vollem Gange. Wir waren erst im letzten Drittel dran. Vollgepumpt mit Kaffee, hab ich mal wieder keinen Bissen hinuntergekriegt. Das Schneehasenkostüm fing langsam an zu schlabbern. Die Turmfrisur saß. Wo blieb nur meine Unterstützung aus dem Universum? Endlich, Corksel rief an und teilte mir mit, das mit der Gästeliste habe geklappt, sie hätten gleich neben den Rollstuhlfahrern, seitlich, ganz nah an der Bühne, Plätze zugewiesen bekommen, ich würde sie schon von der Bühne aus sehen können, sie würden sich von dem Rest des Horrorkabinetts abheben, da sie ein Banner mitgebracht hätten: Überraschung!

»Außerdem hab ich noch 'ne Kleinigkeit für dich! Ich versuch mich durch die Security zu pfuschen, wir treffen uns am Eingang zu den Garderoben!«

»Ja, lassen Sie bitte den blonden ... nein, kein Punker ... auch nicht, er gehört zu mir, das ist schon okay, glauben Sie mir, er wird diese Veranstaltung heute nicht in die Luft sprengen ... wenn, dann tu ich das ... nein, Danke, alles okay!«

Meine Freude kann sich kein Mensch vorstellen! Wir redeten gleichzeitig los, etwa 260 bpm.: »Treffen sich zwei Drummer ...« Ich musste wieder rein, es ging los. In letzter Sekunde drückte Corksel mir noch einen kleinen gefalteten Papierfetzen in die Hand. »Fast vergessen. Das ist sauberstes Bio-Turbo-Zeug! Hau rein, bis später!«

Okay, was hieß das jetzt genau für mich? Uhrenvergleich: 21:36 MEZ, das hieß, es blieben mir noch circa zwölf Minuten, um zu tun, was getan werden musste! Ich drückte meine Hand so fest zu, als ob ich den Schlüssel zur Schatzkammer von Gizeh in Händen gehalten hätte, eilte durch die Garderoben zu den Toiletten – schließlich musste dieser Moment ganz klassisch genossen werden – und sperrte mich ins Klo. So: jetzt volle Konzentration. Das Zeug hatte sicher ein Vermögen gekostet und ich wollte es diesmal nicht so wie auf der letzten Universum-Party versauen. Das war einfach blöd gelaufen, ich wollte auch mal cool sein, und – wenn ich schon wegen meiner Weizen- und Gerstenallergie kein Bier vertrage, mir vom Gras und dem anderen Zeug kotzübel wird und ich Ausschlag von den pestizidverseuchten Weinen bekomme – wenigstens auch mal ein Bewusstseinserweiterungserlebnis mit den anderen teilen. Doch mein ungeschicktes Entknüddeln des penibel gefalteten Papierpäckchens führte dazu, dass das ganze weiße Gold im Aquarium des gerade frisch fertig gewordenen, geschmackvoll designten Studios landete. Am nächsten Morgen bekam Corksel, quasi Chef und Hausmeister des Universums, einen Anruf von einem seiner völlig aufgelösten Kollegen. Er könne sich nicht vorstellen, dass es offensichtlich einen unter uns gäbe, der so bösartig war, seine neu erworbenen Fischbestände zu töten.

Dieses Mal versuchte ich meine Panik zu unterdrücken, sammelte mich und entfaltete vorsichtig das Papier. Da war sie. Meine weiße Medizin. Etwas verklumpt, aber das war sicher kein Problem. In Miami und auch sonst hatte ich zwar gesehen, dass man jetzt ganz lässig die goldene Kreditkarte aus der Tasche nehmen und professionell auf dem Spiegel herumhacken müsste. Das ging, fand ich, hier nicht. Woher sollte ich eine Kredit- ... und auf dem Klodeckel ... wie Christiane F. ... Nein, nein, außerdem hätte ich schon längst hinter der Bühne stehen müssen, die anderen kochten bestimmt schon vor Wut.

Also gut, los jetzt, was soll schon sein. Kein Dollarschein weit und breit. Ich stopfte mir die Klümpchen einfach schnell in beide Nasenlöcher, versuchte alles einzuatmen, dabei blieb die Hälfte auf der Strecke, fiel in, an und unter die Kloschüssel und blieb an den Fingern kleben, die ich in meinem schwarzen Rock sauber wischte. Dennoch, schien mir, fing irgendetwas an zu wirken. Aha, es ging also schon los! Yeah! Fantastisch! Jetzt schnell den ellenlangen Gang hinter die Bühne und – gib ihm! Die Anmoderation war zu Ende. Auftritt *Sturm*. Diesmal hatte ich nicht das Gefühl, aufs Schafott gehen zu müssen. Im Gegenteil. Ich stürmte hinaus, als gäbe es kein Morgen, als würde die Welt dort draußen nur auf mich, die Prophetin, die Königin des Kamasutra und die Mutter des Dalai Lama warten. Alles jubelte in ohrenbetäubender Lautstärke nur mir zu. Ich schwebte über zigtausenden von Köpfen und doch – ich hatte alles im Griff. Alles hätte ich heute auf der Bühne toppen können, doch ich wollte meine Kollegen nicht in Verlegenheit bringen. Waren die überhaupt schon da? Egal, ich sang wie noch nie, Gott, hätte ich schon früher gewusst, was für eine sensationelle Performerin ich war ... Ich wär schon längst in ... mit sonst wem unterwegs. Ich hatte dieses *Billion-Dollar-Lächeln* im Gesicht, als ich mich zu den Rollstuhlfahrerabsperrung wandte und meine Leute schreiend und jubelnd ein Banner hochhalten sah: »Gestern noch in New York – heute hier in Bad Salz Uflen! *Sharon against the Machine*!«

Danke. Ich verpasste meinen Einsatz. Duett mit wem? Wo ist eigentlich der andere Sänger?

Anyway, irgendwann zerrte mich einer von der Bühne. *Jesus Christ*, was für ein Auftritt! Meine Leute kamen danach backstage. Wir feierten, ich trank noch fünfzehn Kaffee, und irgendwann mussten wir uns verabschieden. Corksel meinte, ich wär auch sonst toll und Profi genug, ich bräuchte bitte nie wieder Klümpchen ... das wär vielleicht doch nichts für mich, ich hätte das wirklich nicht nötig!

Die Tour war vorbei. Ich wollte raus, und man ließ mich gehen. Meine Gage zahlte ich zwei Monate später zurück, die Schulden für den Van waren noch nicht ganz beglichen und der Aufwand, den ich verursacht hatte, Papierkram, Anwalt ... kostete meine Ex-Kollegen schließlich auch einiges. Aber die neu erworbene Freiheit war sowieso unbezahlbar. Nie wieder in der von lebensgefährlichen Fans belagerten, berühmt-berüchtigten Trauma-Kantine der Hitparade in Babelsberg angeschnauzt werden, wenn man es gewagt hatte, erst das zähe Putengeschnetzelte hinunterzuwürgen, sich die Finger mit der Serviette abzuwischen, und dann erst die direkt ins Gesicht oder auch gerne mehr oder weniger in die Suppe gehaltene Autogrammkarte »für Stefan ohne PH« mit einen nicht funktionierenden Kuli zu unterschreiben. Meine Eltern waren wieder stolz auf mich.

Die *Hoovergirls* absolvierten noch ein paar legendäre Auftritte auf Premierenfeiern für die Kammerspiele und entschieden sich auf diesem Höhepunkt, eine gemeinsame Werkstatt zu gründen und sich mehr im kreativen Bereich für Film und Fernsehen einzusetzen. Beste Freunde blieben wir sowieso. Die Country-Band, die Fusion- und Instrumentalmucker konnten mir in meiner Entwicklung leider nicht helfen. Wir blieben auch keine Freunde.

Also volle Konzentration auf meine Spaßband *Black*! Gott sei Dank hatte ich in der U3 Richtung Münchner Freiheit einen unaufdringlichen Kerl, Malcolm, kennengelernt. Er war Mitte dreißig, sprach, obwohl seit fünfzehn Jahren in Deutschland, nur sein amerikanisches Englisch und war mit ganz kurzen Rastalöckchen, einem in die Bundfaltenhose gesteckten Tommy-Hilfiger-Polohemd, nagelneuen Sneakers und dezenter Omega am Handgelenk ausgestattet. Als »Underground«-Filmproduzent, Autor und Inhaber eines Cateringunternehmens ist man immer wieder auf der Suche nach vielseitig einsetzbaren, kreativen, talentierten, für alles offene, engagierten, aber auch »Am-Anfang-erstmal-durchaus-durch-den-Dreck-und-ohne-viel-Gage-zum-großen-Erfolg«-latschenden jungen Leuten. Super, ich war in meinem Element. Es gab ab jetzt nur noch Proben mit *Black*, und den Rest der Woche wurden Filme produziert. Was für ein Leben, könnte man meinen, meinte ich. Sicher, ich hatte viel gelernt, vor allem wie man Kabelsalatträgerin, erotische Nebendarstellerin, Kaffeetante, Putzfrau, Repräsentantin der Produktionsfirma, kaufmännische Bürofachspezialassistentin und Cateringfachgehilfin für Südstaatentapas sein konnte, und es trotz dieser Ausbeutung schaffte, mit fast einer Handvoll Mitarbeitern kein Mordkomplott gegen den Chef zu schmieden, weil der einen, da es am Anfang eines entstehenden Imperiums natürlich finanzielle Engpässe gibt, acht Monate lang nicht bezahlt. Da er in den Slums Washingtons und New Yorks aufgewachsen sei, wisse er ja wohl am besten, was wahres »hustlen« bedeutet, *you know*. Die Sponsoren und Investoren der großen Fernsehsender und der Twenty-Century-Fox blieben, zumindest habe ich es nicht mehr erlebt, aus.

»Du, i muss äich was song! I hab uns mit der Restkohle aus der Bändkasse beim Emergenza ongmeldet! I hab kei Bock mehr, alleweil nur hier im Keller zu hocka. Seit zwa Joar!«

Sehr schön, Maik, die letzten Kröten aus der Kasse waren also auch aus dem Fenster geschleudert. Die relativ, sagen wir, kernige Art meines in Bayern aufgewachsenen Musikerkollegen ließ unsere junge, aufstrebende Band immer wieder auf den Boden der Tatsachen knallen. Wobei keiner von uns, na ja, vielleicht außer mir, der schnell Euphorisierbaren, in dem Sinne ein Fantast war. Alles knallharte, rationale Realisten, wirklich. Kein Raum für Flausen – und doch richtungsweisende Vorschläge zum stetigen und grundsoliden Voranschreiten im Gepäck. Gut so, wenn man damit rechnet!

Okay, es stimmte ja, bis jetzt fanden nur wir selbst uns gut. Wer will schon wissen, was jemand anderer von einem hält. Sich mit tausend anderen Newcomern auf 'nem Bandwettbewerb zu messen, war echt unnötig. Letztendlich überredeten wir uns dann doch gegenseitig, bei einer solch monatelangen Prozedur mitzumachen, standen irgendwann im Finale, kamen, sahen und siegten! Dass das überhaupt technisch möglich war. Ben, unser smarter Sunnyboy-Sänger, der hauptberuflich Produktmanager bei PMS war, lud zur letzten Runde ein paar A&Rs aus seiner Plattenfirma ein. Einer opferte widerwillig seinen musikfreien

Feierabend und schaute vorbei. Gewinner des Abends machen natürlich einen guten Eindruck, und wir wurden vom Fleck weg gesignt.

Der Himmel war mit rosa Zuckerwatte behangen, aber es ging noch weiter: Vorschuss, Fertigstellung einer CD innerhalb eines Monats, geplante Tour im darauffolgenden Monat, zwischendrin Videodreh in Miami mit anschließendem einwöchigen Zusatzurlaub in Key West, gesponsort von der Plattenfirma, Charteinstieg und, und, und ... Es nahm kein Ende.

Es wirkt irgendwie aphrodisierend, wenn wildfremde Leute zu den eigenen zweieinhalb Akkorden so ausflippen ... Bandmitglied zu sein, also einem musikalisch außerordentlich intimen sozialen Gefüge anzugehören, war also doch nicht ganz so blöd ...

Einer meiner persönlichen Gipfel des Irrsinns war jedoch der Gig in der Olympiahalle München. Charly, einer der souveränsten Veranstalter Münchens, war der festen Überzeugung, dass man uns doch als Support von Cher einsetzen könnte, die einen Tag in *Munich* gastierte. Unvorstellbare Gefühlsschleudergänge der Vorfreude übermannten uns. Es hätte womöglich andere Acts gegeben, zu denen wir besser gepasst hätten, aber die Vorband sei ja eh immer der Arsch, meinte Olli. Der wusste immerhin Bescheid. Er war der einzige Punker und aus der Not entstandene Bassist unter uns – neben ihm kam man sich fast vor wie ein verwöhnter Schnösel aus Bogenhausen. Egal was heute Abend passieren würde – ob wir von Cher-Fans mit faulen Tomaten gesteinigt würden –, er würde den Karren schon aus dem Dreck ziehen, darauf war Verlass.

Mittags Radiointerview, 15 Uhr Soundcheck, nach dem halbstündigen Auftritt bei Cher noch ins »Backstage« rasen, zum letzten zweistündigen Gig an diesem Tag. Das war der Plan.

Wie die Gladiatoren im Alten Rom durch die Katakomben schritten, stolzierten wir im Untergrund der Olympiahalle umher.

Na ja, wir irrten eher wie Falschgeld durch die elendslangen Gänge. Vorbei an Abertausenden von Menschen, die alle nur für Frau Cher arbeiteten. Eine amerikanische Produktion. Also auch *american habits, you know*?! Der Productionchief-executive-stage-manager *of the great wide world* lief uns in irgendeinem dieser Gänge über den Weg. Er muss uns an unserem very relaxten Gesichtsausdruck identifiziert haben, während er durch die höchstmöglich Anzahl an Handys und Walkie-Talkies am Leib herausstach. »Hey, yeah, great ...«

Er schleppte uns erst mal in eine der 200 Backstageküchen, die Jungs holten sich ihr Bier, ich meinen Kaffee. Wir saßen auf *endless* Bänken an *endless* Tischen mit *endless* vielen Erwachsenen und Kindern. Logisch: Willste 'ne entspannte Crew auf Welttour haben, nimm einfach die komplette Familie eines jeden mit, dazu die besten Köche aus jedem der 52 Bundesstaaten und vielleicht noch ein paar asiatische, Kindergärtner, Lehrer, ein Sport- und Wellnessinstitut, Friseure, ach was sag ich, *das ganze Leben!* Ich schwöre, ich habe noch nie so viele entspannte und zufriedene Gesichter auf einmal gesehen.

Das hieß für uns im Klartext, dass die uns beim Soundcheck, falls wir uns dämlich anstellen sollten, vielleicht doch nichts antun würden. Ein anderer Stagesuperintendentmanager holte uns ab, und nach einer halben Stunde hatten wir die Bühne erklommen.

Grundgütiger! *What the f...!* Nein, nein, die Größe war schon klar, nix Neues, aber – eigentlich doch, ich meine, dass wir Helmi, unseren Tonmann, noch nicht mal mehr erahnen, geschweige denn sehen konnten, da er sich ca. zwei Kilometer von der Bühne entfernt an einer mit Sicherheit riesigen Mischpultburg aufhielt, die sich in der Mitte der Halle befand und von uns aus wie eine Mini-Kaffeemaschine im Nebel wirkte, war doch etwas Neues für uns. Außerdem war unsere Band mit vier Mann sowieso schon relativ übersichtlich, und ich konnte davon ausgehen, dass ich an meinem Set vor Einsamkeit zugrunde gehen würde. Mein Set, welches die *production* mir zur Verfügung gestellt hatte, war natürlich schon aufgebaut, direkt eine Ebene tiefer, vor dem Cher-Drummer, gewienert und gebohnert. »*All right, Sharona, Bassdrum, please.*«

Ich trete aufs Pedal, *already* schwitzend. An dieser Stelle muss ich wohl niemandem begreiflich machen, wie unbeschreiblich mächtig dieser Wumms war, der gegen alle Betonwände der Halle knallte und auf dem Weg zurück, in vierzigfacher Lautstärke, mein Skelett erschütterte. *I loved it!* Nach einiger Zeit erblickte ich auch das Monitormischpult links neben mir. Die Bühne war fast so breit wie der ganze Schuppen lang. Will sagen, selbst wenn ich einen epileptischen Anfall bekommen hätte – man hätte es nicht wirklich bemerkt. Weder der Monitorsupervisingmanager noch seine fünf Assistenten. Wie zum Henker antworten? Ich bekam ein *Headset, of course.* Der Soundcheck, für mich wie eine Art Führerschein-Prüfung, lief zur Zufriedenheit aller. Die Fürsorge meiner amerikanischen Freunde rührte mich. Von wegen »die Vorband ist immer der Arsch«. Olli war eben noch nie bei einer wirklich internationalen Profi-Produktion dabei gewesen, das war alles. Nach dem Soundcheck hätte ich mich am liebsten ins Bett gelegt. Das Aufregendste war für mich schon gelaufen. Meine Jungs versorgten sich mit Haxe, Hackbraten und *Shnitzls*, ich mich mit Kaffee. Oder sollte ich mich etwa nachher auf dem frisch polierten Set übergeben ... Hat uns jemand angekündigt? Ich weiß es nicht mehr. Gab's Applaus, als wir auf unser kuscheliges Fußballfeldchen rannten? Keine Ahnung. Man sagt ja: »Genieße das Hier und Jetzt«, »So ein wundervoller Moment kommt nie wieder«, und so weiter. Was aber, wenn sich dieser Moment eher wie kurz vor einem Bombenangriff der Alliierten um circa 1943 anfühlt, und man selbst, vielleicht noch zwei Gitarren und einen Bass dazugezählt, unübersehbar auf dem Präsentierteller die Einzige ist, die in Schutt und Asche gelegt werden soll? *Anyway*, dachte ich mir, da musste jetzt durch, Schätzchen!

Jedenfalls, die Bühne ist hell erleuchtet. Ich eile zu meinem Set. Es riecht nach Nebel. Sehr gut, denn man würde mich jetzt definitiv nur noch hören können, da ich zusätzlich die Becken immer so stelle, dass sie meinen Kopf vollends verdecken. Meine Jungs stehen bestimmt schon da vorne irgendwo. Headset an. Hoffentlich kann ich das Gegröle im Monitor richtig hören. Obwohl, für unsere einzigartigen schiefen Chöre sind wir ja bekannt. Da, ich erkenne Ben, der anscheinend an seinem Gitarrengurt fummelt. Olli und Maik, die mit ihren Füßen auf ihren Effektgeräten herumtrampeln. Gleich geht's los. Spätestens beim von den Radiosendern zu Tode gespielten »Mrs. Blue« oder unserem fantastischen »Dancing Queen«-Cover werden sich die sechzigtausend zahlenden Gäste beruhigen. Ben, souverän wie immer, legt los. Nach zwei Takten dann Einsatz Bass. Schlagzeug?

Noch nicht. Gleich.

Ich versuche meine zitternden Oberschenkel zu beruhigen, indem ich mir wie ein Sprinter vor dem Startschuss mit beiden Händen auf die Schenkel schlage. Besser. Atmen nicht vergessen! Mein mir zugewiesener Drummtech sitzt wie Häschen in der Grube zu meinen Füßen und wartet auf eventuelle Anweisungen von mir, um mich, Kraft seiner *worldwide* Erfahrung, aus einer möglichen Katastrophe zu retten. Alles okay, mein Freund, bitte geh.

Ich verfolge jede Bewegung auf der Bühne. Olli dreht sich zu mir um, nimmt sich anscheinend alle Zeit der Welt und kommt auf mich zu. Sein Lächeln soll mich wohl zuversichtlich stimmen. Ich lächle zurück und spüre plötzlich ein unerklärliches Urvertrauen. *Yeah, baby*, warum nicht einfach Spaß haben. Was soll sein, denke ich. Sein Kabel reicht genau bis zu meinem Drumriser. Mit Sender spielen ist nicht seine Sache. Zu riskant! Auch vom Sound her. Dieser Fuchs will es wirklich wissen. Er erklimmt meinen Riser und grinst mir mitten ins Gesicht. Du Luder, du Showman, denke ich, willst wie so'n f... Rockstar bei unserem ersten Einsatz, auf den Ton genau, vom Riser auf die Bühne springen, wow, fett! Ich vergesse schon wieder zu atmen. Meine Carbonsticks hätte ich vorher mit 'nem sechzehner Schmirgelpapier bearbeiten sollen. Noch keinen Schlag gespielt, verstehste, schon flutschen sie mir aus den Händen. Jetzt gleich, *no way back*. Ich setze an, zum ersten Schlag auf mein 18er Crash und schaue auf die Spitze meines Sticks. Jesus Christus, was, wenn mir dieser verdammte Schlegel aus meinen verdammten schwitzigen Händen fliegt? Oder beide, einfach so? In diesem emotional unerträglichen Zustand wäre ich im Leben nicht in der Lage, blitzschnell die Ersatzsticks in der rechts von mir an der Standtomhalterung befestigten Stickbag herauszukramen und beim nächsten Gong wieder auf der darauffolgenden Sechzehntel zu landen, da bin ich mir sicher. Er würde einfach nach oben in die Traversen fliegen, ins Licht hinein, ich würde ihm nachschauen, wie er irgendeinem der in den Gerüsten hängenden Lichtmännern ein Auge aussticht, und an einem Herzstillstand sterben.

Ich hole ein letztes Mal aus, quetsche beide Sticks dermaßen fest mit meinen Händen zusammen, spüre, dass im selben Moment auch Showmann Olli seine ganze Kraft zusammennimmt, um zum Sprung anzusetzen. Setzt an. Der Stick erreicht die Oberfläche der 18er Crash. Mein Körper bebt, die Bassdrum wird gleich jeden Einzelnen in dieser Halle durchdringen. Alle dreißigtausend Spots sind jetzt auf das Publikum gerichtet. Maria und Josef, das will ich nicht sehen. Ich schenke Olli einen letzten Blick, ihm geht's genauso. Er reißt die Augen auf, wendet sich in einer tänzerinnengleichen Drehbewegung von mir ab, sein Haar weht durch sein Gesicht, selbst ich kann den Windhauch spüren, springt, ja springt wie ein wild gewordener Stier in die Lüfte, erhebt sich hinauf, und – landet, fällt und bricht sich das Knie.

Vier Mann der Crew stürzen aus dem Dunkel auf die Bühne, um meinem Bassisten aufzuhelfen. Zwecklos, er schreit, so viel kann ich sehen. Ich spiele wie ferngesteuert weiter, Ben, der mit dem Rücken zu uns steht, bemerkt erst nichts. Er spielt volle Pulle durch. Erst nachdem auch ihm auffällt, dass sich irgendwas am Sound geändert hat (richtig, das Kabel war aus Ollis Bass herausgerissen), dreht er sich um. Entsetzen. Olli am Boden, umringt von mehreren Männern, die sich aber mehr um den zertrümmerten Bass sorgen. Wir spielen unerschütterlich weiter. Olli irgendwann nach der dritten Nummer auch wieder. Mit einem geborgten Cher-Ersatzbass. In der letzten Viertelstunde hatten wir uns wieder gefasst. Die Leute haben bei »Dancing Queen« sogar mitgesungen, glaub ich.

Der Meniskus war gerissen, und ich musste ich für den Rest unserer Zusammenarbeit – die folgenden sieben Jahre lang – seine Ampegbox schleppen. Den Auftritt im »Backstage« danach hat er aber noch lässig weggesteckt.

Gut, der Fall war tatsächlich eingetreten: Wir konnten von der Musik leben. Unsere Plattenfirma gab die Hoffnung dennoch nicht auf, dass wir uns bald in den höheren Etagen der Charts platzieren würden, um die horrenden Summen, die man für uns ausgegeben hatte, wieder reinzuholen. Platz 30 war, so betrachtet, ein Flop.

Aber jetzt ging's erst einmal zu BMG nach Japan. Hätte mir damals auf dem verlassenen Bahnhof in der Reisfeldeinöde jemand, also die alte Bäuerin, zugeflüstert, dass ich eines Tages wiederkäme, und zwar als Drummerin, ich hätte ... wahrscheinlich hätte ich einen saftigen ungarischen Fluch losgelassen und sie davongejagt.

Wir genossen die drei Wochen sehr, obwohl der Terminkalender überquoll. Der uns zugewiesene A&R, Dolmetscher, Fahrer und Nanny für alles, Hajimoto, ließ uns jeden Morgen um 5:30 Uhr wecken. *Lobby Call* 6 Uhr. Shooting 6:15 Uhr, Frühstück vielleicht 6:43-6:45 Uhr. Während der Interviews und Fototermine schlief er im Sitzen. Ich beneidete ihn. Es wurden auch *Meet & Greets* organisiert, bei denen Fans einem mehr als hautnah auf die Pelle rücken konnten. Das war normalerweise nicht so mein Ding. Aber so höflich, wie die Asiaten sind, machte es mir gar nichts aus, von hunderten kleinen Mangamädchen betastet zu werden. – Frauen mit Muskeln kannte man dort nicht.

Der Höhepunkt des Aufenthalts war das »Fuji-Festival«, so eine Art *Rock am Ring* und *Rock im Park*. Zu Füßen des Fuji, mitten in Disneyland, und am nächsten Tag das Gleiche noch mal in Yokohama. Wir durften mit *Weezer*, unseren Heros, auf der Bühne stehen, sie zwingen, ein Foto mit uns zu machen und ihnen unsere CD aufschwatzen. Und dann, eines Tages, stand der Rückflug an.

Die Plattenfirma gab uns eine letzte Chance: Die letzte Singleauskopplung, hammermäßiges Video, natürlich mit unserem Lieblingsregisseur, allerdings nicht mehr auf ganz so dicke Hose. Klar, das beste Licht gibt's nun mal in Kalifornien, aber so einen Dreh kann man ja auch an einem Tag und in einer Nacht schaffen. Wir flogen nach San Francisco. Ankunft 6 Uhr Ortszeit. Was heißt hier Jetlag.

Unser Regisseur Olaf erklärte uns kurz den Lageplan: Ben, angekettet auf einer Bahre, komplett mit Mullbinden eingewickelt – den ganzen Tag, und es sollte ein richtig *heißer* Tag werden; ich sollte die Straßen mit einem Mountainbike rauf und runter pesen und Olli, der ja bekanntlich wegen seines Meniskus nichts tun konnte, bekam einen Stuntman. Maik war schon ein Jahr zuvor ausgestiegen.

Gefährliche Szenen kamen da auf unseren Stuntman zu. Er sollte ständig aus fahrenden Straßenbahnen rein und raus springen, mit dem Mountainbike gegen Bäume knallen, unseren aufgebahrten Sänger über sich rollen lassen ... der übrigens nach zwölf Stunden einen Hitzschlag erlitt, vom Notarzt aber gut versorgt wurde, kurz an den Tropf kam und wieder weiterdrehen konnte.

Was mich an unserem Stuntman ein wenig verunsicherte, war sein Glasauge, die riesige Brandnarbe, die sich quer über sein Gesicht erstreckte, das zur Unkenntlichkeit massakrierte Ohr sowie sein Holzbein – das heißt, der dranmontierten Unterschenkel. Er war absolut professionell, keine Frage, auch als er mich doubeln musste, mit schwarzer Langhaarperücke und in meinem feschen roten »Carmen«-Oberteil. Der Dreh verlagerte sich von draußen in die Leichenhalle einer verwahrlosten Krankenhausruine und dauerte bis morgens um 6. Das passte, denn um 8 Uhr ging unser Flieger zurück nach Frankfurt, wo wir zwei Stunden nach der Ankunft einen flotten Gig auf dem Marktplatz in Dingshausen hatten. Die Single lief nicht schlecht. Allerdings nur so gut, dass das allerletzte Video in einer ausrangierten Halle kurz vor München gedreht werden musste. Die Plattenfirma kickte uns. Wir fanden eine andere, klein aber fein. Das erste Video des dritten Albums spielte, Olaf sei Dank, auf einem Weizenfeld, aber mit Hubschrauber.

Machen wir uns nichts vor, es ging steil bergab. Vielleicht lag es auch daran, dass ich mich null Komma null um die Fans kümmerte. Ich war noch immer von diesen aufdringlichen Hardcore-Schlagerfans traumatisiert. Das dürfen Sie jetzt bitte nicht falsch verstehen. Man muss das auch von meiner Perspektive aus sehen. Ich hatte bei Gott menschenunwürdige Situationen mit dieser Gattung durchstehen müssen. Man darf »den Fan« wirklich nicht über einen Kamm scheren, aber ...

Auch das hab ich ein einziges Mal für meine Jungs, für die Band, für uns alle versucht. Auf einem dieser Absturzbierzeltfestivals, wo ich im Backstagebereich, inzwischen Vegetarier, aus Versehen Wurstwasser statt Kaffee trinken musste, mich lauthals beschwerte, dass man es noch nicht einmal mehr für nötig hielte, uns einen anständigen Kaffee mit gewohnter dunkelbrauner Farbe zu kochen, bis ich einsehen musste, dass ich aus dem falschen silbernen Behälter Kaffee herauszupressen versucht hatte: jenem, in dem die Bockwürste vor sich hin rotteten. In gewohnter Manier kiffte und soff man mit den anderen Bands bis in die Puppen, während ich mich um die Ampegbox kümmerte, der eine oder andere Fan wurde über die Absperrung geholt, sofern er einigermaßen hübsch war, extrem treue Stammfans waren sowieso außer Konkurrenz. Und Sylvia war außer jedweder Konkurrenz. Olli, der nach dem 76. Bier total muggelig wird, nahm mich väterlich zu Seite und machte mir klar, dass es nicht sein könne, dass Ben und er sich ständig alleine um die Fans kümmern müssten. Schließlich seien sie der Beweis der puren Zuneigung und des Respekts, die uns hier aus freien Stücken entgegengebracht würden. Ob ich das nicht zu würdigen wisse? Mir war sofort klar, worauf er hinaus wollte.

Sylvia scharrte schon mit den Hufen.

Wenn mir meine Eltern überhaupt etwas vermitteln konnten, dann, dass es auf die inneren Werte ... und, ja, treue Fans sind eine wundervolle Sache, auch wenn sie einem jahrelang, 364 Tage im Jahr, Vater und Mutter im Schlepptau, auf Schritt und Tritt nachjagen. Aber, in Gottes Namen, hätten die nicht wenigstens die Hälfte des Geldes, das für die Flüge, Bus- und Bahnfahrten, die Spritkohle draufging, besser zum Beispiel für eine Komplettsanierung des Gebisses der armen Tochter investieren sollen, Fragezeichen. Da wäre bestimmt auch noch was für 'ne Nasen-, Akne-, Augenbrauen-, Hüft- und Stimmband-OP übrig geblieben. Und für einen Friseur, der wenigstens nur halbblind war.

Wissen Sie, ich bin schon oft durch die Hölle gewandert, warum nicht auch noch dieses eine Mal, dachte ich, für meine Jungs, die mir diese Aufgabe bislang freiwillig, sogar gerne, stets abgenommen haben.

Ich sah sie an. Auftritt Sylvia. Mit der atemberaubenden Eleganz eines russischen Panzers rollte sie auf mich zu. Ich entschied, uns beide an einem Tisch in der hintersten Ecke des Caterings zu verstecken. Da war auch der Eingang zur Küche. Der angenehme Luftzug, gespickt mit den verschiedensten Spülwassermolekülen, würde ihren Mundgeruch überspielen. Noch nie in all den Jahren hab ich mich so nah an sie herangetraut. Und das zu Recht! In einem Abstand von ca. 45 Zentimetern war das Grauen fast schon wieder faszinierend. Ich war erschüttert, wozu der menschliche Körper fähig ist. Ich konnte Sylvia, falls sie mich überhaupt gefragt hatte, in den ersten gefühlten vier Stunden keine Antwort geben. Diese Kombination aus fettigem, strähnigem, kaputtblondiertem, dann doch wieder mit grünen und pinken Strähnchen nachgebessertem Sauerkrauthauptthaar, einer fünfdimensionalen Gesichtsform, die ich bis dato noch in keinem Splattermovie gesehen hatte, gepaart mit dieser Haut, die lebte, in der Dinge lebten, weiße und schwarze, die sich, ich bin mir sicher, leise bewegten, diese einzigartige Schiefstellung des Gebisses und das Profil, das den Verdacht weckte, aus einem Abstand von fünf bis zehn Zentimetern von der Nasenspitze aus gesehen, dass sie eventuell als Kind eine Tuba verschluckt haben musste, die im Laufe ihres Lebens einfach mitgewachsen war, all das war doch sehr beeindruckend. Dass Kopf und Oberkörper nicht voneinander unterscheidbar waren, war dagegen eine Kleinigkeit. Irgendeine Frequenz ihres Gekrächzes holte mich aus dem Koma. Ich Schwein. Sie versucht, dir gerade *alles* zu geben, und *du*? Gibst *nichts*. Also gut, anschnallen.

Ich also: »Eyeyeyeyey, das wurde auch höchste Zeit, liebe Sylvia, dass wir uns endlich mal in Ruhe unterhalten können, was? Seit Jahren, Mensch, du ...! Super, sag mal, was machst du denn so eigentlich, sonst?«

Der Sprinter wurde allmählich beladen, Helmi rannte hektisch herum, das bedeutete schätzungsweise noch 'ne grobe halbe Stunde bis zur Abfahrt.

Und sie, aus dem Blauen heraus:

»Ich, also, ich interessiere mich auch für Musik ... also ich hatte mal 'ne Melodica, aber ... mein Bruder hat die vom Balkon geschmissen, aus dem 16. Stock.«

»Ach schön, Melodica ... Ja, im Hochhaus wohnst du? Das ist doch toll, diese Aussicht und ...«

»Na ja, Aussicht schon, aber ein bisschen zu dunkel, momentan.«

»Hä?«

Ich weiß bis heute nicht, wie ich auf die bescheuerte Idee kam, sie nach Haustieren zu fragen, aber sie schien mir so nach Hamster zu riechen, oder vielleicht erinnerte mich ihr Gebiss ...

Ich wieder:

»Sag mal, Bruder, Melodica ... Du hast doch bestimmt auch ein, zwei Hämsterchen zu Hause, was?«

»Nee, aber 'nen Hasen!«
»Toll! Ein Hase!«
Sie war ja erst um die zwanzig!
»Einen weißen Hasen.«
»Tsss, da haste bestimmt viel Spaß, mit dem weißen ...«
»Ach, ich glaub, der macht's nicht mehr lange ...«
»Waas, das gibt's doch nicht, wassn da los?«
»Ach, der hat da so was am Auge, seit Monaten, geht nicht weg. Der Arzt hat gesagt, das ist Krebs. Kommt bei Karnickeln öfters vor. Das heißt dann eigentlich Endstadium.«
»Oh Gott, das ist ja ... Augenkrebs ... das ist ... das muss ja schrecklich ... ich meine ...«
»Nee, nee, der hatte sowieso schon seit Längerem was mi'm Darm, und die Niere ist ja auch am Arsch. Doof is halt, dass er eben nix mehr sieht und immer gegen die Käfiggitter springt.«
»Äh ...«
»Aber das ist ja nicht das Schlimmste ...«
»Okay, Moment mal, du musst jetzt echt tapfer sein, ihn einschläfern lassen und nach vorne schauen und ... dir 'nen neuen Hamster kaufen, verstehst du!«
»*Hasen*!«
»Tschuljung, Hase, natürlich.«
»Nee, nee, das ist ja nicht das Problem, ich hab ja noch 'n Haustier.«
»Ach, was'n?«
»Ne Katze.«
»Siehste, alles in Ordnung! Also, du schläferst gleich morgen früh deinen Ham... deinen Hasen ein und konzentrierst dich nur noch auf deine süße Miezekatze!«
»Wenn das so einfach wär. Die hat sich ja immer mit meinem Hasen geprügelt und ihm fast den Krebs aus den Augen gebissen, das war alles ganz schön schlimm ... da mussten wir sie tagelang in die Toilette sperren. Dann, einmal, hatte Muddi die Badewanne vollaufen lassen, zum Baden halt, ne, und irgendwie is sie dann mit dem elektrischen Rasierer von Papa ins Badewasser geflogen. Die Katze. Aber das war ja noch nicht alles. Das Allerschlimmste, als sie den Stromschlag überlebt hatte, war ja nicht, dass ihr das Fell und die Ohren abgekokelt waren, sondern dass sie seitdem extrem schreckhaft ist und ständig

komisch zuckt. Aber das ist noch nicht alles, das Allerallerschlimmste ist, dass sie seitdem einen Hüftschaden hat und also, seitlich ... also, wenn sie nach vorne laufen möchte, läuft ihr Hinterteil seitlich in 'ne andere Richtung weg ... und der Hauptschalter für den Strom in der Wohnung ist jetzt auch kaputt ...«
Keine Waffe, kein Strick, nichts griffbereit.

»Sharona, los, weiter geht's, komm schon, die anderen sitzen schon im Auto, beeil dich. Tschühüüss, Sylvia, bis nächste Woche in Zwickau, da werden wir mehr Zeit haben, da kannste dich wieder mit der Sharona weiter unterhalten!«

Ich saß Rücksitz Fensterplatz, sah autistisch ins weite Meer der Dunkelheit und murmelte vor mich hin: »Dunkel war's, der Mond schien helle / als ein Auto blitzeschnelle / langsam um die runde Ecke fuhr / drinnen saßen stehend Leute, schweigend ins Gespräch vertieft / als ein totgeschossner Hase ...«

Was soll ich sagen, noch lief alles einigermaßen gut für uns. Erst *Rock am Ring* – dann *Rock am Bach*. Über die Krise der Musikindustrie will ich mich hier nicht auslassen, das machen besser studierte Musikjournalisten, die wirklich Bescheid wissen. Ich kann nur sagen, dass die Bands langsam anfingen, sich auf Dinge einzulassen, die sie noch ein, zwei Jahre zuvor nie getan hätten. Man versuchte auf Billigzüge umzusteigen, an den absurdesten Duettkombinationen wurde getüftelt, und völlig verkrampft nach *dem* erfolgreichen Strickmuster gesucht.

Trotz allem, ich ärgerte mich über mich selbst. Immerhin war es anno dazumal noch einigermaßen aufsehenerregend, ein Mädel am Schlagzeug zu sehen. – Schwamm drüber. Aber es gab schon Mobiltelefone, und meins klingelte eine Woche später. Management sowieso, wegen irgendeines Playbackauftritts für sowieso.

»Was erlauben, Strunz?! Hören Sie mal, ich weiß nicht, ob Sie's wissen, aber ich hab schon eine eigene, sehr gut funktionierende Band, seit sieben langen Jahren ... Ich meine, rufen Sie doch lieber eine Agentur für Pantomimen oder Luftdrummer an! Weibliche Drummer mögen ja gerade hip sein, aber ich bin *keine* Playbacktussy, VERSTEHEN SIE? ... Was? Weiß ich nicht. Ich rufe zurück.«

Empört und doch etwas verwirrt, wollte ich von meinen Jungs eine Bestätigung für mein *absolut nachvollziehbares* Verhalten und sprach das Thema bei der nächsten Probe an. »WOAAAAAHHHS ...? Bist Du eigentlich totaaal irre? ANTI X? Das ist mein Hero, mit dem hab ich meine ganze Jugend ...«

»Nein, *meiner*, spinnst du?«, brüllte jetzt auch Ben. »Das kannste doch nicht machen ... der Hammer-Typ! Vergiss es! *Du machst den Gig!* Klar? Bitte ... Für uns!«

Oh, ach so, da bin ich wohl mal wieder mit dem Beil übers Ziel hinausgeschossen. Gut, man kann sich ja erst mal im Hotel treffen. Im Hotel? Nein, Scherz: in der Lobby.

Ich hatte mich höchstens fünf Minuten verspätet, echt jetzt, und da Monsieur offensichtlich Zigaretten, vor allem in geschlossenen Räumen, zutiefst verabscheut, zerrte ich ihn aus dem Hotel, und wir joggten mehr oder weniger mehrmals um den Block.

»Ah, *Nordic smoking*?«, meinte Herr X.

Fakt war: Selbstverständlich freute ich mich auf meinen Playbacktussyauftritt für »T.O.P.'s«. Liebe Leute, ganz ehrlich, ich musste mir diesen verdammten Song echt hart erarbeiten. Vor allem dieser Break von »Todunglücklich« hatte es in sich. *Whatever*, ich hatte das Ding drauf und dann in Kölle einen Riesenspaß.

»Hättest du denn grundsätzlich Bock, so als Band, nächstes Jahr *Rock am Ring* zu spielen, oder überhaupt auf Tour zu gehen?«, fragte der Herrgott.

»Öhm, das wird etwas schwierig, weißte, ich mein, ich hab ja schon 'ne Band und so, ich meine, du weißt ja bestimmt, dass ich mit *Black* und so ...«

»Nö, sorry, hab keinen Fernseher, interessiert mich auch nicht. Also ja oder ja?«

Meine Jungs röhrten wie junge Hirsche und freuten sich mit mir.

In den folgenden zwei Monaten investierte ich mehrere tausend Euronen, um mir seelischen Support bei Roy, meinem Guru, einzuholen. Eines Tages saß er dann mit verschränkten Armen im Unterrichtsraum der Schule da, spitzte die Lippen und meinte: »Joaaah, ich finde, das rockt!«

Danke, ich konnte mich ab jetzt höheren Dingen stellen.

Vereinbart waren zwei Wochen Proben in Berlin mit einer Bassistin, die ich nicht kannte, und der Gitarristin, die wohl schon bei der gecasteten Band bei »T.O.P's« dabei gewesen war. Danach würde »El Jefe« himself dazustoßen.

Die Proben fanden in einem dieser typischen Berliner Hackeschen-Höfemäßigen Gebäude im dritten Stock statt. Ich war ziemlich aufgeregt und voller Erwartung, meine neuen Kolleginnen zu treffen: »Hallo Sandy, hallo, Tessa, tierisch, i frei mi ...«

Beide Mädels waren gerade dabei, sich mit ihren Instrumenten zu befassen. Sandy war schon weiter vorangeschritten und stimmte an ihrem Bass herum, Tessa kniete auf dem Boden und begutachtete ein abgebrochenes Scharnier an ihrem Gitarrencase.

Trotz dieser Ruhe und Harmonie war ich etwas aufgekratzt und gierte nach einer Kippe. Ich stellte mich zu Tessa, riss die riesigen Fenster über ihrem Kopf auf und zündete mir eine an.

»Au ja, gib mir auch eine«, sagte Tessa, immer noch kniend. Logisch. Wieder stand der Beginn einer einzigartigen Freundschaft bevor. Ach, Feuer? Hab ich auch. Ich beugte mich zu Tessa hinunter und knipste mein Feuerzeug an.

Ich konnte wirklich nichts dafür. Sie hätte aber auch echt Mal ihren Schädel ein paar Zentimeter höher halten können. Mensch! Vielleicht war aber auch dieses Kölner Haarspray einfach so unfassbar billig, dass man sich ohne Weiteres und ohne schlechtes Gewissen vier statt nur zwei Tonnen ins blutrot auftoupierte Haupthaar sprühen konnte. Jedenfalls zischte es einmal kurz auf, und während Tessa noch genüsslich an der Zippe zieht und grinst, sehe ich, wie mir in Bruchteilen von Sekunden erst eine, dann mehrere Stichflammen entgegenschießen und ihr Kopf augenblicklich in Flammen steht.

Wie ein brennender Tannenbaum so schön, springt sie auf – in letzter Sekunde, bevor sie den gesamten Proberaum abgefackelt hätte, und schlägt sich, über das Fenstersims gebeugt, hysterisch auf den Kopf. Ich helfe ihr dabei. Sandy riecht auch schon was, blickt zu uns rüber, den Mund offen, paralysiert.

»Oh, Mann, sorry! Tessa! Um Gottes willen ...«, schrie ich.

Aber sie meinte nur: »Quatsch, Sharönsche, allet jut, dat macht nix, ich muss die eh nächste Woche wieder färben, mehr orange oder so ...«

Über die verrosteten Saiten allerdings mussten wir unbedingt noch mal sprechen, bevor der Chef uns alle wieder rausschmeißen würde. Die Proben liefen eigentlich ganz gut, wir hatten ein zufriedenstellendes Level erreicht, fanden wir. Hundert Prozent sicher war ich mir nicht, aber dass Anti X einen Lachanfall bekommen würde, damit hatte wohl keine von uns gerechnet. So schlecht kam mir unser Gegrütze eigentlich gar nicht vor. Es war noch nicht zu spät, um R.A.R. und R.I.P. abzusagen, aber irgendetwas muss seinem Unterbewusstsein suggeriert haben, dass es noch einen Funken Chance geben könnte. Wir probten weiter. Von uns zu verlangen, zusätzlich alle Chöre mitzusingen, war utopisch. Also mussten Chordamen her. Weiterproben. Eine Woche später fiel X ein, dass eine Trompete in einem der 47 Stücke doch bestimmt was hermachen würde. Die Horn-Section der »Custers« rollte also an. Ich hatte Angst. Wann würden die Löwenkäfige und das Walfischbassin angeliefert werden? Bei zwölf Mann musste ich noch 'ne kleine Schippe drauflegen, mein Freund. Wir probten bis zum Verrecken. Das neue Soloprojekt vom Chef sollte über die Menschheit knallen, kein Grashalm sollte neben dem anderen wachsen. Weiterproben. Die Arrangements waren klar, die »Choreo« der Chormädels auch, Bühnenbild dito, obwohl, bei unserem allerersten Gig in der Markthalle in Hamburg war nicht viel mit Bühnendeko, aber der spektakuläre Anfang der Show stand. Er musste nur noch 2.865 Mal geprobt werden. Also noch mal: Das Intro wird laufen, etwa zweieinhalb bis zweidrittel Minuten später komme ich auf die Bühne. Es wird dunkel sein, dann fange ich volle Kanne an, einen ohrenbetäubenden Beat zu hämmern – natürlich samt Doublebassdrum. Das Ganze wird dann eine Weile dauern, bis die Fußballmannschaft auf der Bühne eingetroffen ist, die Instrumente in der Hand hat und – peng! Der schwarze Molltonvorhang wird fallen, Licht an, alle Spots auf uns, *one*, *two*, *three*, *four*, los geht's.

Um auf Nummer sicher zu gehen, mietete unser neues Management einen Tag vor dem Gig die ganze Markthalle zur Generalprobe, zum Licht- und Soundcheck. In der Pause Sushi vom Feinsten. Die Stimmung hätte besser nicht sein können. Alle waren gut drauf, alle waren euphorisch, alle waren guter Dinge.

Tag X. Um 15 Uhr saßen schon alle erdenklichen Haarfarben vor der Halle. Einlass 18 Uhr. Man konnte im nicht allzu großen Backstage die Massen herbeiströmen hören. Wir freuten uns tierisch. Der Chor hatte die Nonnenkostüme schon an, die Jungs ihre schwarzen Hemden und Hosen, ich mal wieder nicht mehr als 'ne Augenklappe. Mich würde man eh nicht sehen, wie ich mich zu Tode schwitzte.

Dann war's fast so weit: »*Twenty minutes!*« Alles ging noch mal in sich oder alberte rum. Mir wurde schlecht. Jesus Christus, Maria und auch Josef! Was zum Henker ... meine Stimmung kippt. Ich verstehe nicht. Was mach ich hier? Auf einmal wird mir schlagartig bewusst, dass ich das psychisch niemals durchstehen werde. Diese Verantwortung, wenn ich was vergeige – ein halbes Jahr lang hab ich für diesen Augenblick geübt. Würde ich heute elf Leute mit ins Verderben reißen? Herrn X' Ruf wäre für den Rest seines Lebens dahin. *Blackout*. Wie ging noch mal der Anfang, äh, der Mittelteil der zweiten Nummer, und überhaupt: Was, wenn der Monitor explodiert und alle sich zu mir umdrehen, zähnefletschend, mich von der Bühne jagen ... wie schnell soll ich noch mal bei »Todunglücklich« aus der ersten Strophe auf den Sampler schlagen? War der überhaupt schon an? Dieses Mal konnte ich mir keine Katastrophe leisten. Warum tat ich mir das an? Hätte ich nicht ein wundervolles Leben in der Mongolei verdient? Pferdezucht, Eselsmilch? Ich fing an zu beten. Half nichts. Egal, X ist für diesen ganzen Mist verantwortlich, also muss er mir auch gefälligst aus meiner Todesangst heraushelfen. Bitterböse schaue ich ihn an: »Sorry, hallo, es kippt, ich kann da nicht raus, ich sterbe, mach was!«

Wie es sich für einen »Che« geziemt, hatte Comandante X. die Gefahr erkannt, er wusste, wie er auf seinen Partisanen im Angesicht des Todes einzugehen hatte: »Ja, okay, setz dich mal kurz hin, ich muss dir was erzählen. Also, als ich damals in Namibia, irgendwo am Ufer eines großen Flusses zeltete, da mach ich auf einmal die Augen auf und sehe den Fuß eines Elefanten, der halb in meinem Zelt steht. Und dann hab ich einfach ... «

»Danke, Chef, ich geh jetzt ins Bett. Gute Nacht.«

Intro läuft. Gut. Alles versammelt sich. Ich steh an der Tür, die direkt auf die Bühne führt. Alles klar. Gleich geht sie auf und ich renne raus. Ha, was denken die sich eigentlich alle. Was? Mich hier fix und fertig machen? Vergesst es, Schätzchen. Pah, ich bin doch nicht blöd und probe hier wie 'ne Wahnsinnige, um dann hier diesen Psychoterror ... nee, nee, nee, ich werd das Ding hier einfach mal gaaanz locker rocken, denke ich, verstehen Sie!

Die für schwitzige Drummerhände in unbelüfteten Saunaclubs extra erfundenen chicen Handschühchen, leider in Babyblau – Schwarz hatten se nich' –, hatte ich mir besorgt. Sticks in der Hand. Also von mir aus ...

Endlich geht die silberne Stahltür auf – und hinter mir auch sofort wieder zu. Ich weiß, dass sich vor mir genau vier Stufen befinden und taste mich im Stokkdunkeln hinauf. Hier irgendwo muss ich jetzt an den vier Microständern der Chormädels vorbeigekommen sein. Da: mein Ridebecken. Autsch, das war die 18er Standtom. Noch ein Bluterguss. Weiter. Mit der linken Hand taste ich mich an der mit schwarzem Molton behangenen Wand entlang, mit der Rechten an meinem Instrument. Vorsicht, nicht zu viel Gewicht hineinlegen, dahinter ist keine richtige Wand, um es mal dezent auszudrücken. Bitte jetzt nicht über ein doofes Kabel stolpern!

Nein, alles gut. Intro läuft noch. Ah, hier, die Snare. Ich bin angekommen. So, erst mal Platz ... äh, Platz nehmen ... ja, wie, wo ist denn ... bin ich jetzt total ... Ich grabsche hektisch in der schwarzen Luft umher, suche meinen Hocker. Rechts, links: nichts. Adrenalin schießt springbrunnenartig durch meine Pupillen! Blitzschnell sammeln sich meine Hirnzellen an einem Ort und kombinieren: Shit, die haben mich anscheinend mit Vegas verwechselt. Logisch, wenn man seit Jahrzehnten mit »H.N.O.« arbeitet, kann das schon mal vorkommen, dass man den verdammten Hocker wegstellt, denn der Vegas braucht den ja auch nicht. ABER ICH! Ich brauch den Hocker! Links an der Wand, am Ende der übersichtlichen Bühne stehen zwei Backliner mit Taschenlampen. Panisch wedle ich mit den Armen. Oh Gott, bitte, sehen die mich nicht? Doch, doch, tun sie, der eine knipst sein Maglite kurz an und wieder aus und beide machen eine zuversichtliche »Alles-okay«-Daumen-Hoch-Handbewegung. Nein, verdammt noch mal, nix is okay!

Endlich begreifen sie. Sie robben sich durch das Equipment. »Wollt ihr mich verarschen? Wo verf... noch mal ist mein verf... Hocker, MEIN HOOOCKER!!!«

Freeze. Murmeln. Ich kann meinen verzweifelten Stagehands auf einmal in die Augen schauen. Jesus! Das Licht ist an, das Intro aus. Meine Mannschaft – alle da. Anti, alle starren mich an. Der große Blonde fragt laut in die beißende Stille hinein: »Sharone, allet jut? Warum fängste nich' einfach irgendwann mal an?«

»Weil ich keinen verdammten Hocker habe?«

Er dreht sich weg und plustert ein Lachen ins Micro, dass einem nichts mehr einfällt. Die Buntgefärbten gackern verständnisvoll mit. Wir, meine zwei Retter und ich, nutzen die Gunst der Sekunde und entdecken den Hocker hinter mir, direkt unter der Bühne. Also dann, scheiß auf dramatische Showeffekthascherei, los geht's. Ich brauchte mindestens fünf bis sieben Songs, um wieder runterzukommen. Der Rest der Show war wunderschön.

Ein paar Tage später meldete sich Luis, der beste Lichtmann der Welt. Er hatte es nur gut gemeint, er wollte nach dem Soundcheck nur kurz noch einmal für mich einen bestimmten Strahler nachjustieren, damit mein Gesicht noch besser ausgeleuchtet würde. Dafür musste man aber die Leiter an die Stelle meines Hockers stellen und den Hocker aus Platzgründen eben kurz unter die Bühne.

Ist ja eigentlich sonst ganz gut gelaufen. Meinen Nervenzusammenbruch zelebrierte ich ausgiebig, zusammengekauert auf den Fliesen der Dusche, hinter den Garderoben.

Am nächsten Tag *Rock im Park!* Das kann ja nur besser werden!, dachte ich.

❶❷❸

Pause-Taste.

Gute Nacht.

Donnerstag

Erster Probetag. An das Ambiente konnte man sich ja gewöhnen. Das ein oder andere Dekorationsstück hätte man woanders drapieren oder besser ganz weglassen können. Sagen wir, auch Kitsch kann im Gesamtkontext eine ausgesprochen muntere Stimmung, vielleicht sogar Harmonie, in einem Raum verbreiten. Vieles kann so schrecklich sein, dass es schon wieder schön ist, aber was, wenn es noch nicht einmal mehr schrecklich ist? Radio Tirana. Aufgenommene Kassetten aus den frühen Siebzigern, Traum. Vielleicht war ja Weltmusik eigentlich ihr Ding. Gerade der Balkan verbarg schließlich die größten Schätze vielfältigster Musikrichtungen. Gesänge, zum Beispiel gerade aus dem Gebiet, aus dem S. unter anderem kam, erinnerten an ihre ursprüngliche Herkunft, die Mongolei. Siebenachtel, dreizehn- und elf-achtel, wunderbar, damit war sie ja aufgewachsen. Auch die Gerüche aus der improvisierten Teeküche waren Vertraute. Vielleicht war es auch schon zu lange her, dass sie gefüllte Schafsdärme gerochen und gesehen hatte. Sie hatte vor Jahren beschlossen, Vegetarier zu werden, und es kostete sie schon ein wenig Überwindung, schon so früh am Morgen in diesem betäubenden Aroma zu stehen. Sie lehnte auch die knusprigen Snacks zwischendurch dankend ab.

Sicher bot Merja ihr auch guten alten Byrek an. Selbst gemacht, köstlich. Offenbar war sie gut drauf, ließ zwölfe und den billigen Automaten grade sein und kochte allen ein kräftiges Mokkatässchen »Kafe Turke« zum Gläschen Raki, wobei sie vor jedem Schluck die Arme in die Luft riss, einen Spruch, ein Gebet oder einen saftigen Fluch gen Himmel stieß und sich bekreuzigte. Wie zu Hause. Was S. aber wirklich störte, war diese Sprache. Sie war es aus verschiedenen Gründen gewohnt, so gut wie jede Sprache, zumindest jede slawische, romanische oder germanische, einstufen zu können. Also wenigsten so viel zu verstehen, dass sie ahnen konnte, worum es um Gottes willen bei diesen ständigen Diskussionen im Backstagebereich ging. Hier im Kiosk wurde heftigst auf Albanisch telefoniert, auch mit dem Ausland. »Cousins« und »Söhne«, viele Söhne aller Altersstufen, gingen ein und aus. Das Einzige, was sie sich zusammengereimt hatte war eine deklinierte Form, warscheinlich Akkusativ, im *past perfect*, von »der Hund ist tot«.

Man sollte allerdings nicht übertreiben, Ungarisch, und dessen war sie wiederum absolut mächtig, schlug neben Chinesisch, sowieso jedem noch so Sprachbegabten die Schädeldecke aus.

Über das Finanzielle hatte man noch nicht gesprochen. Nichts überstürzen, dachte sie.

Kurz vor Mittag wurde S. dann aber doch schlecht, als es anfing, nach Pca und Kukuruc zu riechen. Der eiernde Kassettenrekorder fing an, ihr auf die Nerven zu gehen. Das durfte eigentlich alles gar nicht wahr sein. Wozu bitte hatte sie sich noch vor einem Jahr den Allerwertesten aufgerissen? Um sich ein zweites Standbein wachsen zu lassen. Richtig. Und kein so schlechtes, mein Lieber! Chef-Fitnesstrainerin auf der *Aida*, *Aida*-Blue, *Aida*-Green, -Wellness, -Fitness, -Bullness, egal. Das war der Plan. Drei Monate und sie hätte einen Lebensberechtigungsschein gehabt. Den brauchte sie auch, schließlich hatte dieses verkackte Jahr sie den letzten Nerv gekostet.

Jetzt auch noch – Kuttelsuppe hin oder her – Lottoscheine von A nach B zu schieben, machte den Stapel Mahnungen auch nicht kleiner. S. beschloss zu gehen, nach noch nicht einmal einem halben Tag. Sie war schon immer ein Freund schneller Entscheidungen gewesen. Es war noch nicht allzu viel investiert oder verballert worden. Essen hatte es gegeben, wunderbar, alles klar, war 'ne tolle Zeit, Dankeschön und pfüitti! Et reicht! Ciao Kakao!

Wenn man eine Tür zuschlägt, öffnen sich meistens tausend andere. Sie nahm Haltung an, trat in die Teeküche und verkündete feierlich:

»Lieber Halim, liebe Merja« – in Ländern außerhalb Deutschlands spricht man in offiziellen Fällen lieber erst den Mann des Hauses an –, »ich muss euch leider mitteilen ... ich muss los ... weiter ... es hat leider keinen Sinn ...«

Vielleicht war es nicht der passende Moment. Merja riss ihre gezupften Augenbrauen hoch und nahm zum ersten Mal an diesem Tag langsam ihre zerknautschte Schürze ab. »Was, was? Du nichts mehr arbeiten? Waruum? Du bist wie zweite Tochta, was habe getan?«

»Sorry, aber meine finanzielle Situation erlaubt mir leider keine weiteren Ausschweifungen dieser Art. Meine Einkommensteuernachzahlung, von der Vorauszahlung für das nächste Jahr mal ganz abgesehen, zwingen mich …«

»Waa? Nix verstehen! Warum? Du Problem?«

»Ja, ja, eben, grooße Problem, und deshalb …«

»Aba warum du nix zu uns komma? Geldproblema? Kein Problema! Wir helfen. Was du brauche?«

Das zauberhafte Ehepaar besprach sich kurz, wurstelte mit den Händen herum, wandte sich wieder zu ihrer zweiten Tochta und fing an zu heulen. Das war von S. wohl doch etwas zu hart formuliert worden. Die zerbrechlichen Herrschaften schienen sich die Sache sehr zu Herzen genommen zu haben. Wie hätte sie damit rechnen sollen? S. fühlte selbst einen Kloß im Hals.

»Schuldiguns, bitte, aber wir auch große Problema.«

Sie erinnerte sich an die Wortfetzen, die sie zuvor aufgeschnappt und für sich erst ins Ungarische, dann aber sofort ins Alt-Serbokroatische übersetzt hatte und bei dem so etwas wie »toter Hund« herauskam.

»Was Hunde? Nix Hunde. Scheiße deutsche Hunde. Meine Sohn, hat große Problema. Nix Arbeitserlaubnis. Soo große Herz und schöönе!«

Mhm, Herz bestimmt, aber schöne? Welcher der zu klein geratenen, doch muskulösen, grimmig dreinschauenden Kollegen in schwarzer zerlumpter Lederjacke soll's denn gewesen sein? Der, der heute schon dreimal Koffer, Kartons und Damenhandtaschen im Backstage abgeladen hat, die dann von Mama Merja sorgfältig unter die Spüle und in alle vorhandenen Sperrmüllschränke verstaut wurden? Oder der alkoholisierte nette Wohlgenährte, der am Eingang noch humpelte, die Geldscheine aus der Kasse nahm, hinten auf dem Küchentisch zählte und beim Hinauslaufen völlig vergessen hatte, welches Bein er hinter sich her schleifen musste? Sie versuchte ihre aufgebrachten Eltern zu beruhigen und klarzustellen: »Ja, ja, nein, ich zweifle keineswegs daran, dass Ihr Sohn oder Ihre Söhne ganz fantastische Männer sind …«

»Okay. Du nix gehen jetzt. Passe auf. Merja, koche Kafe Turka für unsere liebes Mädsche … komm hier setze!« Herr Rrama verriegelte die Ladentür, »geschlossene Gesellschaft« sozusagen, zog S. nach hinten in die heilige Teeküche, bot ihr den besten Platz an, den mit dem Rücken zu Wand, mit Blick auf den Herd und auf die Eingangstür, rückte den Teller – nein, keine

Kuttelsuppe, sondern Baklava von letzter Woche – heraus und setzte ihn ihr vor die Nase. Latschenkiefer wäre die Erlösung gewesen, aber der Mokkageruch erstickte Gott sei Dank den Rest-Pansen, der noch überall an den Wänden klebte.

Kurz und gut. Bringen wir's auf den Punkt. Ein lukratives Angebot stand im Raum. Soviel S. dem ernsthaften Gespräch entlocken konnte, handelte es sich um einen echten Notfall.

Hatum, der beste aller Söhne, hatte keine Aufenthaltserlaubnis, der Ärmste, seit fünfzehn Jahren. Dabei war er ein junger Mann mit allem, was das Herz begehrt. Eine Ausbildung als ... das hatte sie nicht ganz verstanden ... hatte er, sämtliche Diplome, die man sich nur vorstellen kann, besaß er. Doch der intolerante deutsche Staat ließ ihn einfach nicht arbeiten, leben, wie es alle anderen hier auch durften. Sogar Koreaner würden bevorzugter behandelt als ein studierter wunderschöner Albaner, der seit sage und schreibe sechzehn ... Ein Unding, das gab's doch nicht. Doch, es gab nur eine einzige Lösung. Bisher hatte man es nur mit oberflächlichem, egoistischem Pöbel zu tun gehabt. Ja, selbst die Frauen aus den eigenen Reihen hätten immer wieder in letzter Sekunde einen feigen Rückzieher gemacht. Aber *sie,* nein, *ihr* würden sie so ein Verhalten nicht zutrauen. Allerdings würden sie, sowie der Rest der ca. fünfzigköpfigen Sippe Rrama, vollstes Verständnis dafür haben, falls S. das Ganze doch nicht behagen und sie das Angebot zurückweisen wolle. Herr Rrama kramte kurz in der mittleren Schublade im Besteck herum und knallte einen weißen Briefumschlag auf den Tisch.

»Du biste gute Mädsche, hier, zähle!«

S. zögerte, klar. War es das, wonach es aussah?

»Los, los, ruhig, zähle!«

Dreitausend Euro in Fünfhunderterscheinen. Herrliches Rosa-Pink leuchtete in ihren Händen. Sie steckte die Scheine schnell wieder ins Kuvert, bevor aus Versehen der Honig der darunterliegenden Baklava die Scheine zusammenklebte. Auf einen Schlag! – Stapel weg. Finanzamt fast weg. Anzahlung für das Keramik-Inlay, Steuerberaterhonorar, Kühlschrank. Vielleicht sogar halbvoller Kühlschrank und endlich wieder: üben, üben, üben!

»Ähm, ja ... halt stopp ... was ... wie?«

Kein Ding. Die Rechnung war ganz easy. Als S. das erste Mal ihr Geschäft betreten hatte, und das war Monate her, war beiden ihr offener Blick und ihre ehrlichen Augen aufgefallen. Ehrlichkeit war ja gerade in diesen Tagen rar gesät. Wer wüsste das nicht? Um nun auch ihr zu beweisen, wie sehr sie ihr vertrauten und um ihr auch zu beweisen, dass sie vertrauenswürdig waren, lägen jetzt hier offen, für alle sichtbar, in bar, dreitausend Euro. Nur für sie. Das Einzige, worum sie S. bitten würden, wäre, vorübergehend zu heiraten. Ihren schönsten Sohn, damit er endlich seine Arbeitserlaubnis bekäme und damit ein besseres Leben, eine Zukunft, die auch er verdiene. Nichts würde sich daduch ändern. Man müsste weder zusammenziehen noch füreinander bürgen, das würden sie schon selber tun oder der reiche Großonkel aus Paris. Kein Kopfzerbrechen, was die Hochzeitsfeierlichkeiten betraf. S. könne sich entspannt zurücklehnen und sowohl die Trauringe als auch die Farbe des Hochzeitskleides aussuchen. Flitterwochen wären selbstverständlich auch in Planung. Wohin, wäre S. überlassen. Hochzeit in Paris, mit oder ohne Pferdekutsche, müsste man sehen. Die Kosten der Scheidung – auch kein Thema. Anwälte kannten sie genug. Ein Großcousin aus Tirana oder Paris könnte da spontan helfen.

»Oder hast du eifersüchtige Mann?«

»Nein, nein, kein Mann, Gott sei Dank, momentan alles super in der Richtung, aber ein fremder Mann, ich meine, entschuldigen Sie ...«

»Ah, nein, muss nix in eine Bett, wenn du nix will.«

»Nein, eben, will ich bitte *nicht*.«

»Du nix gern Sex? Keine Problema, ich sage dir Geheimnis: Hatum isse swul!«

Lautes Gelächter. Erleichterung allerseits.

»Puh, ach so, na dann ... ja ... hmm ...«

»Siehst du, alles gibt Lösung, alles gut. Merja, bring Raki, mehr Raki!«

Der Kassettenrecorder wurde voll aufgedreht, es wurde getanzt, gelacht und alle Fotos aus allen Schubladen herausgeholt. Hatum an der Treppe vor dem Kino, nach einem Besuch im Freibad, mit roter, blauer und matschfarbener Badehose, mit Pudelmütze und albanischer Nationalflagge um den Hals: ein lebenslustiger Bursche, ihr Zukünftiger!

Benommen von all den Adrenalinstößen und dem Blick in ihren neuen Lebensabschnitt verabschiedete sich S. gegen Mittag.

Das war doch Wahnsinn. Genial. Nicht nur *nehmen*! *Geben*, war das Stichwort! Einer schwulen Randgruppe und dadurch auf einen Schlag einer gesamten Familie neuen Lebensmut zu geben, das machte sie euphorisch. Wer würde so eine Chance an sich vorüberziehen lassen? Bei Gott, sie würde endlich Farbe bekennen. Vor aller Welt. Ja, sie wäre sogar stolz, die Ehefrau eines ausgegrenzten, top in Wasauchimmer ausgebildeten, schönen, schwulen Ausländers zu sein. Und wer irgendetwas dagegen hätte, könnte sich für immer verabschieden. War ihr Rucksack auch wirklich zu? Jesus, jetzt bloß die Kohle heil auf die Bank bringen. Wie hieß er noch gleich mit Nachnamen? Warum nicht den Namen übernehmen, sind Doppelnamen überhaupt noch hip? Rrama. Sharona Gádji-Rrama. S.G.R. Sieg – Gerechtigkeit – Rache! *Pretty cool*, dachte sie. Rrama, Dahlai-Rrama. Es hatte etwas ... etwas, was dem Ganzen die Krone aufsetzte. Schicksal. So schnell kann es gehen.

Nachdem sie auf der Bank alle Schulden grob bereinigt hatte, spendierte sie sich *on top* einen Pulli bei Mango, schließlich muss man sich auch mal selbst belohnen. Und dann musste sie dringend über ihr neues Leben nachdenken. Unvorbereitet wollte sie da nicht hineinstürzen. Sie musste sofort Albanisch lernen, logisch. Langenscheidt + Cd + alles, was es an Büchern über dieses Land gab, besorgen. Und sich vielleicht mit der behördlichen Situation auseinandersetzen. Jetzt hatte sie ja Zeit. Sie nahm ihre Sache, wie immer, ernst. Es war ein realer Auftrag. Ein Job, den sie besonders gut machen wollte.

Trotzdem konnte das alles noch einen Augenblick warten. Erst einmal mit dieser Top-Stimmung Marc aufheitern, dachte sie.

Marcs Band hatte neuerdings eine Kreativpause eingelegt, und die Sinnlosigkeit des Seins hatte konkrete Formen angenommen. Er war gerade in eine kleinere Wohnung umgezogen – die vom Arbeitsamt legten ihm das nahe – und kam einfach mit der vergilbten Wandfarbe nicht klar. Logisch, wie willst du denn in so einem Ambiente dem Lebensmut wieder Freiraum verschaffen? Kein Problem, S. war am Start. Jetzt war genau der Zeitpunkt, um wieder ein wenig an seiner Stimmung zu schrauben. Nicht nur mit Worten, auch mit Taten versuchte sie, seine Depression auszumerzen – und sich selbst dabei abzulenken. Heute würde auch bei ihm sämtlicher Dreck weggeweißelt.

In Weißensee gab es direkt um die Ecke einen Baumarkt. Praktischerweise hatte Marc schon mal weiße Raumanzüge und Mundschutz besorgt. Die Schleifmaschinen, Marc war Perfektionist, hatte ihm sein Bruder geliehen. Na denn, dachte S., endlich wieder was Sinnvolles für die Menschheit vollbringen, auf geht's. Es war 14 Uhr mittags, und bis zum Abend wollten sie die Bude in Schuss gebracht haben, schließlich hätte man in den zwei abgeschliffenen Räumen ohne Gasmaske ja auch nicht übernachten können. Marc stand der feine Staub, der sich sanft auf sein schwarz gelocktes Haupthaar niederlegte, sehr gut zu Gesicht. Auch wunderte S. sich die ganze Zeit, wie er mit der komplett vernebelten Buddy-Holly-Brille nicht aus Versehen die Bezüge seiner Sessel anschrabbte. Absolutes Gehör nennt man das wohl.

Beide, in Trance vor Action, schliffen, was der Strom hergab, volle Lautstärke, volle Kanne, stundenlang, mit offenen Fenstern, *of course*. Eine Therapie. S. fühlte sich sauwohl in ihrer Rolle als Handwerker mit Profiausrüstung und hatte sich unter diesen Umständen überwunden, am Abend mal für was Essbares zu sorgen. Irgendetwas, wofür es keine Töpfe oder Pfannen brauchte. Es gab in der noch nicht geschliffenen Küche eine Zwiebel. Auch Tomaten und Brot. Sie ließ ihren Papierschutzanzug gleich an, ihr Sankt-Pauli-Käppi und die Handschuhe zog sie aus, um die Zwiebel in Stücke zu hacken, als es läutete. Sie hätte noch so laut schreien können, Marc hätte das nicht vom hundertzwanziger Schleifpapier unterscheiden können. Also ging sie mit dem Messer in der einen und der halben Zwiebel in der anderen Hand selbst in den Flur, um auf den Türöffner zu drücken, und stellte sich dann wieder an die Spüle, um an ihrer Sache weiterzuarbeiten. Wird schon nicht die GEZ sein, sondern seine Kumpels, die sich doch noch erbarmt hatten mitzurenovieren, dachte sie.

Wie sie da weiter an ihrer Zwiebel herumsezierte, hörte sie aus dem Off, man kann es nicht anders sagen, bullenartiges Gestampfe. Hätte sie nicht das genaue Datum gewusst, hätte es sich auch um den Aufmarsch der Russen in Weißichwo handeln können. Da sie mit dem Rücken zur Küchentür und somit auch zum Flur stand, brauchte sie sich – samt Gemüse und Messer – bloß umzudrehen, um etwa fünfhundert maskierte Männer mit schweren Stiefeln und Schläuchen zu beobachten, die durch den Flur rasten. Ihr Kinn klappte nach außen. Einer der behelmten Männer mit Schutzweste schrie S. an: »Wo ist es?«

»Ähm, wo ist *was*?«

»Wo verdammt noch mal ist es?«

»Wer? Marc, ja, ja, immer geradeaus durch …«, sagte S. voll konzentriert und fuchtelte mit dem Profimesser in Richtung Wohnzimmer. Dann drehte sie sich wieder um, sie konnte sich ja nicht um alles kümmern. Die Tomatenbrote waren fast fertig. Die Judäische Volksfront stapfte wieder hinaus. Ihre Neugier ließ sie dann doch mal nachsehen, was das denn alles bitte sollte. Marc immer noch nichts. Sie drückte ihm ihre Daumen auf seine Brillengläser und gab sich zu erkennen.

»Nee, alles okay, war nur die Feuerwehr.«

Die gesamte Nachbarschaft war wohl seit Stunden besorgt gewesen – aufgrund des Nebels, der aus den Fenstern quoll. Dann mussten sie ab jetzt eben bei geschlossenem Fenster weitermachen. Hätte sie's nicht besser gewusst, hätte man meinen können, dass die Tomatenbrote in ihrer Hand mit köstlichen Parmesanflöckchen dekoriert waren.

Gut, der Hauptteil ihrer Renovierungssession war erfolgreich verlaufen. Jetzt kam es auf die Nuancen an. Mit allen Überredungskünsten hatte sie es geschafft, Marc so weit zu bringen, seine Zimmer – oder zumindest sein Wohnzimmer – in einer S. ans Herz gewachsenen Farbe zu streichen. Was nämlich in letzter Zeit in den skandinavischen, aber auch amerikanischen Krimis auffallend war – es gab eine neue Farbe. Ja, damals bei »Snatch« hatte sie S. auch schon angeblitzt, aber erst neuerdings hatte sich diese Nuance zwischen Dunkelgrün und Blaugrau auf Anthrazitbasis durchgesetzt. Die Frage war nur: Wie bekommt man diese Mischung hin? Marc, Zeit seines Lebens eigentlich Fotograf und durch seinen Bruder sowieso Maler, kannte sich mit Komplementärfarben – bis hin zur Atomphysik – bestens aus. Zu teuer durfte das Ganze auch nicht sein. Also noch mal hinunter zum Baumarkt und einen Pott Grün, Schwarz und Weiß besorgt.

Fichtennadelgrün hätte es, da war sie sich absolut sicher, gebraucht und etwas von dem Zementgrau, nicht Mausgrau, auch nicht Taubenblaugrau, aber was wollte man machen, wenn der Herr Fotograf es anscheinend besser wusste. Fakt war, ihre Nuance wollte und wollte nicht zustande kommen. Sie rührten um die Wette, jeder pantschte wütend vor sich hin und beschmierte eine Wand nach der anderen. Es wurde bereits dunkel, wie's so üblich ist, Ende November. Sie halluzinierten sich die Farbpalette rauf und runter. Für S. war das immer noch viel zu hell, verdammt. Weiß der Geier, mit was für Tricks die da im Film die Leute verarschen, sie wollte das Geheimnis bis Mitternacht gelüftet haben! – Um fünf vor zwölf war es vollbracht. Marc hatte Schmerzen in der Lunge, sein Kreislauf machte schlapp. S. sah doppelt, und das Schwarz begann mit dem Dunkelschwarz zu verschwimmen. Marc gab auf. Motivationstraining à la Shari:

»Spitze, tierisch, alter Schwede! Das sieht jetzt in der Nacht vielleicht aus wie eine Gruft, aber ich sag dir eins: Morgen früh wirst du verdammt noch mal durchdrehen, das wird wie eine Super-mega-high-class-Galerie in Paris aussehen, hundert pro. Wir sind außerdem in Berlin, verstehste, da hab ich schon ganz andere ... Und weißte was? Wir können ja noch ein paar Kröten springen lassen und silberne Sprühfarbe holen, was meinst du, wie das glänzt und ... ach Gott, wie genial...«

Sie beschloss, die Stimmungskanone für heute wieder einzupacken und in ihre eigene Hütte zurückzukehren. In der Tür, Marc immer noch im Raumanzug, fiel ihm in letzter Sekunde noch ein Betthupferl aus dem Mund:

»Sachma, du hast doch momentan immer noch keine Band, oder? Mir fällt nämlich gerade ein Mädel ein, das ich vor zwei Wochen fotografiert hab. Die wollte nette Fotos für ihre Facebookseite und ihr Plattencover. Melde dich doch mal bei der. Ich glaub, die sind echt am Start. Klang ganz professionell. Danke noch mal, echt schön jetzt. Gute Nacht.«

Er drückte ihr noch einen der beiden Fuffis, die beim Renovieren unterm Sofa aufgetaucht waren, als Dank in die Hand.

Freitag

Morgens sieht die Welt noch immer ziemlich rosig aus. Obwohl sie zugeben musste, dass ihre neue Mischpoche sie sehr an Onkel Lászlós unwiderstehliche Art erinnerte.

Während des Krieges hatte sie sich bei ihrer Verwandtschaft kein einziges Mal blicken lassen. Ihre Eltern schon. Sie versorgten sie mit grauenhaften Informationsbrocken, die einem das Blut in den Adern ..., usw.

In München, zwischen irgendwelchen Touren mit ihren Musikerkollegen und mit einem einigermaßen ausgeglichenen Konto, beschloss S., wenigstens einen Teil ihrer uferlosen Verwandtschaft zu besuchen. Wie damals, als Klein-Shari im Taschen-Tütenwust Platz auf der Hutablage fand, ging's mit dem Familienabenteuerausflug von Keszthej-Kertváros zusammen mit ... nach Ada und Zenta in old Jugo los. Die Grenzer waren jung, aufgeschlossen und extrem witzig, fand sie. Ihr Vater wurde allerdings etwas mürrisch, als ihr ein besonders übermütiger, in adretter dunkelblauer Uniform, beim Ausladen der gefrorenen Gänse aus dem Kofferraum einen Heiratsantrag machte. Lebenslustig wie eh und je, dieses Volk, einfach nicht unterzukriegen, dachte sie. Bei ihrer Ankunft, das Getriebe des Audi hatte die holprigen, nennen wir sie Straßen, überstanden, duftete die ganze Siedlung in »Little Yougoslavia«, so hieß das klitzekleine Gebiet tatsächlich, nach Lammgulasch. Tante Mária hatte gekocht. Freude, Geheule, Freude, Geheule.

Sie drückte S., in Erinnerung an gute Zeiten, einen frisbeescheibengroßen Fladen – gewisse Völker, besser gesagt Randgruppen, essen gerne Fladen – mit Entenschmand und gemahlener scharfer Paprika in die Hände und S. setzte sich neben den kleinen Holzkohleofen, auf einen von irgendeiner Urgroßmutter vererbten, selbst gezimmerten Schemel. Nirgendwo im Universum wäre es schöner gewesen in jenem Moment.

Tante Mária erzählte nur knapp von ihrer Vergewaltigung – in diesem Dorf waren seit Jahrhunderten verschiedenste Kulturen und Religionen miteinander ausgekommen, doch Serben meinten das Dorf »säubern« zu müssen –, und das Ganze vor den Augen ihres an einen Stuhl gefesselten zehnjährigen Sohnes. Aber jeder Einzelne in diesem und zig anderen

Dörfern des Landes hätte ähnlich Unerträgliches zu berichten gewusst. Onkel László, typisch, um die Stimmung wieder ein wenig aufzulockern, meinte, es sei nun an der Zeit, sich mit ihrem Vater und ihr, also mit allen gestandenen Männern des Hauses, in seiner Lieblingslokalität am Rande des Dorfes einen zu genehmigen. S. fühlte sich geehrt, das war auf jeden Fall eine Alternative zum »in Kochtöpfen wühlen«, Blätterteig, Nudeln und eben Fladen kneten und sich dabei mit den Frauen über Kindererziehung auslassen. Ab in den verrosteten, ehemals weißen Fiat Bambini. Onkel László am Steuer, ihr Dad auf dem Beifahrersitz, S. hinten. Anschnallen. Was anschnallen? – Entschuldige mal bitte. Er war zwar der einzige Schweinezüchter weit und breit, nachdem das Geschäft mit dem illegal importierten Kalk aus dem Kosovo, um die zerbombten Häuser wieder aufbauen zu können, sich mittlerweile erübrigt hatte, aber deshalb war er noch lange nicht Krösus, der sich funktionierende Gurte für solche lächerlichen Strecken leisten konnte oder wollte, und zweitens saß ja schließlich er mit kaum zwei Flaschen selbst gebrannten Marillenschnaps intus – S. hatte unhöflicherweise, aber dankend abgelehnt – am Steuer. Was sollte denn passieren?

Es war dunkel geworden, auf Straßenlaternen hatte man komplett verzichtet. Ihr Onkel sah auch nicht ein, einen zweiten Scheinwerfer anzubringen. Er habe schließlich Augen im Kopf, meinte er unwirsch. Herr Gádji drehte sich zu seiner Tochter um und machte *Das Gesicht*. Es war der »Egal was immer sich jetzt abspielt, kein Wort zu niemandem, reiß dich um Gottes willen zusammen, stell keine Fragen und lach nich'!«-Blick. Ihre Augen funkelten in froher Erwartung zurück, und tatsächlich, schon in der ersten Rechtskurve sprang die Beifahrertür auf und ihr Vater hing mit dem Oberkörper fast im Graben. Bei der nächsten Linkskurve, Onkels Tür ging schon im Ruhezustand weder auf noch zu, knallte Dad's Tür wieder in ihre Grundposition. Na also, man musste eben ein bisschen interaktiv mitarbeiten und mit beiden Händen den Türgriff festhalten. Die Gravitation war bei diesem Fahrstil aber übermächtig, von daher entschloss sich ihr Vater, sich lieber in die Decke des Pappautos zu krallen und der Tür ihre Freiheiten zu lassen. Sie verließen auch den letzten Hauch einer Zivilisation und heizten die stockfinstere Landstraße hinunter. Mit Händen, Füßen und Kippe fuchtelnd erzählte Onkel László seine Sicht der politischen Situation auf dem Balkan. Egal, die Straße war breit genug für ein Spielzeugauto, und auch sonst würde hier nie ein Fahrzeug um die Uhrzeit ... *Hoppá*, das war ein Fahrradfahrer, ohne Licht, jetzt im Graben. Eine Viertelstunde später wurde es erstaunlich hell, S. spürte eine gewisse Wärme am Hinterkopf und drehte sich um. Ein Auto – mit zwei Scheinwerfern – schoss ihnen hinterher. Onkel sah in den Rückspiegel und zog genervt die bombastischen Augenbrauen hoch. Ach Gottchen, was wollten die denn jetzt, sie hatten doch gar keine Zeit für so etwas. Es handelte sich um die örtliche Polizei, die sie in ihrem relativ in Schuss gehaltenen Fiat 127 überholte, sie rechts an die Seite blinkte und zum Stehenbleiben aufforderte. S.' Vater redete mit Engelszungen auf seinen Schwager ein und siehe da, Onkelchen hielt nach bösartigster Flucherei tatsächlich an. Seine Fensterscheibe konnte man nicht hinunterkurbeln, also versuchte er die Tür aufzudrücken. Da er das alleine nie hätte bewerkstelligen können, schrie er den Polizisten durch die Fensterscheibe auf Ungarisch an: »Verdammte Hurenscheiße, du musst von außen ziehen, Mann, du kennst doch mein verfluchtes Auto ... jetzt, zieh ... halt ... noch mal, eins, zwei drei und: ZIEHEN!«

Onkel half mit beiden Beinen ein wenig rabiat, aber wirkungsvoll nach. »So, was ist denn? András, was zum verfluchten Henker ... du siehst doch, dass ich die halbe Familie aus dem Ausland, sogar aus Deutschland, hier habe, ich wollte sie mal richtig ausführen, verdammt noch mal, hast du denn nichts Besseres ...?«

Der verschüchterte junge Mann stammelte erst auf Serbisch, stieg aber sofort aufs Ungarische um: »Aber Onkel László (ältere Herren werden in einigen Ländern nun mal aus Respekt veronkelt), ich weiß, ich weiß, aber ich muss Ihnen ... es ist doch meine Pflicht, Onkel László, Sie darauf hinzuweisen, dass Sie Ihren Scheinwerfer, ich meine, wenn Sie wenigstens nicht so schnell fahren würden ...«

»Ach, papperlapapp, du weißt doch, wie ich fahre, seit wann kennst du mich schon, he? Hab ich deiner Mutter nicht damals, als du noch in die Windeln gekackt hast, Milchpulver aus Gottweißwoher besorgt? Aber das scheint ja heutzutage nicht mehr zu zählen ...«

»Ich weiß, ich weiß, lieber Onkel László, aber wenn Sie wenigstens ... na ja der Gurt, Schwamm drüber, aber ich bitte Sie, nicht mehr so viel zu trinken, wenn Sie noch Auto fahren … ich meine, wo fahren Sie denn überhaupt hin, hier ist doch weit und breit nichts, außer …«

»Ja, wo werde ich jetzt wohl noch hinfahren wollen, du Dreimalschlau? Wenn ich zum Trinken fahre, muss ich auch davon ausgehen, das ich betrunken wieder nach Hause fahren muss! So ist das meistens, mein Lieber. Also halt uns jetzt nicht auf, meine Nichte ist extra aus Deutschland … mach mir jetzt keine Schande, grüß deine Mutter, und wenn sie wieder Vorderschinken braucht, soll sie mir schleunigst Bescheid sagen, es ist nicht mehr viel da. Schluss jetzt, schlag meine Türe zu, Gott segne dich.«

Der gutmütigste aller gutmütigen Polizeibeamten versuchte erst sanft, dann etwas euphorischer, letztendlich mit Schmackes, die Fahrertür zuzuschlagen. Der Onkel half von innen mit. Keine Chance.

»Verdammt noch mal, András, du sollst mit dem Fuß, benutz doch endlich deine gesunden Beine in Gottes Namen und tret mir endlich die Scheißtür zu.«

Der Arme wollte sich vor den Gästen aus dem fernen Ausland nicht blamieren und stieß endlich mit voller Wucht sein Bein in die Tür. Puh, es konnte weitergehen.

»Dieser Depp, dieser elende, zu nichts zu gebrauchen …«, murmelte es aus dem Dickicht der Haarpracht. Rechts und links der Landstraße nur trostlose Felder, nichts, kein Hase und auch kein Igel. Man konzentrierte sich auf den Radius der einzig funktionierenden Beleuchtung im Nebel des Grauens. Land in Sicht, sie kamen ihrem Ziel näher. Wo? Das kleine Lämpchen dort drüben? Sie kamen an eine Holzbude. Vollbremsung.

Onkel wusste schon, wie man einen Auftritt zelebriert. Aussteigen. Vater Gádji voraus, der Beifahrersitz konnte so weit nach vorne gekippt werden, dass sich S. als Schlangenfrau aus der Kiste herausschälen konnte. Vater zerrte inzwischen von außen am Griff der Fahrertür, während Onkel mit beiden Beinen von innen dagegentrat, und nach wenigen Minuten war auch er aus dem Auto befreit und hatte festen Boden unter den Füßen. Zwei waagrechte Balken vor der Hütte. Vorrichtungen für parkende Pferde. Einen vor sich hin dösenden alten Gaul, der seit Stunden oder Tagen auf sein Herrchen wartete, konnte S. im Dunkeln erkennen.

Onkel László als Oberhaupt und Gastgeber voraus, auf die Holzstufen zu, Vater und Tochter hinterher.

Sie traute ihren Augen nicht. Am Ende der Stufen eine zusammengepfuschte Western-Saloontür, in die das Wort »Texas« eingebrannt war. Dad, der wusste, was sich in ihrem Kopf in diesem Augenblick abspielte, drehte sich erneut zu ihr um und machte wieder *Das Gesicht*. Alles klar, Mann, Pokerface war zu allem bereit. Sie schoben sich durch die Saloontür – und da stand sie. Direkt im Blickfeld, ihnen gegenüber hinter einer Theke, die liebevoll mit mindestens zwölf Kunstblumen und exotischen, aber leeren Alkflaschen dekoriert war. *Mme Tussaud herself*, oder wie nennt man eine unwirkliche Wachsfigur, die weder Mann noch Frau ist, aber mit glockenturmhohem, wasserstoffblondiertem Haar, irre pinkfarbenen Lippen, sämtlichen Farben des Regenbogens auf den Augenlidern und immensen Ohrringen aus härtestem Plastik mit Bombastdekolleté in einem königsblauen Paillettenkleid am Ende der Galaxie vor einem steht? Quentin wäre durchgedreht. Hier hätte er »From Dusk Till Dawn« locker für 'nen Fuffi drehen können.

Nachdem S. den ersten Schock überwunden hatte, ließ sie ihre Blicke durch den fünfzehn Quadratmeter großen Raum schweifen. Es lief Radio Macedonia. Sieben-, neun-, elf-, dann wieder siebenachtel Rhythmen. Links vor der Tür, zwischen Theke und Fenster, saßen vier Menschen an einem Tisch.

Es gab wohl nicht viel zu sagen. Man kannte sich wahrscheinlich schon zu lange. Ihr Vater sagte auf Deutsch zu ihr: »Ebän, der äine ist blind und där andärä taub. Was sollän sie da groß redän!«

Okay, logisch.

Onkel László begrüßte die/das an der Bar, und sie schnappte sich in der coolst denkbaren Weise die beste Flasche Spiritus, die es im Laden gab, knalle vier Wassergläser auf die Theke, füllte sie randvoll mit Klarem, stieß mit ihnen an und kippte alles auf ex in diesen drei Meter langen Körper hinein.

Hilfesuchend glotzte S. ihren Dad an. Wo zum Henker war der nächste Blumenkübel?

»Wartä, grinsä weitär, ich länkä ab!«

Er verwickelte die Dame des Hauses in ein Gespräch, drehte sich so vor seine Tochter, dass Mme sie nicht mehr im Blickfeld hatte, und S. stellte ihr Glas in einer Umdrehung auf dem Tisch der Tauben und Blinden hinter ihr ab. Während die männliche Verwandtschaft der Bardame die Familienkonstellation zu erörtern versuchte, schaute sie sich auf der anderen Seite des Raumes um. Ein Einbeiniger, der mit seinem einarmigen Kumpel Karten spielte und daneben ein Zahnloser, der auf einen Tourettepatienten mit Gipsbein einschrie. Überhaupt, davon konnte man ausgehen, war Zahnlosigkeit hier das geringste Problem. Gesichter aus gegerbtem Ziegenleder, die im arsenhaltigen Billigtabakqualm gerade noch zu erkennen waren. Diese unsagbar tiefen, von allem möglichen ruinierten Stimmen ... – Es hätte S. brennend interessiert, wer welches unglaubliche Schicksal hinter sich hatte, um letztendlich hier zu landen. Die eigene Fantasie hätte wahrscheinlich nicht im Ansatz an die Wahrheit herangereicht. Tausende nicht abgeräumte Biergläser, da war der Streit ja vorprogrammiert. Mein Glas, dein Glas, »verdammt noch mal, deine Mutter soll in der Hölle schmoren, wenn das nicht seit Stunden mein Bier ist, du blinder Ochse, du ... das andere Bein hack ich dir auch noch ab, wenn du dich nicht beherrschen kannst!«

Fast drei Stunden zog sich S. dieses faszinierende Horrorkabinett rein. Das kriegste nirgends, niemals!, dachte sie. Um die Geduld der Frauen zu Hause nicht überzustrapazieren, hielt ihr Vater es für angebracht, kurz vor Zapfenstreich, um halb drei morgens, die Heimreise einzuläuten. Man muss jetzt nicht auch noch auf den Fahrstil des Onkels eingehen, oder? Nein, er wollte niemand anderes an sein Goldstück lassen. Und wie man ja gemerkt habe, hatte er seinen Wagen und die Dorfpolente im Griff. Das mit der Fahrertür dauerte bei der Rückfahrt zwar noch etwas länger, aber insgesamt waren sie lange vor dem Frühstück wieder aus Texas zurück.

Es waren weniger plötzliche Zweifel, die sie animierten, das Internet genauer zum aktuellen Thema zu befragen, sondern vielmehr ihr Zwang, sich wirklich so professionell wie möglich auf das Kommende vorbereiten zu wollen.

»Flüchtlinge, Asylsuchende ... Pass ... Visumkategorien: A-, B-, C-, D-Aufenthaltsvisum ... Aufenthalt in Deutschland ...

Aufenthaltsberechtigung, -erlaubnis, -bewilligung, -befugnis ... Dunkelziffer hoch ... Nach drei Jahren Bestandszeit einer ehelichen Gemeinschaft kann der Ausländer sogar eine unbefristete Aufenthaltserlaubnis bekommen ... Häufig kommt es daher zu Ehescheidungen von Scheinehen ... Doch mitunter beginnen hier erst die eigentlichen Probleme. Wer zum Beispiel nach zwei Jahren einen Antrag auf Ehescheidung stellt, muss nachweisen ... Im Übrigen müssen die Eheleute auch damit rechnen, dass das Ausländeramt ihnen bei getrennter Befragung einen Fragekatalog, bestehend aus 116 Fragen, vorlegt ... Die Innenbehörde versucht natürlich zu verhindern, dass sich die Paare vorbereiten können ... ihre Ehe bis zur Einleitung des gerichtlichen Scheidungsverfahrens drei Jahre bestanden hat ... eine andere Regelung gilt bei Tod oder Wegzug des Ehegatten ... Überdies ist es der Ausländerbehörde selbstverständlich freigestellt, eigene Erkundigungen ... etwa großer Altersunterschied, Zweitwohnungen (bei im Übrigen bescheidenen Lebensumständen) ... Zweifel ... wenn dieser zum Beispiel vor seiner Eheschließung über längeren Zeitraum vergeblich versucht hat, ein dauerndes Bleiberecht im Bundesgebiet zu erhalten, und sich seiner drohenden Abschiebung durch Untertauchen entzogen ... Beobachtungen ... dass trotz der Angaben einer gemeinsamen Meldeadresse ... dass Nachbarn, Freunde, selbst Kinder befragt werden ... § 92 a Auslg., also für die Eingehung einer Ehe Geld hingibt ... Unterschiedliche Beträge ... angefangen von Zigarettenstangen bis ... üblicherweise meist ab fünfzehn- bis zwanzigtausend Euro ... er und der Ehepartner bestraft werden ... Freiheitsstrafe bis zu fünf Jahren oder/und Geldstrafe ... Abs. 2, zu Handlungen anstiftet oder ihm dazu Hilfe leistet und 1. dafür einen Vermögensvorteil erhält oder sich versprechen lässt oder 2. zugunsten von mehreren Ausländern handelt ...«

Rechtsanwalt Dr. Psalm:
»Die Scheinehe ist meist ein klarer Deal, über dessen Konsequenzen sich manche Frauen allerdings nicht im Klaren sind ... Zudem droht ständig die Gefahr, dass die Ausländerbehörde dem Schwindel auf die Schliche kommt. *frau-TV* stellt eine Frau vor, deren Scheinehe in einer finanziellen und emotionalen Katastrophe endete. Ausstrahlung am 27. ...«

Danke, nein. In dem Film *Greencard* gab's zwar ein Happy End, aber S. war weder Gérard noch Frau MacDowell. Gott sei Dank hatte sie niemandem ...

Stoppen! Alles ganz schnell stoppen! Kein Ding, das Kioskbesitzer-Ehepaar hatte ja immer wieder, oder mindestens einmal, betont, es sei wirklich *nicht* schlimm ... es würde ihr keiner übelnehmen, wenn S. kalte Füße ...
Im Kiosk tobte wahrscheinlich wieder das Leben, es nahm niemand ab. Der Anrufbeantworter, der jede Ausländerbehörde und alle Gläubiger in die Flucht geschlagen hätte, ließ es darauf ankommen. S. gab sich einen heftigen Schubs und stotterte ihre Absage kleinlaut, doch höflich auf Band.

Wahnsinn, so schwer war das gar nicht. Spitze, alles würde beim Alten bleiben. Gut, die Kohle ... das würde sich schon ergeben. Mit den nächsten Gigs wäre das Thema ruckzuck durch.

Apropos aufs Band sprechen: Zeit satt, ihrem Redeschwall erneut nachzugeben – wer wusste schon, wofür's gut war ... Pflichtbewusst betätigte sie den Record-Button:

◎◎◎

Selbstsicherheit ist eine Sache, aber diese tiefe, absolute Gewissheit, diesmal aber auch wirklich alles richtig gemacht zu haben, sollte heute vor einem Millionenpublikum bewiesen werden. Mit *Black* war es schon mal vorgekommen, dass wir hier bei R.I.P. zum Frühstück hatten aufspielen dürfen. A.X.T. aber war ein sogenannter Headliner, zu deutsch: *I felt like a Leuchtturm.*

Die Verwandtschaft aus Gott-weiß-wo konnte nicht eingeflogen werden, also sollten meine andere Band, die Universumgang und mein Lebensabschnittsgefährte meine einzigen Zeugen sein. Das war das letzte Mal. Nie wieder lad ich Leute ein. Die Aufregung war dadurch umso schlimmer.

»Haha, Sharona, heute kriegste sogar zwei Hocker, wennde willst ...«
Ja, haha, ihr kriegt auch gleich zwei Höcker, ins Gesicht!
Alles war spitzenmäßig organisiert, der schönste Tag meines Lebens. MTV, CBS, NASA, alle waren da, und ich war bereit. Ich hatte zwar kein eigenes Dixiklo, es gab auch keine Gute-Nacht-Geschichte, aber all das brauchte ich nun nicht mehr. Ich ging ein achtzehntes Mal den gesamten Auftritt mit 5B Sticks auf meinen bereits blau geklopften Oberschenkeln durch, der Riser wurden hinter der Bühne von meinem Drumtech mit den güldenen Händen hergerichtet.

Ich seh die zigtausend Leute, die sich dampfend an die Absperrgitter quetschen, die Halle wummert, die Kameras rotieren. Rechts und links der Bühne überdimensionale Videoleinwände, auf denen jede verklebte Wimper zu sehen sein wird. Aber ich hab ja meine Becken. Glasklare Situation. Intro läuft. Kein Ding. Aufschlag Gádji. Zu unser aller Überraschung verpatze ich das Opening nicht. Eine Ballade. Fünf Millionen brennender Feuerzeuge, Gegröle, Gekreische, Jubel, Sitz-Laolas *and all that Jazz*. In meiner Käseglocke hacke ich auf die Felle und bin glücklich. Womit wir beim Thema wären: Die Single »Todunglücklich« war inzwischen zum Welthit in Deutschland und Benelux mutiert, der Break machte mir längst keine Sorgen mehr. Beim ersten Ton des Stückes rastete die Meute aus. Das bekam ich noch mit. Brachialgeballere im Intro. Die Welt ist großartig. Erste Strophe, ich gähne vor Entspannung. Mensch, eigentlich hätte ich schon wieder ein halbes Kilo gedünsteten Tofu mit Seetang verdrücken können. Später. Aber ich könnte mal wieder was von meinem Gatorade mit Himbeergeschmack kosten. Gleich, wenn der lange Blonde am Ende des Tennisplatzes 'ne Ansage macht ...

Break: Mit ca. zwei Tonnen Lebendgewicht stampfe ich auf das Bassdrumpedal. Ein zarter Windstoß haucht an meinem rechten Knöchel vorbei. Vorsichtshalber schaue ich kurz mit einem Auge zu meinem Fuß hinunter. Nein! Naaaiiiiiin! Wo, bitteschön, ist dieser verfluchte Klöppel hin? Ohne Klöppel kein hörbarer Bassdrumschlag? Richtig! Jetzt bitte sofort »Bassdrumpedal« googeln! Jeden Moment, in 1,243 Sekunden, ist der nächste Schlag fällig. Ich schaue von meinem Fuß hoch, erst stumpf ins Leere, dann sehe ich links von mir, am anderen Ende des Feldes, meinen Tech mit den güldenen Händen. Mein Gesichtsausdruck, die Augen zwei Lkw-Scheinwerfer, schreit: »ADRIÄÄÄÄÄÄN!« und spult die Evolutionsgeschichte vor – und wieder zurück. Mein Retter ist am Start – zu spät. Er kann sich jetzt unmöglich zwischen Hocker, Snareständer und meine Beine pulen. Oh Gott, ich glaube, es ist noch keinem aufgefallen. Gesicht sortieren, grinsen! Denk an die *f...* Kameras ... Wieder Strophe, puh, okay, wenn mein Goldhändchen jetzt noch den mother*f...* Klöppel irgendwo hier in der Walachei, *for god's sake*, bitte, bitte JETZT finden würde – ich müsste nicht an Lungenembolie sterben. Aber Moment: Ich hab doch eine Doublebassdrum, also noch ein Pedal auf der linken Seite. Wenn ich jetzt einfach auf meine Hi-Hat verzichte, könnte ich mit dem linken Fußpedal weiterspielen. Das würde jeder normale Weltmeisterschlagzeuger auch tun. – Nee, ganz anders: Ich schwinge bei der nächsten sich bietenden Möglichkeit einfach mein rechtes Bein über die Snare und vergesse ganz easy die komplette rechte Seite meiner Drumfestung. Und rein in die Bridge ... Gott sei Dank, Goldy hat ihn. Der Bass ist bestimmt laut genug, das fällt alles nicht auf.

Grinsen ... Das große Blonde dreht sich um und hasst mich. Wie eine südamerikanische Wasserschlange schlängelt sich Goldy zwischen all die Ständer und Gerätschaften meines Drumsets, legt sich mir zu Füßen und fummelt und schraubt und flucht mit dem heiligen Gral rabiat an meinen Knöcheln und dem Pedal herum. Eine Mutter jagt die nächste. Und alles mitten im Break. Meine Band – und ich hatte gehofft, mir von ihr bislang einen amtlichen Batzen Respekt erarbeitet zu haben – schaut mich an, als bereue sie, jemals auch nur meinen Namen in den Mund genommen zu haben. Ich verstehe das allzu gut, entschließe mich aber, das Ganze als eine Art Freejazz-Interpretation zu verkaufen und schaue krampfhaft selbstbewusst zurück. Im Sarg spürt man keine Schmerzen mehr. Irgendwann gegen Ende des Songs steckte der Klöppel wieder da, wo er hingehörte.

Nein, ich wollte heute nichts erklären. Es ist passiert. Na und, ich kann mich doch nicht wegen jedem Scheiß einliefern lassen.

Sandy hatte vollstes Verständnis für mich. »Ach komm, klar klang das scheiße, aber morgen am Ring haste ja noch ... ach nee, heute waren ja die Aufnahmen für den ›Rockpalast‹ ... Cool, wenn wir Glück haben, zeigen die unseren Gig ein Jahr lang im WDR und NDR und ...«

Wir *hatten* Glück. Ein Jahr lang konnte man mein entsetztes Gesicht sehen, wie der Klöppel an mir vorbei in die Technik fliegt ...

Es ging den ganzen Sommer und Herbst so weiter. Die schönsten Festivals, die tollsten Locations, die besten Hotels, der fetteste Nightliner, die zuckersüßesten Fans ever ... nein, wirklich! Die hammerhärteste Crew in se world, sogar das eigene 1A-Catering vom Allerfeinsten wurde mitgeschleppt. Gegen all das war ein First-Class-Ayurveda-Urlaub noch nicht einmal mehr lächerlich! Jede freie Minute verbrachte die Band zusammen: im Kino, beim Rudeljoggen, im Sightseeingbus, am See, Eis essend in irgendeiner Fußgängerzone, oder El Comandante lud mal wieder zu »*Sushi all you can eat in one week or two*« ein. Insgesamt eine Art portable »Neverland Ranch«, ein Paradies, in dem uns permanent zugefächert und Weintrauben in den Hals gestopft wurden.

»Oh Mann, 'n echtes Scheißleben«, wie der Chef ab und zu meinte, wenn man mal wieder nach dem Gig im Freiluftpool auf dem Dach des Hotels ausspannte.

Allerdings, mein lieber Scholli! Wer bitte hätte das gedacht? Auch Carlos würde vor Schreck der Chanel-Lockenstab aus den Händen direkt auf Madonnas Zehennagel fallen. Er hatte absolut recht. Das hier war mit keinem noch so eitelkeitsschmeichelnden Fotojob in Sonstwo vergleichbar. Sollten sich die Mädels und Jungs doch weiterhin mit Beautytricks durchs Leben schieben. Ich war schon ein wenig bis *sehr*, *sehr* stolz.

In der *A.X.T.*-freien Zeit hatte ich's mir mit *Black* schön gemacht. Die Auftrittstermine überschnitten sich kaum. Es war das perfekte Leben. Trotz 9/11. Zwei Jahre lang. Es wurde noch ein Album in die Läden gestellt sowie ein etwas kostengünstigeres, aber doch ganz sehenswertes Video gedreht und eine Tour geplant.

Und einen Freund hatte ich auch. Für mich als überzeugter Single ein gewagter Schritt, aber es ging nicht anders. Die Voraussetzungen und Umstände waren alles andere als günstig, dennoch, was willste machen, wenn du bis zum Hals verknallt bist! Nach zwei Jahren zogen wir zusammen. In den zweiten Stock eines Zweifamilienhauses, mit zwei Terrassen, Süd-, aber auch Ostseite, Steinboden, Härtegrad sechs, härter als Beton, meinte der Vermieter, beheizbar, Wasserbett, Hightechküche mit amerikanischem Kühlschrank, der Eiswürfel für den frisch gepressten O-Saft ausspuckte. Wir ließen vor dem Einzug erst mal anständig streichen. Auf Tour rief mich der griechische Maler, den ich mit meinen Vorstellungen offensichtlich etwas überforderte, jeden zweiten Tag an, um mit mir die Nuancen zu besprechen, während ich gerade mitten im Interview oder mit der Fußmaschine beschäftigt war.

»Nein, nein, kein Kürbis im Badezimmer, ich hatte Ihnen doch gesagt ... waren Sie schon mal auf Kuba? Sie kennen doch Havanna ... Na dann besorgen Sie sich doch bitte einen Reiseprospekt ... Mint, aber relativ abgefuckt, ja, und Dunkelblau für den unteren Teil der Badewanne ... Und nicht vergessen, Honig, Akazienhonig wie gesagt im Schlafzimmer, und zweieinhalb Töne heller als Kürbis für den hinteren Teil im Wohnzimmer, neben dem Schlangenterrarium, da wo die Leinwand für den Beamer steht ... Und Vorsicht mit dem indonesischen Hochzeitsbett in der Mitte, das ist bestimmt tausend Jahre alt, wenn da ein Tropfen ... gut, ja, ja ... also viel Glück! Wenn was ist, lieber noch mal nachfragen, ja?«

In Griechenland wird's doch wohl auch Kürbisse gegeben haben, dachte ich mir, ich erinnerte mich nicht mehr.

Mit der Zeit kristallisierte sich jedoch heraus, dass ich außerstande war, meinen gewohnten Enthusiasmus bei meiner eigenen Band einzusetzen. Ich fühlte mich auf der Bühne nicht mehr wohl, ich gehörte nicht mehr zu dieser Band, es war vorbei. Mein Freund tat sein Übriges und nannte *Black* eins meiner »teuersten Hobbys«, was mich sehr verletzte, aber womöglich hatte er recht. Selbstverständlich suchte ich mir für meinen Ausstieg den denkbar ungünstigsten Zeitpunkt aus. Das neue Album war frisch in den Läden, wir probten fleißig für unsere Herbsttour. Oder, wie ein alter Freund aus New-Wave-Zeiten einmal in seiner lyrischen Phase gestand: »Herbst ist's, die Blätter fallen in den Teich – Blätterteich!«

Mittendrin ging's nicht mehr, das merke ich immer an meinem Herpes. Kennen Sie das? Ein eindeutigeres Zeichen gibt es nicht. Wieder »Spinnst du, du kannst uns doch nicht zwei Wochen vor der Tour ... das kostet uns ... wir müssen uns jetzt 'nen anderen Drummer ... das geht nicht ... müssen wir dich verklagen? ... Das ist das Allerletzte!«

Interessanterweise gleicht der Ausstieg aus einer Band – ich weiß nicht, wie es in anderen Branchen zugeht – einem Hochverrat, einem Betrug, man geht fremd, man hat sich für einen anderen Lover entschieden und muss dafür bestraft werden. Klar habe ich meine Jungs und ihren neuen Drummer später auf ihrer Tour besucht. Friede! Jede Patchworkfamilie hat doch anfänglich Schwierigkeiten. Nach dieser Tour löste sich *Black* auf. Ich machte mir keine Vorwürfe mehr.

Ein halbes Jahr zuvor wollten wir nach Köln ziehen, warum auch nicht, mein Lebensabschnittsgefährte hatte dort ein lukratives Jobangebot bei einem Fernsehsender bekommen. Ich hatte nun keine Verpflichtungen mehr in München, außerdem, ich war ja nicht aus der Welt, und so.

Man kündigte ihm.

Die Stimmung innerhalb unserer Lebensgemeinschaft sank, der Himmel, sozusagen, verdunkelte sich. Die nächste *A.X.T.*-Tour sollte erst in eineinhalb Jahren stattfinden. Keine Band, keine Musik, noch nicht mal Proben – aber Reihenhäuschen, das Miete kostet.

Ich quarzte wie ein Schlot und zog mich immer mehr zurück. Es wurde Winter. Alles bröckelte unwiderruflich ab, man kennt das. Ein Wort ergibt das andere, ein Möbelstück nach dem anderen fliegt aus dem Fenster, mal hier 'ne Schramme, mal da. Eines Abends, ich war noch nie ein Nachtmensch und in dieser depressiven Phase erst recht nicht, bat mich mein Freund, der seinen Führerschein aus uns allen unverständlichen Gründen verloren hatte, ihn um elf Uhr nachts noch kurz zu einer Verabredung auf einen Drink mit einem Freund in die City zu kutschieren. Kein Problem, ich zog mir eine Daunenjacke über meinen Schlafanzug und wir fuhren mit seinem Zweitwagen, einem Japaner mit Sommerreifen, durch die Schneelandschaft.

Alles nun Folgende kann ich mir wohl sparen: in der nächsten unübersichtlichen Kurve, sowieso schon angespannt wie sonst was, eine Straßenbahn, ein entgegenkommender Lkw ... und Rums. Genau, Frau am Steuer, siehst du denn nicht ... was machst du denn? Nein, nichts dergleichen. Totenstille. Außer dem Scheibenwischer, der die Frontscheibe abschrubbt, kein Ton. Das war das Schlimmste. Jesus, das war's dann. Wir stiegen aus, er rief die ADAC-Engel an und ich lief auf der Verkehrsinsel auf und ab. Ja, das war's. Der letzte Tropfen. Er winkte mir ein Taxi heran, drückte mir einen Zwanni in die Hand und drehte sich um, um seinem Kumpel, der wahrscheinlich schon in der Kneipe auf ihn wartete, die Katastrophe und sein Verspäten mitzuteilen. Ich fuhr mit dem Taxi in unsere wunderschöne Wohnung. Ging ins Mintbadezimmer und schaute die dunkelblau gestrichene Badewanne an.

Wenn ich meine Daunenfederdecke als Unterlage nehme und eine Decke zum Zudecken ... außerdem war ja die Fußbodenheizung an. Ach, für eine Nacht geht das schon, dachte ich.

Quatsch, es hatte alles keinen Sinn mehr. Ich packte einen Koffer, rief meine Freundin Katharina an und ging ...

»So, Sharone, Spatzerl, du nimmst dir jetzt den Thomas zur Brust und alle drei Stunden vier von den Rescue-Tropfen, gell? Und wenn's mit Tessas Bekannten doch nicht klappt, ich kenn da noch jemanden in Frankfurt oder Hamburg, mein Bruder ist momentan in Hamburg, glaub ich. Also, wie gesagt, alles wird gut, wenn du was brauchst ... Und ruf mich an, wenn du angekommen bist.«

Katharina macht noch ein Vertriebenennachkriegsfoto mit ihrem Handy von mir und dem Pepitakoffer meiner Oma auf Bahnsteig Nr. 13 nach Köln, ohne Umsteigen, drückt mir den eben gekauften Klotz »Buddenbrooks« in die Hand, schiebt mich in den ICE und lächelt zuversichtlich. Seit dem Totalschaden hatte ich nicht geschlafen.

»Gell, Spatzerl, alles gut, du hast 'ne Sitzplatzreservierung, das Käsebrötchen ist in deiner linken Manteltasche, setz dich, lies!«

»Zurückbleiben, bitte.« Die Türen schließen sich vakuumsicher. Katharina winkt. Also, wie noch mal? Setzen. Nein, erst meine Sitzplatznummer ... nee, das Buch. Meine Güte, was hatte sich meine Ex-Mädelsband über die Jahre alles von mir und meiner verkorksten Beziehung anhören müssen. Ein Drama nach dem anderen hatten sie für mich zu entwirren versucht. Schon alleine deshalb musste ich das hier knallhart durchziehen. Hauptsache weit weg, bloß keinen Rückfall mehr, verstehen Sie mich? Auf jeden Fall muss ich mich jetzt bewegen. Nicht nachdenken, bitte nicht denken, dachte ich. Ein Getränkewagen. Mein Koffer steht im Weg. Meinen Sitzplatz hab ich noch nicht gefunden. Gut, mit der Beschäftigung könnte ich die sieben bis acht Stunden locker überbrücken. Zu lesen gibt's noch jede Menge. Der Getränkewagenmann quetscht sich mit verknitterter Miene an mir vorbei. Ich setze mich irgendwohin. Die anderen Mitreisenden unterhalten sich, freuen sich, essen. Es geht ihnen gut. Mein Käsebrötchen ist zermatscht. Wahrscheinlich hab ich ihm beim Hinsetzen die Butter aus dem Leib gepresst.

Mir wird schwindlig. Wann habe ich zuletzt diese Tropfen genommen? Vielleicht lieber noch zwei, drei nachschieben? Nein, ganz ruhig jetzt. Was soll sein, ich fahre ja nicht nach Timbuktu in die verdammte Wüste, oder nach Stalingrad oder als erster Hund zum Mond. Also bitte. Es handelt sich hier um einen Zug, der meinen verfluchten Körper in eine mir aus der Kindheit relativ bekannte Stadt transportiert. Zu einem relativ lebensfrohen Völkchen, zu einer mir mittlerweile liebgewonnenen Musikerkollegin, die von einem weiß, der einen kennt, der eventuell einen Freund hat, bei dem ein Gästezimmer frei ist. Das ist doch was. Meine große Liebe steht wahrscheinlich gerade auf, um sich seinen Kaffee zu machen und wundert sich, dass ich noch nicht aus dem Bad getänzelt komme. Oder hat er womöglich schon die Bullen benachrichtigt? Eine SMS kann ich ja morgen mal schicken. Jetzt also lesen.

Herzrasen. Ich schwitze. Das geht doch alles nicht. Sofort raus hier. Wir sind noch nicht einmal in Augsburg. Das halte ich nicht eine Sekunde länger aus. Ruhig, Brauner. Irgendwo in meinem Körper befindet sich eine Hilti. Sie zersägt langsam und genüsslich mein Brustbein, den leeren Magen, zerfetzt meine Gedärme, knack, das Schambein ist durch. Ende. Endlich, nach zweiunddreißig Stunden, falle ich in Tiefschlaf. Der Getränkemann rammt zum vierzigsten Mal mein Knie.

Belgisches Veedl, wie der Kölner sagt. Hier musste es sein. Vierter Stock, sogar mit Aufzug. Irgendwie war ich vom Bahnhof hierhergekommen. Wie? Wer weiß das schon? Jürgen öffnete die Wohnungstür.

»Du bist de Schärrön, schön, dat de da bis', komm räin, setzt disch, willse 'n Bierschn?«

Ich stelle meinen antiken Pappkoffer ab, setze mich, werde von einem Redeschwall übermannt, und mein Gastgeber steigt komischerweise sofort auf meine Verschwörungstheorie ein, dass kein Schwein *never ever* auf dem verdammten Mond war, war gerade wieder mal aktuell ... Vielleicht lag das an seinen schon leicht geröteten Augen, seiner verwirrten Frisur und an den leeren Pullen Kölsch, die auf dem Tisch standen. Weitere wurden geleert bis spät in den Abend. Irgendwann war die homöopathische Wirkung der Rescue-Tropfen verflogen und ich fing an mich tierisch zu schämen, aber Jürgens Konzentration hatte eh schon rapide nachgelassen. Er schlurfte in sein Bett, und ich ließ mich mit letzter Kraft auf die für mich vorbereitete Matratze fallen. Endlich war es still im Kopf.

Der nächste Morgen war vor allen Dingen kalt. Aber auch heiß. Ich hatte Fieber, mein Hauptmieter einen Kater.

Er drückte mir »Herr Lehmann« in die Hand. »Tierisch lustig, dat wird dir jefallen!«

Noch mehr Buchstaben, fantastisch.

Die nächsten Tage verbrachte ich mit den Buddenbrooks und Herrn Lehmann vor mich hin röchelnd im Bett, in dem anscheinend eigentlich als Arbeitszimmer vorgesehenen Raum. Mir hätte nur noch eine Abhandlung über den detaillierten und exakten Ablauf der Kreuzigung Jesu Christi gefehlt. Jürgen kümmerte sich rührend um mich und das ein oder andere Mal kam es durchaus vor, dass er sich des Nachts in der Tür irrte und aus Versehen in mein Bett fiel, also auf mich drauf, »Olé Olée, um wat zu beschpreschen, hömma ...!«

Ganz Köln kümmerte sich, vor allem Tessa:

»Schätzeläin, pass upp, wat de jetzt brauchst, is ne anständije Ablenkung! Die Nelly, Mara und isch fahren ja jedes Jahr zum Snowboarden nach Sölden, kennse? Abends machen wir 'n bisschen Mucke, verdienen uns 'n paar Kröten, mit denen zahlen wir dat Hotelzimmer und gut is! Bierschn jibbet immer für umme! Wat sachse?«

Nichts. Obwohl: Bierschn, Après-Ski-Mucke und Schnee. Vielleicht war es genau das, was ich brauchte. Um von den Höllenqualen eines soeben amputierten Beines abzulenken, muss man sich doch einfach nur das andere auch noch abreißen, oder?

Gut. Wir fahren! Die drei Mädels würden irgendeinen Wagen eines Ex-Lovers besorgen, Thermoskannen, Decken, Schnitschn, Skiklamotten. Den Rest könnte man sich ja vor Ort ausleihen. Das musikalische Equipment, das Saxofon von Tessas Zwillingsschwester Nelly, die Microfone, die kleine Gesangsanlage, die Gitarre, diverse Kabelsalate und die zwei Snowboards der Schwestern, also »kleines Besteck diesmal«, würden locker in die Karre passen. Nur mein »Handschlagzeug« musste noch von irgendwoher besorgt werden. Kein Problem, Tessa wusste auch da Rat. Wolle, der diesen Proberaum mit der Band Sowieso in Nippes hatte, würde uns, also mir, bestimmt eine Snare, eine komplette Hi-Hat und ein paar Sticks für zwei Wochen ausleihen. Auf die Bassdrum müsse man diesmal verzichten. Braucht kein Mensch!

Ein paar Tage vergingen, weit und breit kein kleines Besteck für Rönnsche. Ich war weder finanziell noch sonstwie in der Verfassung, mich selbst darum zu kümmern, aber die Führerin der Pfadfindertruppe versicherte mir glaubhaft, es würde sich höchstens um ein, zwei Tage handeln, dann sei der Kram auf jeden Fall am Start.

Wie verzweifelt und hilflos muss man sein, dass man beim Anblick des bis zum Anschlag vollbepackten Autos an einem 10. Januar morgens um 8 Uhr bei der Antwort »Ja, äh, jeht dat nich ohne?« auf die Frage nach der fehlenden Schraube an der Hi-Hat-Halterung so ausrastet? Ich nahm noch schnell vier Tropfen aus dem neuen Fläschchen. »Wir fahren gleich bei DEM Schlachzeuchladen in der Altstadt vorbei, der hat allet, keine Sorge, Rönnsche!«

Nö, alles bestens. Ich musste nur dafür sorgen, dass ich während der Fahrt auf dem Rücksitz, den ich mir mit dem Prachtwonneproppen Mara und anderen Gerätschaften teilte, mein Gesicht an die Fensterscheibe gepresst, nicht allzu oft atmete, um mir nicht alle Rippen zu brechen. Wow, der Laden war ein amtlicher Profischuppen mit etlichen Kostbarkeiten im Schaufenster! Es war noch dunkel, nasskalt. Tessa gab mir die Kohle: »Wie viel wird denn so 'ne Schraube kosten, zwei Euro?«

Ich nahm die verrosteten Hi-Hat-Becken unter meinen aufgeschrubbten Kniekehlen hervor, marschierte auf die Eingangstür zu und überlegte mir währenddessen, was zum Henker ich dem Schlagzeugfachverkäufer bitte sagen sollte. Wie würde der arme Mann reagieren, wenn die erste und völlig zerknitterte Kundin an so einem Morgen ihn mit diesen angeknabberten, grottoiden Becken konfrontiert, und ihn nach einer lächerlichen Schraube, ohne die aber nun mal nichts geht, für die ebenfalls schrottreife Halterung bittet? Wurscht, der sieht mich eh nie wieder, denke ich und betrete mit Schwung das Geschäft. Gerade im Begriff ein optimistisches, alles vertuschendes »Hallo, Morgään!« auszustoßen, blicke ich plötzlich in mein eigenes Gesicht. Geschminkt, gut frisiert, wie ich finde, in einem kecken Oberteil, an einem bombastischen Set sitzend, eine lachende Momentaufnahme auf dem Cover eines Magazins, frontal vor mir neben anderen Fachzeitschriften an einem Ständer senkrecht aufgestellt, auch auf der Theke gestapelt, teilweise noch nicht ausgepackt auf dem Boden.

Ach ja, vor einem halben Jahr hatte ich doch das interview mit der »Drums and Perfection« machen dürfen, Titelseite, stimmt, das sollte ja irgendwann Anfang des Jahres rauskommen. Fünf Seiten. Damals erzählte ich noch voller Stolz, dass ich nicht nur mit dem Anti-X-Team total happy sei, sondern auch noch im Herbst das Album samt Tour von *Black* herauskomme. Spitze.

»Und diese Hobbyoptimistin kommt jetzt völlig zerfleddert in meinen Laden und will für 2,95 Euro eine blöde Schraube für ihre ramponierte Hi-Hat kaufen, um halb neun morgens, ekelhaft!«

Meinte ich im Geiste gehört zu haben.

»Ähm, Ich komm gleich wieder, hab was vergessen, im Auto, Moment.«

Eines der Mädels hineinzuschicken, wäre nicht nur unverantwortlich und zwecklos, sondern zutiefst peinlich gewesen, denn sie würden mich auf jeden Fall auf dem Foto wiedererkennen. Es lag auch schon ein Heft im Schaufenster. Mara hatte es beim Quarzen draußen entdeckt. Verzücktes Geschrei: »Mensch, das gibt's doch nicht, super, ej, tse, krieg ich auch eins?« usw. Was soll's, jetzt is eh alles egal. Beim zweiten Anlauf habe ich die Demütigung geradezu genossen, ihm, dem Fachverkäufer, den Rost unter die Nase zu halten und auch noch zu fragen, ob's denn auch billigere Schrauben von einer anderen, unbekannteren Firma gäbe. Er hat noch nicht einmal mit der Pupille gezuckt. Ein Profi eben.

»Danke, einen wundervollen Tag noch.«

Mit der Schraube des Glücks, dem anderen Blech und erhobenen Hauptes verlasse ich auf Nimmerwiedersehen den Scheiterhaufen und trete ein in eine neue Ära. Auf geht's, denk ich, Burschen, der Berg ruft!

Früher hab ich mich doch auch nicht so angestellt, wenn wir mit dem gesamten Hausrat und was Deutschland sonst noch so zu bieten hatte, zwei-, dreitausend Kilometer zur Verwandtschaft gurkten. Von den Umzügen ganz zu schweigen.

Es gab alle paar Minuten was zu essen, Gipsymucke dröhnte aus dem eiernden Kassettenrekorder, der Schweiß oder die Eiszapfen, je nachdem, klebten uns im Nacken, aber ich glaube, wir hatten Spaß, denn die Vorfreude, allein die Tatsache, dass man mal wieder unterwegs war, beruhigte meine Eltern und mich immer. Und erst die Stopps an den Tankstellen, den Wellnessoasen für Leib und Seele, Heimathafen ... mannmannmann ... Doch damals war ich irgendwie handlicher. Zumindest körperlich. Man konnte mich auf die Hutablage legen und davon ausgehen, dass ich für die nächsten Stunden ohne Mucks gemütlich vor mich hin träumte, von Fantomas zum Beispiel. Eineinhalb Meter später ging das nicht mehr. Sie können sich das ausrechnen: wie lange man von Köln nach Österreich fährt, in einer Klapperkiste – vollgestopft ist gar kein Ausdruck –, in der vier erwachsene Mann »saßen«, und die niemals mehr als 110 km/h machte, allein schon um Sprit zu sparen, aber auch damit die Möhre nicht schon bei Koblenz auseinanderflog, im Januar, auf verschneiter Autobahn, mit Radiosendern, die einen mit den 70ern, 80ern und 90ern folterten. Und das Allerbeste: ohne einen Cent. Auch nicht für den Klowart an der Tanke. Aber, wie erwartet, es lenkte ab. Die Mädels versorgten mich mit selbst gemachtem Futter von »Muddi« und unterhielten mich hervorragend.

Irgendwann im Dusteren kamen wir im heißesten Skigebiet Österreichs an. Sölden. Nachdem alle wieder aufrecht stehen konnten und der Körper wieder durchblutet war, trafen wir am vereinbarten Treffpunkt einen jungen Mann, umringt von mehreren Freundinnen. Er bat uns höchst erfreut in sein Haus, genauer gesagt in sein Büro. Besser: in einen Arbeitsraum, den man von der Straße aus auch als Kiosk hätte weitervermieten können. Es handelte sich offensichtlich um ein Internetcafé. Ari schien ein richtig guter Freund zu sein, er legte sich als Gastgeber wirklich ins Zeug.

Er breitete drei Decken aus – woher sollte er auch wissen, dass ich auch mitgekommen war – und kochte einen leckeren Tee. Die Schwestern hatten noch zwei Schlafsäcke und ein Kissen eingepackt. Platz hatten wir satt. Jeder nahm sich seinen eigenen Tisch vor – man konnte sich darunter richtig breit machen, wenn man seinen Weg zwischen Kabeln, Netzgeräten und anderem Elektrosmog gefunden hatte. Ich gebe zu, dass mich das permanente Surren, Piepsen und *whatever* ein wenig störte. Daher bastelte ich mir mein eigenes Kissen aus einer herumliegenden Jacke von Ari; Tessas Skiklamotten, die ich zu Hälfte angezogen hatte, und den anderen Teil formte ich zu einem Hügel, den ich auf den Netzsteckerhaufen legte. Jetzt ging's. In einer Gefriertruhe hätte ich's nicht besser haben können. Man konnte sich auch so schön an den Tischbeinen abstützen, wenn man wollte.

Am nächsten Morgen, also drei Stunden später, begann der erste wunderbare Tag mit Nescafé und Brötchen, die uns Freund Ari spendierte. Wo wir die folgende Nacht schlafen würden, war noch kein Thema – erst mal ab auf die Piste. Wir mussten im Laufe des Tages noch Leute kennenlernen, die uns einen Skipass besorgen oder leihen würden. Ari kannte einen, der eine Disco hatte, wo man eventuell spielen könnte, um sich die Kohle für ein Hotelzimmer oder Essen, vielleicht sogar beides, zu verdienen. Die machte aber erst um 22 Uhr auf. Mara hatte Gott sei Dank noch fünf Euro, mit denen wir zumindest in irgendeinem Café einen großen, heißen Kakao bestellen und uns aufwärmen können würden. Schließlich würde »Ari's Internetcafé« bald brechend voll von surfenden Touris sein. Wir bedankten und verabschiedeten uns und – standen auf der Straße. Ob der absurden Situation und meiner völligen Übermüdung – außerdem war meine Grippe noch lange nicht ausgestanden – bekam ich einen Lachflash, der meinen Kameradinnen so peinlich war, dass sie mich ins nächstbeste Café zerrten und endlich diesen blöden Kakao bestellten. Nachmittags saßen wir immer noch da und spielten so was wie »Montagsmaler«. Da der Laden tagsüber leer war, hatte die Chefin Erbarmen und schmiss uns nicht raus. Nach sieben Stunden musste dann vielleicht doch ein Plan her.

Alles klar. Die Mädels entschieden so vorzugehen, wie es sich in Köln auch immer erfolgreich bewährt hatte. Wir würden originellerweise einfach losstreunen, von einem Pub zum nächsten Gasthaus, alle Restaurants abklappern und uns ein paar Gigs erschwatzen. Von nix kommt nix. Also, raus mit dem Equipment aus dem Auto, das eingebeulte Saxofon wurde auch bald unter einer Box herausgepellt, die Gitarre, ich, mit der Snare, mit zweihundert Jahre altem Fell bespannt unterm Arm, Mara mit Micro samt Stativ, so marschierten wir los. Wohin? Da, gleich ins nächste Gasthaus. Einheimische begrüßen Saupreußen auch hier nicht, das war klar. Man musste sich ihre Liebe und ihr Vertrauen erst erarbeiten. Was die Schwestern auch gleich taten, indem sie sich an die Theke drängten und ein paar Bier bestellten. Bingo, es folgten mehrere Obstler und anderes Selbstgebrautes. Wir wurden akzeptiert. Meine Ausrede, ich müsse die Mädels noch sicher ins Hotel fahren, wurde gerade noch geduldet. Ich also, etwas abseits in der Fluchttür stehend, wartete auf meine Buchungstermine mit einem Wasserglas in der Hand. Ach, ein Vorspiel – jetzt, hier? Na klar, ich baute meine Snare auf einem Barhocker auf, Tessa stimmte schnell ihre Gitarre auf Bullmoll oder so, Mara stöpselte sich ein ... Nein, das sei um die Uhrzeit noch viel zu laut. Bitte ohne elektrische Verstärkung, wenn's geht. Auch das. Ich nahm den Barhocker und meine Hände, Maras Stimme braucht sowieso keine Verstärkung. Tessa drehte sich zu unserer Zirkustruppe um und stimmte an: »Da simma dabei, dat is priiima, Vivaaa Colonia ...«, aber auch »I will survive ...«

»Guat, dös reicht! Kommt's nächste Woche Dienstag mal vorbei, da hamma ne gschlossene Gsöischaft, ga? Da kennts miam Hütl einsammeln.«

Yes, baby, wir hatten den Job. Wieder raus in die Kälte. Fast 22 Uhr. Auto suchen, Instrumente wieder einladen, Disco finden. Wieder Schnaps, Bier, »Nein, ich muss noch fahren«, »Oh, das tut mir aber leid«, und so. DJ Ötzi, aber auch R'n'B und Achtziger. Der Inhaber wollte sich immer noch nicht festnageln lassen, aber oben, über der Disse, könnte man im Büro übernachten. Mara und er verschwanden. Kein Frühstück, aber ein Killerplan. Nachdem Mara irgendwann von irgendwoher, bestens gelaunt im Büro des »Fantasieclubs« wiederaufgetaucht war, beschloss sie, das Ruder in die Hand zu nehmen und rief ihre Mutter an, die soll doch mal bitte per Express hundert Euro überweisen. Laut meiner Kalkulation kämen wir damit nicht unbedingt durch die nächsten zehn Tage. – Hauptsache, erst mal ein warmes Essen und vielleicht einmal in einem echten Bett schlafen! Womöglich sogar mit Dusche. Auch diesen Tag verbrachten wir mit Plänesschmieden, einem weiteren Kakao in einem anderen Café, bis der Abend kam. Wir betraten noch einmal das Einheimischenlokal von vor zwei Tagen und spielten so lange, bis die Chefin des Hauses sich keinen Rat mehr wusste, und uns umsonst in dem alten Zimmer ihrer Tochter ein Doppelbett gewährte. Die Mädels lebten von ihrer Flüssignahrung. Ich nahm ab. Am nächsten Morgen war kein Halten mehr. Wir mussten endlich auf diese verdammte Piste. Egal wie.

Es gibt keine Zufälle – nein, die gibt es nicht. Die Mädels erkannten am Eingang des Skiverleihs ein Rudel Männer aus Nippes. Zwölf gut aussehende Polizisten auf Betriebsausflug. Nach zehnminütigem Getuschel hatte Tessa zwei Skipässe in der Hand. Einer musste eben ein paar Mal mit dem Lift auf und ab fahren, um die jeweils noch Zurückgebliebenen im Tal abzuholen. Nichts anderes macht man auf Festivals.

Bei Gott, die Natur ist ein Wunder. Lange hatte ich so eine traumhafte Schneepiste nicht mehr erleben dürfen. Diese Berggiganten, das Glitzern der endlosen Schneelandschaft machten mich fertig. Mir schossen vor Begeisterung fast die Tränen in die Augen. Das alles machte plötzlich *Sinn*. Hier oben, auf verdammten drei-, viertausend Metern würde ich zur Besinnung kommen, endlich zu mir finden und genießen. – Sie wissen, was ich meine, oder fahren Sie kein Ski?

Die Schwestern waren mit ihren Snowboards verschwunden. Mara, die Üppige, und ich spannten uns traditionelle Skier unter die Füße und setzten uns auf einen dieser lebensgefährlichen Open-Air-Lifte. Hoch konzentriert, mit baumelnden, gefühlten Achtzig-Kilo-Beinen, waren wir ausschließlich damit beschäftigt, uns an dieser Stange, die uns hielt, festzukrallen und zu beten, dass das gesamte Konstrukt uns *for god's sake* aushalten würde. Dabei verpassten wir wohl einige Ausfahrten, Möglichkeiten vorher abzuspringen, wo es für Anfänger – blutige Anfänger – noch nicht so steil war. Die blaue Piste oder wenigstens die rote. Nein, die Endstation hieß: schwarze Piste.

Wir sprangen ab, was sollte man auch sonst tun. Der Blick nach unten verschlug mir nicht nur den Atem, nein, es war wirklich nicht eine Sekunde lang daran zu denken, wir beide würden es jemals auch nur einen Millimeter abwärts schaffen. Ich rutschte seitlich, meiner Ansicht nach im Affentempo, zu dem vier Meter weiter stehenden Lift-Häuschen, in dem ein älterer Herr, Profi auf seinem Gebiet, an seiner Thermoskanne schraubte. Nein, auf keinen Fall könne man hier auf anderem Wege wegkommen, als einfach geradeaus nach unten zu fahren. Schon gar nicht mit dem Skilift, da könne ja jeder kommen ...

Mara hatte keine Plastiktüte dabei, aber 'ne Jeans tut's auf 'nem Gletscher auch. Sie schnallte ihre Skier ab, setzte sich auf ihren Hosenboden, legte die Bretter rechts und links neben sich und rutschte, wie ein Frosch im Sand, mit den Füßen nach vorne in den Schnee hackend und dann das Hinterteil hinterher schiebend, dreitausend Meter hinunter. Meine Wenigkeit hingegen erinnerte sich an einen der unzähligen James-Bond-Filme, die todesmutigen Verfolgungsjagden, in denen Helden zu Höchstleistungen gezwungen werden, und an ihre

Haltung, also leicht in der Hocke, entschlossen wie Dschingis Khan, sogar an den Gesichtsausdruck – leicht grimmig –, und wurde zu 007, schloss die Augen und fuhr los. Und wurde schneller und immer schneller und riss die Augen auf und schrie, während entspannte Rentner schwatzend den Berg hinunterglitten, aus vollem Hals: »Ich sterbe, Achtuuuung, ich steeeerbäääää ...!« Viertausend Meter lang. An der Skihüttn angekommen, denn Euphorie ist mein zweiter Vorname, stellte ich mich gleich wieder in die Schlange am Skilift – insgesamt dreimal. Das reichte, in den Bergen wird's schnell dunkel, wir mussten uns wieder um schnöde Dinge wie Essen und Unterkunft kümmern. Am Abend Auftritt in der Disco. Nein, darüber möchte ich jetzt nicht sprechen, auch nicht über die langersehnte Nacht in einem Dreibettzimmer, das wir mit den hundert Euro, Maras Mutter sei Dank, bezahlen konnten, und auch nicht über die vorzeitige Abreise, den vollgestopften Wagen, den knurrenden Magen, die Staus, die stinksauren Klowärter, den abgerissenen Kotflügel kurz vor Köln und meinen mich erwartenden Mitbewohner sowie Herrn Lehmann.

Nie werde ich diese Reise ins Nichts vergessen. Ich kann jedem Suizidgefährdeten so eine Therapie nur wärmstens empfehlen. Mein Husten war aber immer noch nicht weg.

Die Gesamtsituation in unserer WG war nach meiner Rückkehr noch immer nicht zufriedenstellend. Das wusste ganz Köln, und man bemühte sich nach Kräften, dies für eine brot- und hüllenlose Zugereiste wie mich schleunigst zu ändern, was ruckzuck gelang. Die Nachbarin einer guten Freundin von Jürgen zog aus. Ich zog ein. Meine Eltern schickten mir ihr letztes Erspartes für meine Kaution.
»Shárikám, mach dir käinä Sorgän, das ist momäntan in unseräm Budget drin, da ich wieder 'ne Bänd habe, ganz fähige Läute ... ja, ja, wir machen jetzt äinä Tour durch Russland ... oder ganz woanders, mal sehän ... räiß dich zusammän, das wird schon!«

Toll, mein Vater kommt ganz groß raus, in Sibirien oder ganz woanders, dann ist ja alles bestens. Bis Mitte letzten Jahres hatte ich die Kohle von den *A.X.T.*-Festivals zusammen mit meinem Ex noch in verschiedene Fernreisen und wahnsinnig preisgünstige Möbelstücke investiert, wie zum Beispiel lumpige zweieinhalbtausend Euro für eine Kommode aus zusammengepresster Pappe im »Fred-Feuerstein-Style«, in die ein bis maximal zwei Sonnenbrillen hineinpassten. So viel waren beide Sonnenbrillen zusammen nicht wert. Man darf nicht vergessen, dass ich zwar keine Emanze bin, aber immer größten Wert darauf gelegt habe, meinem gut verdienenden Freund auch finanziell das Wasser reichen zu können. Sprich: alles, aber auch alles an Kosten mitzutragen. Falscher Stolz? Ich finde nicht. Das Problem war nur, wenn ihm nach Karibikausflug oder Hubschrauberkauf war, konnte ich nicht kneifen. *Black* warf am Ende nicht allzu viel ab, *A.X.T.* war für den Moment lukrativ, aber die Pausen zwischen den Touren, die Steuer, das Loft und jeden Abend Perlhuhn essen gehen, rissen selbst mir einen Krater ins Portemonnaie. Apropos, die Asche für die Zugfahrt nach Kölle könnte ich Katharina auch endlich mal zurückgeben ...

Eigentlich hatte ich doch gelernt, mit wenig klarzukommen. Ein Klavier, ein Zelt, ein Igel. Und doch, ich kannte mit sieben Jahren auch Froschschenkel und Schildkrötensuppe. Es gab Zeiten, da wurden wochenlang nur Kartoffeln aufgetischt, aber in 49 Variationen, mein Lieber! Mach das mal nach! Improtheater vom Feinsten.

Moment mal ... wie jetzt? Ich saß wieder mal in einer Dusche, mehr war meine Wohnung nicht. Aber dafür im Zentrum, Luxemburger/Ecke Luxemburger Wall, Centerstage quasi.

Das hieß, es war entschieden, ich würde in Köln bleiben. Vorerst. Im *Express* würde es eines Tages heißen:»An gebrochenem Herzen und Hunger verstorben, durch Erhängen am Duschschlauch!« Oder ich suchte mir endlich einen richtigen Job, ungarische Translations, Synchronisationen, Werbung für Kölner Reiseprospekte, oder ich stellte gar 'ne dufte Band zusammen. Dann könnte ich mir zum Beispiel jeden Samstagnachmittag eine Rheinrundfahrt nach Köln-Kalk und zurück leisten. Tessa hatte einen besseren Plan. Da ich nichts, im Sinne von »Nichts«, besaß, bot mir meine Lieblingsgitarristin an, doch mal ihren Vater, seines Zeichens Trödel-, aber auch Antikmöbelhändler, bei mir vorbeischauen zu lassen, um zu sehen, was ich denn so bräuchte. Er würde dann in seinem Lager im Badischen nachschauen und mir bei nächster Gelegenheit ein paar Sachen vorbeibringen. Unvorstellbar – dieser wunderbare Mensch stand ein paar Tage später mit einem voll beladenen Transporter vor meiner Tür und lud in Ruhe aus. Ein arabischer Teppich, noch einer, und noch ein kleinerer. Ein nostalgischer Küchentisch aus Ostzeiten, Stühle, Besteck, Töpfe, was man so braucht, hätte man was im Kühlschrank, ein Schrank für nicht vorhandene Klamotten, ein Wäscheständer, wenn man denn 'ne Waschmaschine hätte, Bettzeug und ein Bettgestell, worüber ich mich am meisten freute, denn am Boden, auf der

Matratze, zog es dermaßen, dass ich meine Endlosgrippe auf diese Weise nie mehr losgeworden wäre. Aufs Allerherzlichste bedankte ich mich beim Herrn Vater und fing an, den Turm in der Mitte abzubauen. Die hübsch gemusterten Teppiche passten unter keinen Umständen weder neben- noch hintereinander, also ließ ich sie übereinander liegen, auf dem grauen, versifften Teppichboden aus den Siebzigern. Die zwei Quadratmeter Küche musste ich erst gar nicht groß einrichten, da sich dort demnächst die von der Hausverwaltung georderten Fliesenleger austoben würden. Der Flur als solcher konnte und durfte eigentlich nicht so genannt werden, denn wenn man die Eingangstür aufsperrte, beim Verlassen der Wohnung zuvor aber vergessen hatte, die Badezimmertür zu schließen, war man selber schuld. Falls man sich aber korrekt genug verhalten hatte, wurde man beim Eintreten sogleich belohnt: Man befand sich augenblicklich an einer neutralen Schaltstelle, zwischen rechts der Küche und links dem Wohnzimmer, und direkt davor eben: dem berühmten Badezimmer. Kurz und gut, ich baute das Allerwichtigste auf, das Bettgestell und – *ich wohnte!* Diesen Monat noch musste ich unbedingt nach München fahren und endlich die restlichen Sachen, alles außer Möbel, abholen, und auch mein Fahrrad und mein Schlagzeug. – Sobald ich die Knete zusammen hätte.

Tessa konnte Gedanken lesen, sie meinte, ich solle sie am Mittwoch mal in dem Alternativ-Indie-Underground-Club mit Live-Mucke auf der Zülpicher besuchen. Sie arbeitete dort schon seit Jahren, und Hussein, der Barchef, wäre eh immer auf der Suche nach neuen Mitarbeitern. Traum. Hussein, der nur einen Gesichtsausdruck kannte, nämlich den eines im Norden der Türkei aufgewachsen Hirten, der bei sengender Hitze auf der Weide, Ziegen hütend, die Augen vor der lästigen Sonne so lange zusammengekniffen hatte, bis sie fast zusammengewachsen waren, nuschelte unverständliche Befehle vor sich hin, um sein nicht vorhandenes Deutsch zu verbergen – und stellte mich ein. Er gab mir die Samstagsschichten. 70 Euro. Disco von 22 Uhr bis 6 Uhr früh. Trinkgeld! *Jackpot!* Und – ich hatte es nicht weit nach Hause. Was bitte konnte jetzt noch kommen?

Meine erste Schicht – ich war »in time« und für den Anlass entsprechend »Disco-Bardamen-like« aufgebrezelt – entpuppte sich als Hardcore-Oktoberfest-Gelage mit interessanter musikalischer Untermalung. Der DJ, der am Ende der Theke an einem Schreibtisch mit Lampe gemütlich die Tageszeitung studierte, scherte sich im Grunde nicht wirklich um *Slipknot, Rammstein* und *Monster Magnet*. Er nippte, mit Lesebrille, unbeirrt an seinem Tee. Recht hatte er. Das Geplärre der Gäste, das sich mehr oder weniger auf »BÄCKS!!!« reduzierte, übertönte jedes noch so beachtliche Solo. Wer weiß, seit wann er schon so dasaß, vielleicht wohnte er seit Jahren in diesem Keller.

Meine Discokollegen jedenfalls waren sehr zuvorkommend und rieten mir, bei Einladungen zum Schnaps einfach so viel wie möglich mitzutrinken, denn erstens sei das nüchtern alles gar nicht zu ertragen, zweitens ginge es ja um unser aller Trinkgeld. Ich war um 22:27 Uhr hackeblau! Mir war schlecht, ich brauchte eigentlich einen Notarzt. Da betrat um 22:56 Uhr ein neues Gesicht den Schauplatz. Alle umarmten ihn, er schien sehr beliebt zu sein, er begrüßte auch mich. Mein Gott, es handelte sich um »De Hoop«. Herrn de Hoop! Einer der besten Freunde von einem der besten Freunde von mir. Der Einzige einer jahrhundertealten Dynastie belgischer Südafrikaner, Kaffeeplantagenbesitzer, was sonst, der wieder nach Europa zurückfand. Hierher, nach Köln. Ins MTC. Das ist ja ... ja, wie ist das denn? Peinlich?

»Sharona, sehr, sehr schön, du jetzt also auch hier, aha, schlecht is dir, mir noch nich', na denn ja, ich muss hier die nächsten sieben Stunden Flaschen einsammeln, bis später.«

Der große Mann mit dem uferlosen Lockenkopf versank im Meer der dampfenden Kehlen. Hauptsache ich übergeb mich jetzt nicht. Hussein würde mich töten.

Morgens gegen 7 Uhr, nachdem ich die vierzigtausend Kronkorken der ausgetrunkenen Becksflaschen gezählt hatte, dabei ungefähr zwölfmal von Zyklopen belästigt und aus dem Konzept gebracht worden war, die was-weiß-ich von mir wollten, wahrscheinlich »BÄCKS!!!« oder irgendwas Sexuelles, ich mich aber in meiner Rolle als Dienstleisterin sehr wohl am Riemen zu reißen gewusst und keinem im Reflex eine zerbrochene Flasche ins Gesicht gerammt hatte, lud mich Herr de Hoop zum Einstand in die »Furchtbar« um die Ecke auf die »besten Frikadellen des Westens« ein.

Dort hatte man sein Hausverbot noch nicht aufgehoben, und als die blonde Walküre uns rausschmeißen wollte, kramte de Hoop wutentbrannt mit beiden Händen in seinen Hosentaschen und schmiss mehrere Bündel Geldscheine durch die Luft Richtung Tresen. Die Stimmung war auf der Stelle wieder *smooth*, und alle unterhielten sich, sofern dies in einer Kölner Nachtbar realistisch ist, weiter.

Freudestrahlend verabschiedete ich mich, hoffte ich jedenfalls, Gesichtsmuskeln ade, und ging die Kyffhäuser hinunter. Nach dem »Blue Shell« und direkt hinter dem alten »Luxor«, vor dem wieder ein verdammter Nightliner stand, in der Unterführung, also kurz vor meinem heimeligen Nest, wurde ich das erste Mal an- oder überfallen, was auch immer er wollte, der Landsmann, er bekam es mit einem Piranha auf Pitbullbasis zu tun. Das muss man verstehen. Was in aller Welt treib ich mich auch um die Uhrzeit in einer Unterführung im Februar im Schnee, mit dicken Dr. Martens und Parka herum! Da muss man sich nicht wundern, wenn man vergewaltigt und erstochen im Gebüsch landet! Anyway, ich hatte 70 Euro plus 12 Euro Trinkgeld verdient, mit denen ich mal richtig auf die Dings hauen, beziehungsweise meine Klamotten aus München holen könnte.

Meine Nachbarin, die mir meine bunte Telefonzelle besorgt hatte, kannte eine Sängerin, die, um ihre Proberaummiete ab und zu bezahlen zu können, öfters ihren Bandbus verlieh. 60 Euro. Jut. Allerdings wollte Madame mich vorher doch lieber persönlich sprechen, da das auch irgendwie eine Vertrauenssache wäre, verstehste. Na klar, man wirft nicht jedem einfach mal so sein Goldstück in den Rachen. Mein Bewerbungsgespräch verlief erfolgreich, ich biss nicht zu und bekam den heiligen Autoschlüssel unter der Bedingung überreicht, dass ich den Bus am übernächsten Morgen um halb zehn heil zurückbrächte.

Das müsste ich eigentlich hinbekommen, dachte ich. Frühmorgens auf die Autobahn, sechs bis sieben Stunden durchheizen, dann zuerst nach Unterföhring in den Bürgerpark, eine ehemalige Kaserne aus dem Zweiten Weltkrieg, in dem Schwerverwundete wieder zusammengeschraubt wurden, in unseren alten *Black*-Proberaum, der hoffentlich noch stand, die Drums einladen, dann nach Obermenzing in das Ex-Reihenhäuschen, Fahrrad nicht vergessen, und schwupp, spätestens um 21 Uhr wieder auf meinem Bettgestell, mit Grippetee. Gut, vielleicht etwas später.

Die feine Sängerin erwähnte bei der Übergabe, dass der orange VW-Bus aus den Achtzigern so gesehen tipptopp läuft, nur müsse man ab und zu, besser gesagt alle 150 bis 200 Kilometer anhalten, um das während der Fahrt vorne seitlich über den Vorderreifen ausströmende Öl wieder nachzufüllen. Kost' ja nix. Bemüht, mich nicht in der Kilometerzahl zu verzählen, da die überholten Geräte in meinem Cockpit selbstverständlich nicht funktionierten, und nur bei offenem Fenster zu rauchen, trudelte ich spätnachmittags doch noch in *Munich* ein.

Außer meinem Ex-Traummann, der mir versprochen hatte, sich an diesem Tag von der Wohnung fernzuhalten, wusste keiner von meiner Spritztour. So fühlt sich bestimmt ein Kaiserschnitt an. Aufschneiden, in die Gedärme und Innereien packen, durch die Fruchtblase, Zack, das Knäuel rausreißen, zunähen, fertig, Thema durch.

Fahrrad, Drums, Bücher, CDs, Kleiderschrank leeren, Computer, ein Kissen. Summa summarum waren es zehn Umzugskartons. Schlüssel final von meinem Schlüsselbund entfernen und in den Briefkasten schmeißen. Verschwitzt, körperlich, sagen wir mal, komplett am Arsch, musste ich, kurz bevor ich meinen Traktor wieder starten wollte, plötzlich innehalten. Fakt war, dass ich durch die Öl-Arie nicht mehr genug Euren zu Verfügung hatte, um den Sprit für die Rückfahrt bezahlen zu können ... Natürlich könnte man den Wagen irgendwo in den Kasseler Bergen im Graben stehen lassen, und Herr de Hoop könnte vielleicht später ... Aber warte mal, ich war doch ein verdammter Glückskeks. Hatte ich nicht letztes Jahr vor lauter Langeweile meine überflüssige Doppelfußmaschine in meinem Schlagzeugfachgeschäft in Zahlung gegeben? Das war die Rettung, alles wieder easy. Es war ja schon wieder dunkel, oder immer noch, oder was weiß ich, ich fuhr zu »Troyan« am Gärtnerplatz, parkte den Hippiebus in zweiter Reihe. Nur kurz rausspringen, Kohle holen, tanken, weg hier. Gott, was hatte ich an, na ja, logisch sah ich aus wie 'n Haufen Labskaus mit zwei Kirschen, na und, das geht keinen was an. Am besten, ich mach einen auf »hektisch«, so als käme ich gerade aus dem Studio und mir wäre auf dem Weg ins Penthouse noch eingefallen, »Mensch, schauste mal beim ›Troyan‹ vorbei, was denn die Fußmaschine so macht, was?«.

Ich also rein. *Freeze.* Labskaus starrt zur Verkaufstheke. Ein Mann, der Mitarbeiter, mir sehr gut bekannt, Drummer bei *Hardcore*, eine absolute Fachkraft, der mir übrigens einen super Chirurgen empfohlen hatte, welcher mir mein Ganglion am Finger – kommt übrigens eindeutig von zu hartem Rimshotspielen – herausoperierte, hinter dem Tresen. Vor dem Tresen ein anderer auf einem Barhocker, Käffchen schlürfend und quarzend.

»Nee, wahnsinnig, Babe, das trifft sich ja gut, haben grad von dir gesprochen, ich zieh jetzt auch nach München, die Leute von den Universum-Studios, mit denen wollte ich mal was machen un' so ... Yeah, wir sind grad zurück aus L. A., ja ... die Platte ist endlich fertig ... na ja, hör mal, du musst heute Abend unbedingt dabei sein, haste Bock, zu unserer Platinverleihung zu kommen, c'mon ...!«

Der Drummer von *Glyzerin* stand nicht in meinem Drehbuch. Diese Superband, mit der *Black* auf Tour war – nein, in dem Fall waren nicht wir die Vorband –, traf man immer wieder irgendwo: auf Festivals, in TV-Studios, auf der Autobahn, wo sie, inzwischen im fetten Nightliner, uns überholten, und wir, mittlerweile wieder im Sprinter, freundlich rüberwinkten. Und jetzt einfach mal hier.

»Mann, Pablo, alte Hütte, ich freu mich! Danke, aber das Ding ist, ich muss jetzt noch kurz nach Köln, weißte, Studioshit un' so ... ich werd wahnsinnig ... kennste ja ... Viel Spaß heute Abend, grüß mir den Rest ... Bis bald, ciao!«

Halt.

»Bambam, haste zufällig meine Pedal noch da, das wollte ich eventuell heute Abend noch ausprobieren, in Köln ... wenn nich' ...«

»Leider ... das hab ich letzte Woche verkauft, hier, hundertfünfzig, ich hoffe, das ist okay? Ja, mach's gut ...«

Grundgütiger, weiter, einfach weiter, zur nächsten Tanke und zunähen. Kein Radio, keine intakten Scheibenwischer, vergiss die Heizung. Um 1 Uhr 30 betrete ich wieder mein aktuelles Terrain. Parken, ausladen. Quatsch, morgen reicht völlig. Ich hab ja noch den ganzen Vormittag.

Mein Kopf war aufs Dreifache geschwollen. In ein paar Tagen würde ich wieder fit sein wie ein verdammter Zehnkampfturnschuh. Ab ins Bett. Maulwurfsgleich stehe ich vor meiner Eingangstür und öffne. Mehr nicht. Das Licht im Hausflur ist an, sonst würde ich weder die Betonmischmaschine erkennen können, die in meinem Flur steht, noch die herausgerissenen alten, aber auch die noch neu verpackten Fliesen, die offenbar auf alle Räume – so weit kann ich wiederum nicht sehen, da ich nicht weiter als bis zum Fußabtreter vorpreschen kann – verteilt sind. Alles, die ganzen 25 Quadratmeter Wohnfläche, sind mit Plastikplane fachmännisch abgedeckt. Sägespäne und Beton.

Keine Chance. Selbst wenn ich mittlerweile sowohl physisch als auch psychisch auf die Hälfte geschrumpft war, in keiner einzigen noch so kleinen Ecke hätte ich übernachten können. Abschließen. Zurück in den Bus. Hier war's auch nicht wärmer. Köln war ja eigentlich noch nie als Skigebiet bekannt, aber wer sich an den damaligen Winter erinnert, muss mir recht geben: Es lag einfach mal ein ganzer verdammter Meter Schnee in der Innenstadt! Orkanartige Böen, es schneite wie Hölle. Tessa wohnte am anderen Ende der Welt. Die Arme jetzt aufwecken? Nee. Das brachte nichts. Mir war jetzt aber wirklich alles egal. Schnauze voll. Ich will jetzt irgendwo bei irgendwem in ein gottverdammtes Bett, dachte ich.

Ich stieg aus, schloss den Wagen ab. Ging los. Ein paar Meter weiter ein einzelnes Leuchten. Das »Blue Shell« hatte anscheinend noch auf. Gut, dann schnorre ich mir einfach da ein Glas heißes Wasser und warte, bis die schließen, und dann ...

Als ich in den abgefucktesten Kultschuppen Kölns trat, stand ein tieftrauriges Wesen hinter der Theke und zählte Geld. Sie schaute kaum auf, klar, sie musste sich ja konzentrieren. Die konnte froh sein, dass sie keine Flaschendeckel zählen musste! Hätte ich so eine ohrenbetäubende Ruhe gehabt ...

»Hallo, na?«

»Wir haben geschlossen, oder was denkst du, wonach das hier aussieht?«

»Schon klar, ich wollte nur ... Ach nee, mach mal erst deine Abrechnung, kann ich hier solange sitzen?«

»Nee, vergiss es, das bringt mich total raus, außerdem bin ich lieber alleine beim Kassensturz. Warte bitte draußen, ich brauch höchstens zwanzig Minuten, ja?«

Wenn ich jetzt nicht handelte, wäre es aus. Shari, Schätzchen, sagte ich mir, sei einmal eine Zecke und beiß dich fest, es geht um alles.

»Sorry, mir reicht's! Ich hab mich grad von meinem Freund getrennt, bin vor 'ner Minute aus München hierhergezogen, komme in meine Wohnung an der Ecke, und? Die Handwerker haben mir den kompletten Boden aufgerissen und alles ist mit Betonmaschinen und Kränen verbarrikadiert, ich hab Fieber, nix gegessen und will sofort ins Bett, kannst du das irgendwie nachvollziehen? Frage: Kann ich bitte bei dir schlafen? Jetzt!«

»Ey Mann, ach so, na, das ist ja kein Problem, hab 'n Sofa ... bin gleich so weit, aber wart draußen!«

Hechtsuppe, ich wartete *ewig*. Was hab ich getan, wer war sie überhaupt? Wie 'ne Massenmörderin sah sie ja nicht gerade aus, obwohl sie 'ne Glatze hatte und volltätowiert war, aber auf meine Intuition was bisher Verlass. Die Tresenfachkraft überlegte, glaub' ich, keine Sekunde. In ihrem Auto roch's penetrant nach Gras. Aber sie blieb meistens auf der Spur. Sofa, ja, aber unter ihrem selbst gebastelten Hochbett, sodass sie natürlich ihre nächsten fünfundzwanzig Tüten in meiner Gesellschaft auf selbigem rauchte. Und erzählte, und erzählte, ausführlichst, langsam, unerträglich langsam tropften die Worte aus ihrem gepiercten Mund. Dass ihr Freund, der bekannte Underground-DJ, von dem sie sich eigentlich vorletzte Woche getrennt hatte, dem sie unmissverständlich klargemacht hatte, dass es so keinen Sinn mehr machte, für keinen Cent Sinn – es war fünf Uhr –, vor drei Tagen, ihrer Meinung nach an einer Überdosis, offiziell hieß es allerdings: »an Herzversagen«, gestorben sei, womit bei Gott niemand gerechnet hatte. Wie sollte es denn jetzt weitergehen ... das Studium, die Rinder, der Wahn, oh Herrgott, warum ich? Wenn ich unauffällig in ihren Flur – sie hatte einen echten – schleichen würde, in einem Moment, in dem ihre tränenüberströmten Augen noch verklebt waren, und mir den zweiten Schlüssel von rechts, glaube ich, vom Brett links neben der Tür unter den Nagel reißen würde, wäre ich raus, endlich raus hier.

»Ich versteh dich, das is Wahnsinn ... ja, dass du nachts gar nicht mehr schlafen kannst, mir würde es ja auch so ...«

Um sieben eiste ich mich von den Leiden Christi los. Quer durch die Stadt schwarzfahren und sofort ausladen. Das würde ich alleine bestimmt bis halb zehn schaffen. Die polnischen Bauarbeiter hatten schon um halb neun ihre Bagger aus meiner Zelle geschafft, alles war picobello. Sehr schöne weiße Fliesen.

Ich kam zu spät, eine ganze halbe Stunde zu spät. Die *Chansonette de luxe* stand schon Kette rauchend vor ihrer Wohnung.

»Also, das war das letzte Mal, dass ich meinen Bus verliehen habe. Zuverlässigkeit ist nun mal bei mir oberste Priorität ... Kannst du wahrscheinlich nicht verstehen, aber gut, gib mir einfach noch fünfundzwanzig Euro, und wir sind quitt!«

Wieder kohlrabenschwarz zurückfahren, dann aber in das schönste, beste Bett der Galaxie.

Mein Gepolter beim Hinaufschleppen diverser Trommeln und Kisten hatte wohl meine liebe Nachbarin aufgeschreckt, und da hat sie sich doch, kommunikativ wie der Rheinländer ist, gedacht, sie macht für uns beide ein kleines Frühstückchen klar. Ich bemerkte ihre unsicheren Blicke, ich glaube, sie hatte etwas Angst vor mir, aber das war nur dieses Alien, das sich langsam aber sicher aus meinem Kopf über sie stülpen wollte. Auch das konnte ich mit letzter Kraft, die paar Minuten noch, hinhalten. Es war inzwischen zwölf Uhr mittags. Tessa am phone:

»Sharönsche, heute ist Weiberfastnacht! Et jeht los! Biste bereit? Kannst heute gleich im *Heimspiel* arbeiten, um drei, und dann gehste gleich runter zu Hussi, so um zehn, bis um sechs, sieben, ja? Zieh dir wat lustijet an ... Super, Rönsche, bis gleich!«

Mein Alien erstickte.

Eine Kleinigkeit noch: Nichts auf der Welt verabscheut eine Kreatur wie ich mehr, nichts rollt mir die Fußnägel höher auf als: »Karneval«. Nee, kein Wunschkonzert. Dennoch, ich hatte Restprinzipien. Wenn ich schon verkleidet zu meinem Arbeitsplatz kommen musste, dann doch wenigstens so, wie es mir passte. 1.: Statistisch gesehen werden die meisten Nachkommen an Karneval gezeugt, gewollt oder nicht; mich, ganz klar, würde kein Besoffski angrabschen! 2.: Meine Stimmung wollte ich unter diesen erbärmlichen Umständen wenigstens ein bisschen zum Ausdruck bringen dürfen. Für mich alleine. Ich ging als Adolf. Mir blieben noch zwei Stunden.

Schnell war mit Kajal ein knackiger Schnäuzer unter die Nase gemalt, Haare streng zusammengeklatscht, schöner Seitenscheitel, noch bösere Augenbrauen als sonst, Hemd eines Ex von Mara, Krawatte, Anzughose von Weißichnich, feddich.

»Verdammt, in der Türkei, verdammt noch mal, hätte man solche Frauen ... also, so ein nettes Mädchen, warum, verdammt, tut sie mir das an ...«, nuschelte Hussein, dessen Handbewegungen ihn verrieten. Er schickte mich wütend hoch.

Hölle! Hölle! Hölle! Oben, im *Heimspiel*, der 1. FC-Kneipe in town, in der sich sonst lediglich alle Fußballfreunde Nordrhein-Westfalens um zwei Fernseher scharten, zu denen jetzt aber noch zwanzigtausend verkleidete Irre dazugekommen waren, arbeitete Ines, die Barchefin, im Hula-Hula-Outfit, mit den üblichen Orchideen im blonden Haar, aber zumindest hatte sie ihre erogenen Zonen notdürftig bedeckt. Endlich würden alle ihren für diesen Anlass abgemagerten, von der Sonnenbank verbrutzelten Körper zu würdigen wissen. Sie war offenbar beruhigt, dass die Neue sich selbst als völlig asexuelle, albanische Hobbykleinkriminelle demontiert hatte und somit keine allzu große Konkurrenz darstellte. Freundlich erklärte sie mir in einer Sekunde, wie ich die Meute, die schon um 15 Uhr nachmittags aus der Theke ins Personal hineinwucherte, zu bändigen hatte. Die Eingangstür neben der Bar musste natürlich permanent offen bleiben. Rauchverbot war damals Utopie. Praktisch war es auch, denn die wabernde Masse des Grauens stand von der Zülpicher bis zu den Toiletten. Wie eine Megaanaconda, die eine andere verschluckt hatte, die ihrerseits ein Nilpferd und vier Krokodile zu verdauen versuchte und sich aber gleichzeitig häuten musste. Die Tür wurde abgehangen.

Kurz nachdem mein Kopf explodiert und die meisten gefrorenen Schweißtropfen abgebrochen waren, hatte ich die erste Schicht des Tages hinter mir und sprang, na ja, kroch, die Stufen in den Horrortempel zur zweiten hinunter. »Halligalli«, nuschelte Hussein mir entgegen und quälte einen Mundwinkel nach oben. Dann schüttelte er nur noch den Kopf: »Mädsche, Mädsche, Mädsche, wie siehst du aus, meine Gott ...«

Über hochgerissene Hände hinweg wanderten beladene Getränkekisten. Das war de Hoop, im Delirium. Einmal pro Stunde schafft er es, an der Theke vorbeizukommen und die Kisten abzustellen. »Hey, alles fit, Frau Gádji?«

Ich grinste mit vierundfünfzig aufgeweichten Kilometern Luftschlangen zwischen den Zähnen zurück.

»Sehr interessantes Outfit haben Sie da, was genau soll das denn sein? Ich meine diese verschmierten schwarzen Flecken im Gesicht. Pestopfer? Cholera? Sehr gut! Weitermachen!«

Angeber. Konfetti im Haar – wunderbar! Wer von Geburt an aussah wie ein hysterischer Abenteurer aus dem 17. Jahrhundert, der gerade von der Elefantenjagd aus Botswana zurückgekehrt war, musste sich natürlich nicht verkleiden.

Keiner wird es glauben, aber Aschermittwoch war nah. Veilchendienstag hielt ich es fast nicht mehr aus. Vierzig Fieber. Nein, meine Haut ertrug keine noch so kleine Berührung mehr. Wie man das so kennt, wenn jedes Härchen schmerzt. Das Märchenbettgestell war an und für sich dufte, aber der Lattenrost, besser gesagt, diese Sprungfedern bohrten sich in meinen gallertartigen Körper. Um wenigstens einmal pro Woche schlafen zu können, bat ich Tessa um Hilfe. Sie pennte dann bei einem anderen Ex und überließ mir ihr Hochbett in ihrer Bude. Aschermittwochmorgen stand sie vor ihrem Bett, mit Utensilien in der Hand, weckte mich und bereitete in ihrer Küche, einen Meter weiter, Sushi für uns vor. Ohne Fisch. Ich fühlte mich wie neugeboren.

Ein paar Tage später rief München an, Roy, der nur wissen wollte, ob ich nächste Woche auf der Musikmesse in Frankfurt dabei wäre. Da könne man sich ja mal aufn Kaffee treffen. Im Hilton gäbe es eventuell auch noch ein Zimmer, er kenne da jemanden ... Er hätte wahrscheinlich auch einen super Job für mich. Amerikanische Investoren wollten eine Hochschule für Musik aufbauen und suchten mindestens zweihundert Mitarbeiter für ... alles Mögliche. In Lübeck. Meine Lieblingsstadt! Mann, ja, jeden verdammten Tag Marzipan fressend vor dem Buddenbrookshaus in der Mengstraße stehen und 'ne Schiffsfahrt auf der Trave. Ja, klar komm ich vorbei. Die Miete war bezahlt, aber der Strom nicht. Als sie mir den abgeschaltet hatten und der Kühlschrank auslief, saß ich im Dunkeln und dachte kurz mal nach.

Wo genau war ich falsch abgebogen?

Nach dem dritten Tag hielt ich es nicht mehr aus. »Tessa, verdammt noch mal, ich hab HUNGER!«

Tessa und Nelly kamen auf der Stelle und bereiteten das Hack für die Bolognese vor. »Sharönsche, weißte was, Nelly, Mara und ich machen ja Straßenmucke, schon seit Jahren. Dann sinnma op de jück, von einer Kneipe in die andere, da kommt echt was zusammen! Und Bierschn ...«

»Ja, ich weiß, jibbet umsonst!«

»Siehste! Zum Essen reicht's auch allemal. Wir haben ja ejentlisch 'ne Band, die ›Bombas‹, sind auch janz erfolgräisch jewesen. Komm, Rönsche, wat soll's, machste einfach mit, dat wird en Riesenspaß!«

Sicher.

Die *Bombas* hatten einen Proberaum in Nippes, den sie sich mit fünf anderen Bands teilten. Seitdem Nelly von Bass auf Saxofon umgestiegen war, übte sie dort einmal die Woche. War auch irgendwie viel handlicher und platzsparender, so ein Blechblasinstrument. Im Ernst – stand ihr gut. Ein Schlagzeug war auch vorhanden. Es durfte nur keiner wissen, dass ich's benutzte. Höchste Zeit, mir so schnell wie möglich das Repertoire draufzuschaffen, um bereits in der folgenden Woche mit den Mädels losziehen zu können. Natürlich, Proben konnte man das zwar nicht nennen – wir waren gezwungen, öfter mal Pausen zu machen, weil wieder irgendein Stecker falsch steckte und wir uns erst von den Stromschlägen erholen mussten oder weil verpennt wurde oder einfach zu viele Bierschn im Spiel waren oder keine Kohle für Saiten ... aber danach gab's zur Belohnung immer Selbstgekochtes und *Big Brother* bei den Schwestern. Es wurde viel gelacht, und es lenkte in Gottes Namen ab!

Was nicht hieß, das ich mich nicht trotzdem weiterhin auf meine Karriere konzentrierte. Im Proberaum kam mir die Idee, ich könnte unterrichten. Kleinen, süßen, quengelnden, untalentierten Blagen das Geheimnis des absolut tödlichen Snareschlages eröffnen. *Nicht lang schnaggn – Kopp in Nackn!* Mara druckte meine Flyer im Internetcafé am Barbarossaplatz aus, schwarzweiß reichte völlig, wir verteilten uns auf die gesamte Stadt und beklebten mit Tesa alle

Verkehrsampeln:»Renommierte Diplom-Schlagzeugerin freut sich auf Ihre Kinder. 45 Minuten: 12 Euro. Telefon ...«. Jetzt kam ich richtig in Fahrt. Die Cousine von Dings rückte die Adresse einer Agentur am Zülpi raus, die immer mal wieder Statisten für Gerichtsrealityshows,»Das Jugendstraf-Familiengericht« oder so suchten. Einen Tag lang auf der Zeugenbank sitzen, mindestens 50 Euro. Die Gebühr, um in die Kartei aufgenommen zu werden, kostete mich 20 Euro. Herr de Hoop, im wahren Leben Autor, Produzent, Schauspieler und Schriftsteller, der, nur um sich ab und zu selbst vom Rummel des Showbiz auf den Boden der Tatsachen zurückzuholen, Flaschen im MTC einsammelte, bekam ein Angebot für mich. Thema: Wunderkinder. Eine Doku, in der es unter anderem um einen zehn Jahre alten ungarischen Schachweltmeister ging, dessen Gespräch mit dem Reporter ich übersetzen sollte. 100 Euro.

Depression und Größenwahn liegen bekanntlich nicht weit auseinander, und ich gebe zu, ich bekam ein wenig Aufwind.

Die Musikmesse war auch noch eine Option. Ich hatte die Kohle für die Mitfahrgelegenheit zusammen. Um es kurz zu machen: Es war ein totaler Schuss in den verdammten Ofen! Ja, klar brauchten die dort Leute, und sie haben mich auch mit drei Mann americanstylemäßig beim Bewerbungsgespräch, womit ich ja *so viel* Erfahrung hatte, bis auf die Knochen auseinandergenommen, aber wann ... Die Eröffnung des Highclassschuppens sollte schon *in weniger als zwei Jahren* stattfinden. Großartig! Bis dahin bin ich vier Mal tot! Aber es war schön, meinen alten Guru wiedergesehen zu haben. Die Einladung zur berühmten AKG-Party konnte ich nur bedingt annehmen, denn meine Mitfahrgelegenheit fuhr um 21:30 Uhr zurück. Das Geld würde ich schon wieder reinholen. Nichts geschieht umsonst.

Keine einzige Mutter rief mich an. Das Gericht auch nicht.

Erster Gig im»Blue Shell«. Mara, die dort ab und zu arbeitete, hatte das eingefädelt. Die Schlaflose, die, die mir ihr Sofa geliehen hatte an jenem kalten Wintermorgen, stand tieftraurig da und klatschte tapfer mit. Insgesamt ein satter Erfolg, dem Hütchen nach zu urteilen, das 'ne halben Stunde später im Laden herumgereicht wurde. Mindestens 40 Euro. Einen solchen Glücksstreffer konnte man nicht jeden Tag erwarten. Das hieß für uns:»Kleines Besteck, Sharönsche, nimm den Barhocker!«

Die erste Zeit ... aber dann, wenn man mal die Demütigung von einer anderen Seite betrachtete, wurde einem sofort klar: Genau das ist es! Die Nähe zum Publikum – das ist es, was du endlich lernen und schätzen solltest! In der Fußgängerzone bei Sonnenschein gab es verschiedene Orte, die man zu einem *Happening* hätte machen können. Aber ich war ja noch Anfänger auf diesem Gebiet, und mein versteinerter Gesichtsausdruck turnte die Rentnerpärchen, die von ihrer Schwarzwälderkirschtorte und »draußen nur Kännchen« gelangweilt waren, so ab, als hätten sie eine Meute beflohter, streunender Katzen erblickt, sodass sie nur die Augen verdrehten und weitermampften, und wir – glücklicherweise ging meistens Tessa mit dem Hut herum – ohne einen Cent wieder abdampften.

Für diese Art Open Air Shows hatte ich einen Spezialalukoffer vom Baumarkt parat. Wenn man ein Micro hineinlegte – verschließen ging ja wegen des heraushängenden Kabels nicht – und das Ganze auf einen Stuhl oder Hocker stellte und mit Sticks oder Besen darauf spielte ... na, da hättste aber gekuckt, was da für ein abgefahrener Sound herauskam, mein lieber Herr Gesangsverein! Das war den Kölner Fußgängern auch nicht ganz entgangen, und so begab es sich, das unsere Art-Perfomance zwei Herren so beeindruckt hatte, dass unser Büro – Mara, die nach den Shows immer kleine Visitenkarten, also Zettelchen mit Handynummer drauf, verteilte – uns eines morgens aufgeregt Folgendes mitteilte: Es wäre so weit, ja, man hätte es nun endlich geschafft, man könne den Prosecco schon mal aufmachen. Der »Tatort« hätte uns in der Fußgängerzone vorm Café Reichard gestern gesehen, und die wollten jetzt nur noch uns! Okay, Leute, das war's, ich raste aus, Hussein sieht mich nie wieder! Wie viel? 'n Hunni? Machen!

Tierisch! Wenn einer, dann war *ich* der größte Tatortfan! Ein Tag mit Frank Thiel und Prof. Dr. Karl-Friedrich Boerne. Bäng!

Wir durften nicht die Mörder spielen, dafür aber in einem Biergarten, wo sich die Kommissare zur wichtigsten Besprechung überhaupt trafen und zu deren Untermalung oder Belustigung wir, ich auf einem Barhocker inbrünstig vor mich hin trommelnd, die Mädels rechts und links mit Sax und Gitarre in der Hand und Mara, die Mutter aller Soulstimmen, also wie ein Haufen abgestandener Hühnerfrikassees, eine bossanovaartige Version von »Junge, komm bald wieder ...« spielten. Es dauerte diesmal etwas länger mit den musikalischen Komparsen. Tessa schmiss zwei Szenen dieser millionenschweren Produktion, in der es eigentlich nicht wirklich um uns ging, wir verschmolzen im Nebel mit dem

Background, weil sich eine Spinne auf ihren roten Lockenkopf abseilte und sie hysterisch um sich schlug. Schnittschn gab's nach dem Dreh trotzdem.

Ich wusste es, wir waren auf dem richtigen Weg, nur weiter so. »Das kommt alles auf die Homepage!« Irgendwann ... samstags MTC, donnerstags und freitags, da war abends am meisten los, Art-Performance. Die lukrativsten Ecken der Stadt waren abgeklappert, bei den meisten sollten wir uns, warum auch immer, nicht mehr blicken lassen. Mir war auch nicht ganz klar, ob diese Blitzaktionen überhaupt legal waren ... Eines Abends wollten wir uns mal den Eigelsteinplatz vornehmen. Es regnete. Nichts Auffälliges für diese Jahreszeit. Die Mädels parkten das Auto ... na, einfach in ein anderes Halteverbot um. Mara mit Stativ, einer Tüte voller Micros und Kabeln aller Art, ich mit Alukoffer und Saxofonständer in der Hand, warteten auf die anderen beiden, die uns bald entgegenkamen. Tessa zerrte einen aufklappbaren Bollerwagen hinter sich her, in dem sich der Gitarrenverstärker befand, und Nelly war mit ihrem nackten Saxofon und Gitarrenkoffer bepackt.

»So, Leute, scheiß Regen, lass uns mal hier in den Schwulendings reingehen. Die sind total süß jewesen letztes Mal im Sommer ...«

Absolut. Waren sie. Doch bei aller Liebe und Verständnis ihrerseits mussten die aus'm »Pinocchio« uns trotzdem irgendwann, um sich entspannt und in Ruhe weiter unterhalten zu können, wieder in den Regen schicken. Immerhin, ein Zehner. Wenn das heute so weiterginge, hätte Aldi morgen nichts zu lachen. Nachdem wieder alles in Tüten und Bollerwagen verstaut und bei einem schnellen Bierschn grobe Fehler ausdiskutiert waren, rannten wir los. Tessa fluchend voraus – eine blaue Mülltüte, weiß Gott, aus welchem Hut sie die gezaubert hatte, auf dem Kopf und tief ins Gesicht gezogen, um es vor der roten Farbe zu schützen, die sonst, wenn ihr Haar feucht würde, auslaufen und über ihre Nase kleckern würde –, den vollbepackten Bollerwagen energisch über die Pflastersteine hinter sich herschleifend, Nelly, mit der gleichen Haarfarbe, aber wesentlich mutiger, mit einer anderen Mülltüte sich selbst und ihr Saxofon schützend hinterher, während Mara in ihren hohen Hacken und ich in meiner eigener Hölle über den leeren Platz stolperten.

Nur einen kleinen Moment blieb ich stehen. Inhalierte. Der Anblick sollte sich für alle Zeiten in meinen verdammten Schädel brennen.

Die nächste Kneipe, eigentlich ein ganz cooler Rockschuppen, war leer. Keine Müdigkeit vorschützen, Mädels, dat wird schon. Nachdem ich eine Viertelstunde auf meinem verbeulten Alukoffer herumgedroschen hatte, Mara, sichtlich zu Tode gelangweilt, sich einfach nur mit einem Fass Kölsch betäuben wollte, die Schwestern inzwischen jenseits von Gut und Böse waren, just in dem Moment, als der Barkeeper seine Hardrock-CD wieder lauter machte, humpelte ein Herr mittleren Alters mit einem Gipsbein auf uns zu. Er hatte schon geraume Zeit in der hintersten Ecke des Ladens gesessen und eine nach der anderen gedreht, das war in der Tundra ja nicht zu übersehen. Heinz, eigentlich auch mal Drummer gewesen, hatte uns spielen hören und, ja, wir hätten echt Potenzial. »Aber hier, Mädels, dat wird nix ... packt zusammen, ihr kommt jetzt mal mit, isch weiß, wo ihr um die Uhrzeit so rischtisch abräumen könnt. Habt ihr'n Auto?«

So, also wir im Auto. Gipsbein-Heinz vorne auf dem Beifahrersitz, mit beiden Armen die Richtung dirigierend, wir drei Grazien hinten, Tessa im Element. Nicht, dass ich es nicht genossen hätte, endlich im Dunkeln, für mich alleine, nach all der Schmach stumpf aus dem Fenster zu starren, meinen Alukoffer auf den Knien, und die verregneten Straßen Kölns an mir vorüberziehen zu sehen. Ich fahr ja bekanntlich gerne einfach so durch die Gegend, mit vier angetrunkenen Leuten, aber nach einer dreiviertel Stunde bäumte sich in mir doch eine leichte Unsicherheit und ein »where the f...?« auf. Den Mädels schien diese Gegend im Industriegebiet aber nicht ganz unbekannt zu sein, und ich vernahm ein entzücktes Quieken, das immer lauter wurde, je näher wir dem Ziel kamen. Als der Geräuschpegel auf dem Höhepunkt angelangt war, versuchte auch ich mich allmählich dafür zu interessieren und verbog meinen Hals, um den Grund der Ekstase zu erforschen. Wir waren da. Am »Sascha«.

Im Fernsehen hab ich mal 'nen Bericht gesehen, das war noch in München, über Deutschlands größten Puff. Wow, und jetzt durfte ich ihn mal aus der Nähe betrachten. Hübsch. Irgendwie aber auch etwas armselig, ja, fast einen *touch* zu heruntergekommen, obwohl noch alle Glühbirnen auf dem Leuchtschild intakt zu sein schienen. Ein paar Bodyguards oder Türsteher stolzierten im schwarzen Anzug ganz wichtig vor dem Laden auf und ab. Wohl nix los, was? Gut, es war ja auch erst halb zwei.

»So, Mädels, raus. Dat Ding läuft jetzt so ab: Schärönn und ich ...«

»Warum denn *die*?«

»Weil mir die im Moment am ruhigsten rüberkommt. Also, et Schärönn hat dat im Jriff, komm, wir beide gehen jetzt da rein und spreschen erst mal mit der

Angie, die kenn ich janz jut. Dann, wenn allet klar is, holen wir euch! Klar? Wehe, ihr habt euer Zeuch dann noch nit ausjepackt! Dat muss dann janz schnell jehen, die haben nit so viel Zeit, Klar?«

»Klar!«

Jesus Maria. Mir war noch nie so bewusst, dass jetzt verdammt noch mal dieser Auftrag allein von meiner überdurchschnittlichen Coolness abhing. Wie ein Martin Luther King, der uneingeladen zu einem Nazikongress geht, um eine Rede zu halten, lief ich selbstbewusst in zwanzig Zentimetern Abstand hinter Gipsbein-Heinz her. An den schwarzen Schränken vorbei. Die grüßten ihn wohlwollend mit Kopfnicken, und als die Grenze nach Gomorrha erreicht war und man sich kurz besprochen hatte, wurde ein hagerer Mitarbeiter losgeschickt, um die Chefin an die Tür zu bitten. Wir warteten. Es wurde nicht gesprochen. Ich hab intuitiv begriffen, dass sich das nicht gehörte. Gleich würden eine Zigarre rauchende Angie und mehrere Mafiabosse mit Gefolge die Bühne betreten und uns nach der zu spät eingetroffenen Ware fragen, mit auf uns gerichteten Pistolen. Aber nein, ein zierliches Wesen mit rot gefärbter Turmfrisur stöckelte in einem tief dekolletierten, mit Swarovski-Steinen besetzen, engen Abendkleid auf uns zu. Die Farbe ist jetzt egal, ich war sowieso geblendet. Angie gab Heinz rechts und links Küsschen. Mir unerwartet die Hand.

Es was sehr freundlich von ihr, mich nicht wegen meines unpassenden Aufzugs – dem olivgrünen Parka mit Stickern von Nirvana und zerfleddertem Zopf – ungespitzt in den Boden zu rammen, sondern mich streng, aber durchaus offen anzusehen und zu fragen:

»Aha ... so, so ... und wie kann ich euch jetzt weiterhelfen?«

Heinz, souverän, als wäre er schon immer unser Manager gewesen:

»Angie, Schätzken, hömma, ich hab hier 'n paar Mädels im Jepäck, aus irgend 'ner Kaschemme aufjejabelt, die machen Musik, flippste aus, sind escht jut, lass die doch mal wat spielen und 'n paar Cents einsammeln, komm' Angie, wat meinste?«

Nach langem Hin und Her: »Hm ... na jut, Heinz, weil du et bis', aber ich sach dir eins«, wandte sie sich dabei zu mir und stach mir ihre stahlblauen Kontaktlinsen ins Gesicht: »Ich hoffe für euch, dat ihr jut seid, wenn ihr scheiße seid, fliehscht ihr sofort raus, is dat klar?«

Ein verschmitztes Clint-Eastwood-Lächeln schenkte ich ihr zur Bestätigung unserer mündlichen Vereinbarung. Das reichte anscheinend, und so gingen wir wieder hinaus zum Wagen, vor dem die Mädels uns, sozusagen applaudierend, neben dem Equipment, fein gestapelt auf der nassen Straße, sehnsüchtig erwarteten.

»Aber janz flott jetzt hier«, scheuchte Gips-Heinz. Einem Gefangenentrupp nicaraguanischer Wanderarbeiter gleich trotteten wir in die sündigen Hallen Babylons hinein, dem Hageren von vorhin hinterher. Was soll ich sagen, wir wurden in den Club geführt. Natürlich nicht auf die Zimmer. Ein amphitheaterhafter Saal. Rotes Interieur. Rote Samtsessel mit kleinen Tischchen, darauf rote Tischlämpchen. Klassisch. Ganz kuschelig, eigentlich. An einer der Bars, die sich seitlich von der Bühne bis fast zum Ende des Raumes erstreckte, wartete schon ein anderer älterer Herr, der wohl die Instruktion bekommen hatte, ein Auge auf uns zu werfen. Er bereitete ein Tablett mit Champagnergläsern vor. Wie sich zum Leid meiner Wanderarbeiterinnen herausstellte, nicht für uns.

Unser Anblick wurde in dem noch nicht gefüllten Laden von den hergerichteten Damen sofort bemerkt. Vielleicht hatten wir ihren Beschützerinstinkt geweckt, denn anders konnte ich mir nicht erklären, weshalb sie uns belagerten und ausfragten. Vielleicht erinnerten wir sie auch an ihre erste Zeit in Deutschland, kein Pass, nichts außer ein paar Dinar und das Amulett der geliebten Mama in der Tasche, soeben von einem LKW-Fahrer nach vollbrachtem Service vom Beifahrersitz auf die Straße geworfen und als letzter Ausweg dann – ins *Sascha*.

Etwas befremdlich war es für mich am Anfang schon, mit zum Teil barbusigen Frauen einfach so eine Unterhaltung über die wirtschaftliche Situation in der Ukraine zu führen. Also zog auch ich meinen gefütterten Parka aus. Wir plauderten eine Weile. Bein-Heinz war inzwischen schon etliche Male bei den Stangenfrauen auf der Bühne gewesen und drückte ihnen Papierdollars in die neonfarbenen Höschen. »Komm jetzt Schärönn du auch, hier haste 'n paar Dollar, los!«, und riss mich zur Bühne, warf mich rücklings auf diese, stopfte mir ein paar Scheine in den Mund, sodass die Dame während ihrer künstlerisch sehr wertvollen Akrobatikperformance an ihrer Lieblingsstange die Möglichkeit wahrnehmen konnte, mir die Dollarnoten mit ihren Zähnen wieder herauszuziehen. Respekt.

Dem älteren Herrn an der Bar hatte dieses unqualifizierte Benehmen meinerseits anscheinend nicht geschmeckt. Er war allerdings ob seiner körperlichen Gebrechen nicht imstande – er hatte diesen typischen Riff-Raff-Buckel –, mich wieder zurückzuschleppen, also benutzte er seinen Zeigefinger, um mich auf meinen Platz zu zitieren. Minuten später: »Aufbauen, aber flott!«

Zurück im Ernst des Lebens ging es um alles oder nichts. Meine Mutter hatte mir immer eingebläut: »Egal was du tust, mach es verdammt noch mal richtig!« Ich bestieg die Bühne, man organisierte mir sogar zwei Barhocker, auf denen ich nun absolut sicher meinen Alukoffer ablegen konnte. Tessa pfuschte am Gitarrenkabel, die anderen an anderen Kabeln herum. Strom war auch irgendwann da. Angie, eigentlich »Angélique«, und ihre Mädels, die ihre Arbeit nebenan extra unterbrochen hatten, irgendwelche enttäuschten Freier im Schlepptau, der Hagere, der Bucklige und Gipsbein-Heinz standen in voller Erwartung auf das nun Folgende am Tresen.

Mein Micro im Koffer an. Roter Spot an. Ton läuft, und bitte. Wir hatten die goldrichtige Strategie gefahren. Von Anfang an. Die erste Nummer war schon der *Burner.* »Peter Gunn«. Flott, fetzig und zugleich avantgarde, performten wir um unser Leben. Die ausstaffierten Damen waren von der ersten Sekunde an nicht mehr zu halten. Sie stürmten die Bühne, schmissen sich an ihre vertrauten Arbeitsgeräte und schlängelten und sprangen im Takt die Stangen rauf und runter. Eben. Warum soll es auch nicht begeisterte *Bombas*-Fans im horizontalen Gewerbe geben. Wie sie uns anstrahlten, mein Gott, ich glaube, die Abwechslung tat auch ihnen gut. Jedenfalls, Applaus, Applaus, aus die Maus, wir hatten es geschafft, nicht mit Betonklötzen an den Füßen im Rhein versenkt zu werden, *au contraire, ma chère!*

Der Bucklige füllte sein Tablett diesmal nur und ausschließlich für unsere Wenigkeit. Angelika war fix und fertig vor Begeisterung, nahm mich zur Seite und sprach: »Spitzenmäßig, Schätzelein, janz jroß, du bist doch hier der Chef, hömma, pass up, frach net, du kommst morgen um viertel nach sieben hier vorbei, verstehste, isch hab vorher noch im Büro zu tun, mir hamm wat zu bespreschen. So, tschö, schön dat ihr da wart.« Sie warf dem Hageren einen Blick zu. Wir wurden zu Ausgangstür geleitet und mit »Hallo« und »Bis bald, auf Wiedersehen« von den schwarzen Anzügen verabschiedet.

Ach was! Mara hatte sich in dem Wahnsinn eiskalt noch um das Finanzielle kümmern können. Ein Genie. Wir hatten einen Grünen von Angie bekommen.

Am nächsten Tag um viertel vor sieben abends stand ich an der Bushaltestelle. Der 33er hielt, die Türen öffneten sich und ich dachte, fassen wir mal kurz zusammen: Ich war gerade auf dem Weg zu einer geschäftlichen Besprechung mit einer Puffmutter in einen Puff. Richtig? So weit, so gut. Diesmal hatte ich aber ein wesentlich passenderes Outfit an. Sachlich und doch lässig, was man bei einem Businessmeeting eben trägt. Mit Kuli und einem Schreibblock in der Tasche war ich bereit für die kommende, knallharte Verhandlung. Was zum Henker sie genau von uns wollte, keine Ahnung.

Mme. Angélique und ich setzten uns in die hinterste Reihe auf die roten Sessel. Die Damen feilten schon fleißig an ihrer neuen Choreo, und ich legte meine Schreibutensilien sorgfältig auf den viel zu niedrigen Tisch. Jetzt, bei hellerem Licht und ein paar Kilo weniger Schminke, fand ich Old Angie doch sehr sympathisch. Sie hatte etwas Rabiates, aber Sensibles an sich. Man fühlte sich jedenfalls sofort durchschaut. Also steckte ich den Block wieder weg und entspannte mich.

»So, Foljendes, meine Liebe, isch hab mir dat ja jestern so anjeschaut und war ja bejeistert. So, und da kam mir ein Jedanke! Isch hatte dat ja sowieso schon mal vor Längerem vorjehabt, aber, weißte ja, wie dat is ... Jedenfalls hab isch mir überlegt, dat ihr bei mir immer dienstags, zwei- bis dreimal am Abend, spielen könnt und im Anschluss daran, dachte isch mir, dat wir bis zum Sommer jemeinsam so wat wie 'ne Newcomerfestival aufziehen, also jenauer jesacht, ihr besorgt noch andere Bands, ihr kennt ja wahrscheinlisch alle, können auch Bekanntere sein, also hier hat ja schon mal de Dingens von de Höhner jespielt, einfach so, mit Klampfe ... Weil Musik is ja auch für mich et Wischtischste im Leben, weißte, nur, isch musste eben halt schon janz früh Jeld verdienen, verstehste ...«

Verstehe. Wir kamen nicht so ganz ins Geschäft, nicht nur, weil selbst unser Büro Mara nicht genug Bands kannte, die für umsonst an einem Newcomerbandfestival im Puff interessiert waren, sondern auch, weil im Puff mit Hütchen rumgehen doch noch mal eine ganz andere Qualität besaß, die wir uns, zumindest für die nächste Zeit, ersparen wollten. Ich nahm mir an diesem Tag frei.

Samstag. Aufbrezeln in der Telefonzelle, ein wenig Bauernmalerei fürs anspruchsvolle Publikum.

Manchmal bin ich aber auch direkt nach den Art Perfomances zum MTC gerannt, noch mit Sticks bewaffnet, im Parka und mit Stahlkappenboots. *Hussein wasn't very amused.*

Schröder, mein Lieblings-DJ, wieder mit *Bild*-Zeitung, Ohropax und Tee am beleuchteten Küchentisch, die hereinströmenden Opfer ihrer eigenen Pubertät nicht eines Blickes würdigend. Es versprach wieder ein herrlicher Abend zu werden. Hussein verschwand wie immer, ließ mich mit einer der fünfundzwanzig Kolleginnen allein, und war um sechs bei der Abrechnung wieder am Start. Und das meine ich so, wie ich es sage! Also, ich wieder Pokerface, Lichtgeschwindigkeitsmodus an, Lippenlesen, wenn's anders wirklich nicht ging, und wenn's mal überhaupt gar nicht ging, weil sabberndes Besoffski-Nuscheln ausnahmsweise nicht »BÄCKS!!!« zu meinen schien, dann in Gottes Namen Ohr hinhalten und beten, dass diese/r Vollidiot/in mir nicht das Trommelfell zerfetzt, sonst – Mord!

Wenn man um halb sieben schon beim Kronkorken (das berühmte morgendliche Kölner Kronkorken) angelangt war, während verschiedene in Alkohol eingelegte Fleischbatzen noch am Boden oder an den Wänden klebten, ja, spätestens dann kam Hussein mit diversen Türstehern, Garderobieren, dem halben Personal und Gerd vom *Heimspiel* die Kellertreppen hinuntergestürzt. Alle verteilten sich gemütlich an die Bar, während ich, gerade bei Nr. 25 467 angelangt, meist liebevoll zurückgrinste und einfach wieder von vorne anfing. Gerd war Chef. Und zwar so dermaßen, dass keiner, noch nicht einmal Hussein, es jemals gewagt hätte, ihm auch nur was das Wetter anging, zu widersprechen. Ihm gehörte, glaub ich, alles und jeder. Groß, aber irgendwie ganz unauffällig, fast schon durchsichtig. Es gibt ja Menschen, die sind immer und überall, sehen und hören alles, aber man bemerkt sie nie und doch sind sie da. *And such was old Gerd!* Eine große Tradition, wohl aufgrund dieser mystischen Aura, sich nach Feierabend zum Absacker um ihn herumzuzwängen und immer das gleiche Prozedere präzise und minutiös versuchen einzuhalten. Also, ich zähle, die Jungs und Mädels kommen runter, Hussein an der Kasse, dann die Jägermeister ausm Kühlschrank holen, Schröder, genervt bis stinksauer am Küchentisch lesend und jetzt – Auftakt Gerd:

»Die Ende-Schublade! Her damit! Los! Wo ist die Ende-Schublade? Ihr verdammten Arschlöcher, WO! IST! MEINE! GOTTVERDAMMTE! ENDE-SCHUBLADE, ihr Penner!«

Alle: »Ja, is ja jut, Jerd ... is ja jut ...«

»Isch bring eusch alle um, wenn ihr mir ...!«

»Ja, hier isse Jerd, hier, deine Ende-Schublade.«

Eine imaginäre Schublade oder ein Karton wird ihm präsentiert.

Dann: »Isch sach euch eins, ihr Penner, an dem Tach, an dem diese Schublade voll is, voll mit Koks, bis oben hin, an dem Tach bin isch der glücklichste Mensch im Universum. Dat is dann nämlisch der Moment, an dem ihr Penner mir einen letzten Jefallen tun müsst, habt ihr misch verstanden! An dem Tach, wenn isch dann noch so viel Scheiße reden sollte ...«

»Nein, Jerd dat tust'e ja nit, nein ...«

»... halt die Fresse, dann will isch endlich, dat ihr mir den joldenen Schuss setzt! Haben wir uns verstanden! Versprescht mir dat, ihr Penner, is dat klar?«

»Ja, is klar Jerd ...«

Und so weiter.

Spätestens dann fiel der Vorhang und jeder durfte seine Sachen packen und die Lokalität verlassen.

Hussein und ein paar andere Unkaputtbare testeten im Anschluss daran, draußen auf dem Weg in die letzte noch offene After-Hour-Absturzbar am anderen Ende der Stadt, die Qualität des neu gelieferten Stoffs praktischerweise auf irgendeiner der vielen Motorhauben. Es dämmerte meistens schon um sieben, halb acht, und so machte mir das nach Hause Laufen gar keine Sorgen mehr. Im Gegenteil, so konnte ich an diesem Morgen, noch auf der Zülpicher, Zeuge einer entzückenden Konversation zweier Freunde, sagen wir mal Obdachloser, werden.

»Hömma, du Asch, hätt'st du zwei gleisch große Schuhe aus'm Müll jeholt, müsst isch nit so rumhumpeln, scheiße ... weißte wat, isch zieh den anderen aus ...«, und zog sich den weißen Frauenpumps, der passte wirklich nicht zum dunkelgrünen, aus, um mit dem durchlöcherten Socken auf der nasskalten Straße weiterzuwandern. Der andere schien sich echte Sorgen um das Wohl seines Kumpels zu machen. Wahre Freundschaft halt.

Fast zu Hause. Keine Menschenseele weit und breit. Ich latsche also mit Kampfstiefeln und *Nirvana*-Parka, die Kapuze bis zur Nase übergestülpt, will sagen, nicht wirklich anzüglich, durch das letzte Hindernis kurz vor meiner Wohnung. Nach dem alten *Luxor* nur noch durch diese Unterführung. Meine energischen Schritte waren um diese Uhrzeit, und sowieso durch den Hall, ziemlich deutlich zu hören. Man gibt sich seinem Rhythmus ja meistens so hin, verliert sich vielleicht in Gedanken oder pfeift sogar ... Doch wenn die Schritte nicht mehr ganz so klar und eindeutig bleiben, weder vom Sound noch vom Groove her, sondern sich sozusagen mit anderen Schrittlauten vermischen und man seine eigenen gar nicht mehr von offensichtlich dazugekommenen Schritten zu unterscheiden vermag, dann ist Polen eigentlich noch nicht offen.

Wenn aber diese Schrittfolge immer schneller und lauter, quasi von hinten auf einen zuzukommen scheint, und, ich wiederhole: *keine Sau* weit und breit, spätestens dann sollte man sich vielleicht doch mal umschauen. Auf der anderen Straßenseite, wahrscheinlich hatte ich ihn schon ein paar Momente vorher bemerkt, es aber nicht ernst nehmen wollen, lief ein, ich sag jetzt mal »Landsmann«, groß, dunkelhaarig, stämmig, in Durchschnittswinterjacke im gleichen Tempo parallel mit mir mit. Ich lief schneller, er auch. Das glaub ich jetzt nicht. Kann doch nicht sein? Ich schaue zu ihm rüber. Er schaut weg und hält Schritt. Ich werde abrupt langsam, er auch. Unfassbar, er kommt rüber, ich gehe schneller. Als er ein paar Meter hinter mir ist, sprinte ich auf die andere Straßenseite. Das gibts doch nicht. Soll das jetzt so weitergehen, sag mal, bis er mich anfällt, oder was? Selbst wenn ich jetzt wie eine Wildgewordene losrenne, ich schaff's ja niemals so schnell, den Haustürschlüssel ... Er schaut rüber und ohne auf die Straße zu achten, um die Uhrzeit fährt auch kein Auto mehr vorbei, wie gesagt, nichts ... also er bereitet sich allen Ernstes abermals darauf vor, die Straßenseite zu wechseln, diesmal aber in gleicher Höhe zu mir, direkt auf mich zu. Verdammt noch mal ...

Das war's. Mir blieb vor Zorn fast die Luft weg. Dieses dreckige Subjekt wagte es, mir Todesangst einzujagen und beraubte mich auf mieseste Art meines Raumes. Keine Ahnung, Kamikaze-Gen gepaart mit Vaters Jähzorn ... ich explodierte schreiend auf die Straße, auf die andere Seite, auf ihn zu. Wie durch Teufelskraft riss ich beide Sticks, die ich nicht im MTC vergessen hatte, unter dem zugeknöpften Parka hervor und stach wie eine Furie auf Husseins Pilzen in meinen verdammten Mörder und Vergewaltiger hinein. Dass ich seine Rippen durchbohren würde, damit hatte Django nicht gerechnet! Erst versuchte er sich wenigstens provisorisch zu verteidigen, so schien es mir jedenfalls in meinem Wahn, aber wahrscheinlich hatte ihn der unerwartete Amoklauf verstört. Als Erzengel Gabriel persönlich mir auch noch ein Taxi vorbeischickte und ich kurz von ihm ließ, um mich auf die Straße vor den Wagen zu werfen, verschwand der Idiot. Der Taxifahrer kurbelte entnervt die Scheibe runter und fragte Kaugummi kauend: »Wat soll dat denn, Mädsche, hasse kein Zuhause oder wat ...«, kurbelte wieder hoch und verschwand in der Stille der Luxemburger Straße.

Ich ließ das Licht im Hausflur und in der Wohnung vorsichtshalber aus, damit dieser Dreckskerl, falls er mich vom Parkplatz gegenüber beobachtete, wenigstens nicht das Stockwerk meiner Zelle mitbekam. Ich blieb wach, solange die Herzrhythmusstörungen andauerten und besorgte mir am nächsten Tag zwei

Dosen illegalen Pfefferspray. Die brauchte ich jedoch nicht, da mich ab diesem Zeitpunkt Herr de Hoop, der in der Nähe wohnte, nach Hause begleitete. Ob das in seinen bewusstseinsveränderten Zuständen um diese Uhrzeit sehr viel sicherer war, mag der ein oder andere bezweifeln. Öfters führt aber auch der Umweg zum Ziel.

Köln, meine neue Mischpoche, war unglaublich gastfreundlich. Ich hatte so viele Freunde wie noch nie zuvor im Leben. Und es kamen immer mehr dazu. Sie gaben mir Halt. Vor allem nach der offiziellen Sperrstunde. Kein Weg, ganz besonders samstags, ging an der *Furchtbar* vorbei. Den Gefallen musste ich Herrn de Hoop tun, wenn er mich schon nach Hause brachte. Das hieß für einen Hobbyvegetarier wie mich: lecker Frikadellsch'n, von Walküre persönlich zubereitet und in der Mikrowelle erhitzt. Mal mit Senf, mal nur fettig triefend. Einsfuffzig, das war doch in meinem Budget aus'm Pubertätskeller drin.

Mara checkte auch meistens vorbei oder war schon seit Stunden da, je nachdem, wann das *Blue Shell* zumachte, und erpresste mich mit Wodkas, Fernet Brancas, Feiglingen oder fruchtigen Limes, auf die sie mich einlud. Sie vertrug unendlich viel, das kann man so sagen. Da mussten aber auch die Blumen und Kakteen um mich herum durch, falls ich es, mittlerweile in Zeitlupe, wenigstens ab und zu schaffte, das Gesöff dort zu entsorgen.

O ja, ich war erpressbar.

»Wenn'de nich' mittrinkst, sag ich allen, dat du auf Männerärschen rumkloppst!«

Wie wahr. Mein Gott, es hatte sich halt einfach so ergeben. Aus Wut. Da »Peter Gunn« zwar immer zog, aber die Einsätze ums Verrecken nicht klappen wollten, saß ich vor den Gigs, oder wie auch immer man das nennen sollte, jedes Mal in irgendeiner Ecke der jeweiligen Kneipe, meistens im Gang vorm Klo mit den Mädels und versuchte ihnen mit allen erdenklichen pädagogischen Mitteln die Eins, also wie soll ich sagen, den Rhythmus des Stückes im Allgemeinen, zu verklickern. Zwecklos. Als mir im Eifer eines Abends vor Verzweiflung die Hutschnur in tausend Einzelteile zersprang, klopfte ich den Takt so energisch und dabei laut mitzählend auf Tessas Oberschenkel – sie schrie vor Schmerz –, dass dies einem angetrunkenen Gast, der gerade auf dem Weg war sich zu entleeren, angenehm auffiel. Er drehte sich spontan um, bückte sich, und da ich sowieso in Rage war, sah ich keinen Grund, ihm seinen Allerwertesten nicht ordentlich zu verdreschen.

Diese Nummer etablierte sich in den Shows. Wir verfeinerten unser Highlight weiter, und forderten jedes Mal einen Freiwilligen auf, zu uns nach vorne zu kommen, sich ohne Mantel oder Jacke wie ein Zwergpony auf allen Vieren mit dem Hinterteil zum Publikum hinzuknien und sich von mir, auf ihm reitend, mit den Sticks, Tessa mit hingehaltenem Micro, was für einen interessanten Sound sorgte, gründlich verkloppen zu lassen. Was für ein Spaß. Who cares, die Nummer war nicht ein einziges Mal drauf. Auf'm Takt. Warum ging ich nicht einfach? Wohin? In die geschmackvollste aller Telefonzellen? Mara, halb Marokkanerin, stellte mir Annabell und deren Freund Bernd Fuentez vor. Bernd war die Reinkarnation von Bono. Eindeutig. Viel größer konnte der in echt auch nicht sein. Sein Timbre war umwerfend. Wir kamen ins Gespräch und sahen bald ein, dass wir sofort eine Band gründen, alle unbekannten Beatlessongs neu arrangieren und der Welt zum Besten geben müssten. Nächste Woche oder so. Wenn Fuentez Zeit hätte.

So oft wie möglich versuchte ich mich von meinen anspruchsvollen Unterhaltungen loszureißen, um auf der Toilette mit Hilfe des Wasserhahns die Promille zu verdünnen. Dass meine Augen seit Monaten etwa in Höhe meines Bauchnabels hingen, schien meine Kumpane überhaupt nicht zu stören. Schließlich kannten sie mich nicht anders. Herr de Hoop sorgte immer mal wieder für Stimmung, wurde raus- und wieder reingeschmissen, Fuentez röhrte unbeirrt sein »With or without You«, während die AC/DC-CD lief, Mara bestellte schon mal 'ne neue Runde Limes für alle, und andere Verwaiste stellten sich dazu. Der ganze Schuppen, so groß wie bei mir der Westflügel, schien sich sowieso zu kennen. Einige fielen gerade mal wieder fremdknutschend vom Hocker, um den Rest der Nacht auf dem Boden zu verbringen, als Herr de Hoop mir noch jemanden vorstellte. Manni.

Manni, auch Pommes genannt, strahlte eine gewisse Stärke, Ruhe und auch Weisheit aus, obwohl er Alkoholiker war. Das merkte man gar nicht. Anfangs fiel es mir nicht leicht, seinen Worten zu folgen, denn auch wenn alles in quallenartiger Langsamkeit um mich herumschwamm, Manni konnte *noch* langsamer. Aber gerade das forderte mich heraus. Ich schloss die Augen und versuchte mir schon beim ersten Vokal, der vorsichtig aus seinem Mund herauslugen wollte, vorzustellen, um welches verdammte Wort es sich in den nächsten Minuten handeln könnte. Das hielt mich wach. Nach unserer allgemeinen Verbrüderung, nachdem ich Herrn de Hoop versprochen hatte, die Nummern von Gabi und Susi zu besorgen und einer zwei- bis dreistündigen Verabschiedungszeremonie, Geheule, Getröste und Gekotze, stützte ich Herrn de Hoop bis vor meine Haustür. Nein, ich will gar nicht wissen ob, wie und wann er jemals in sein Bett gefunden hatte.

Herr de Hoop, Manni, ich und dreißig andere Kumpels gingen des Öfteren aus. Es ging munter ins »Jonny Tourista«, die Karaoke-Bar gleich am Anfang der Zülpicher, in der ich schon mal die Agnetha Fältskog gab oder nebenan ins »Umbruch«, Kicker spielen mit real existierenden Punkern aus den Achtzigern, dann im »Shamrock« abwarten, bis alle ihre Pilze gegessen hatten, ins »Boogaloo« ein wenig zappeln, vielleicht noch ein Absacker bei »Oma Kleinmann«, die ist, glaub ich, letztes Jahr gestorben, Gott hab'se selig, und abschließend noch ins Hotel Lux, wo Herr de H. bei einer aufkommenden Diskussion über Spitzenweine diese sofort mit einem »Ach Gottchen, mir gehen diese Barriquefässer so auf'n Sack!« im Keim erstickte.

Nee, schön war's. Wenn das »Ya Habibi« dann noch oder schon wieder auf hatte, konnte man sicher sein, nicht nur vorzügliche Falafel zu bekommen, sondern auch auf Didi zu stoßen. Didi, also Dieter, eigentlich Marlene, immer fesch, immer bereit für den großen Auftritt, war eigentlich ein Star. Sie fand ihre Ähnlichkeit mit Marlene Dietrich selbst verblüffend und schien als Profi-Double ausgebucht zu sein. Nur hatte man bei ihren Monologen über die Vergangenheit, in der sie Hausvisagist von Frau Dietrich war, immer das Bedürfnis, ihr diese blonde Perücke wenigstens fünf Zentimeter aus der Stirn zu schieben. Marlene war ein Schatz. Sie war auch Verschwörungstheoretikerin und unglaublicherweise meine Nachbarin, also ein Haus weiter. Es war immer spannend zu erfahren, was sie wieder an obskuren Dingen im Internet ausspioniert hatte, mit denen sie die USA verklagen hätte können. Aber das wollte sie gar nicht. Stattdessen ließ sie sich immer was einfallen, um sich auf spektakuläre Weise umzubringen.

Aber ganz ehrlich: Pommes war der zuverlässigste Freund geworden. Er konnte ja auch nicht anders. Neben dem Eisladen, an der Ecke zur Uni, hatte er einen Patronenladen. Er verdiente sich seine Miete mit dem Auffüllen und dem Verkauf von Druckerpatronen. Da er den ganzen Tag dort nicht weg kam, kam das ganze Veedel zu ihm.

Was für Schicksalsschläge hatte Manni, alias Pommes, nur hinter sich? Das muss man sich mal vorstellen. Die Frau, die er jahrelang geliebt hatte, mit der er sich eine Zukunft aufbauen wollte, zu Hause in Gelsenkirchen oder wo das Kinderbettchen pro forma aufgebaut worden war, diese blöde Kuh verliebt sich doch tatsächlich, urplötzlich, eines Tages, einfach so, in ihren Yogalehrer! Wie bitte ist das denn zu verkraften? Nie wieder, sagte Pommes, nie wieder im diesem Leben, wolle er mit Frauen etwas zu tun haben. Gott sei Dank. Ich kam, so oft mich meine depressiven Beine tragen konnten, zu ihm auf'n Tee. Er erzählte von seiner Sportlerkarriere, damals, als Zehnkämpfer. Sein gelbes Surfbrett, das neben dem anderen Hausrat, seine Wohnung war wohl zu klein, an der Wand hing, ermunterte uns zum Träumen. Wir warfen uns die Taucherstorys nur so um die Ohren. Er am Great Barrier Reef, ich auf den Malediven ... als ich vor Lachen in dreißig Metern Tiefe fast gestorben wäre. Na, das ist ja wohl nachvollziehbar, hömma.

Ich also auf Little Huraa, auf einem von vierzigtausend Atollen, fahre zur Vollendung meines Tauchscheins mit der Tauchlehrerin und sechs anderen Flossen raus aufs Riff. Alles gut so weit. Die ganze Bagage fliegt ins Wasser. Abtauchen. Messgeräte okay, jede Menge Luft, alles im grünen Bereich. Nun bin ich ja nicht zum Spaß dort gewesen, sondern wollte schließlich so schnell so viel wie möglich sehen. Klar. Obwohl ich meiner Oberlehrerin versprochen hatte, dicht an der Gruppe zu bleiben, konnte ich nicht umhin, das ein oder andere Mal auszubüxen. Links zu den Korallen, schnell wieder zurück, rechts, da war doch ein Fisch!, verdammt, hinpaddeln, wieder zurück. Das erste Mal, als – man weiß ja, wie groß so eine Taucherbrille einen Menschen sehen lässt – etwas knallrotes mein Visier verdeckte, dachte ich nur, ach so, die Badehose vom Hans-Martin. Dann ein zweites und sogar ein siebtes Mal. Als ich vor lauter flatterndem Stoff weder Moränen, Haifische, geschweige denn Seepferdchen mehr sehen konnte, wollte ich es nicht fassen. Sag mal, wie groß muss dieser verdammte Indische Ozean denn noch sein, um Hans-Martins feuerrote Walrossbadehose nicht im Gesicht kleben zu haben. Da ich mich wieder aufgeregt habe, anders kann ich mir den Lachflash, der nun folgte, nicht erklären, blieb ich kurz in dreißig Metern Tiefe stehen, auf den blauen Flossen, stützte mich mit einer Hand auf dem naturgeschützten Riff wie an 'ner Bushaltestelle ab und bückte mich halb, um mit der anderen auf meine Schenkel zu klopfen. Und konnte nicht aufhören zu lachen. Ich bog mich vor Lachen und lachte mir die Luft aus meinem Kanister. Durch diesen hysterischen Atemrhythmus konnte ich bald weder ein- noch ausatmen. Mir war schon klar, dass ich mich langsam fassen müsste, sonst würde ich hier bei lebendigem Leibe sterben, aber beim Anblick des über mir schwebenden, alles verdeckenden roten Ballons, immer noch in meiner unmittelbaren Nähe, prustete ich wieder los.

Meine Tauchlehrerin, Profi, bemerkte, dass da irgendetwas nicht stimmte. Sie schwamm auf mich zu, stellte sich auch, wie ich, auf die Straße, sah, dass ich hyperventilierte und beschloss mich ganz böse anzusehen. Was ihr nicht gelang. In ihren Augen vernahm ich ein Lachen, als ich mit dem Arm hoch zu Hans-Martin zeigte. Jetzt gackerten wir beide. Nach zwei, drei Versuchen quetschte sie meinen Oberarm so zu Klump, dass mir der Schmerz die Stimmung endlich versaute. Auf dem Weg ins Licht musste sie mir mit ihrer Luft aushelfen, ich war schon lange im roten Bereich. Auf dem Boot dann schärfste Manöverkritik, schließlich hätte sie in den Knast gehen müssen, wäre ich auf offenem Meer ersoffen.

Schöne Nachmittage waren das mit Pommes. Aber die *Bombas* waren noch nicht ganz durch. Tessa rief mich an. Die *Berrys* waren in Town. Wir, eigentlich sie, war zum Konzert eingeladen. Den Gitarristen kannte sie ganz gut. Und so ergab es sich, dass wir nach dem achtzehnten Bierschn alle Mann noch zum ewigen Absacker an der Hotelbar am Hauptbahnhof gingen. Gut, nüchtern ist einem so was immer peinlich, aber im Ende vom Effekt haben sich die Mädels und Jungs so jut verstanden, bzw. Tessa hat einfach das Nicht-lockerlassen-können-aufdräng-Gen, dass sich der Gitarrist doch tatsächlich darauf einließ. Eine Tour mit seinem Soloprojekt, den *Sofaheroes* und mit den *Bombas* im Vorprogramm! Zwei Wochen. Quer durchs Sauerland! Umsonst. Bravo!

Ein gewisses Verantwortungsbewusstsein bürgerte sich bei mir ein. Falscher Zeitpunkt, um auf die eigenen Befindlichkeiten Rücksicht zu nehmen. Die *Bombas*, mein siebtes Standbein, meine Ernährer, freuten sich so sehr auf unseren zweiten Pfadfinderausflug, dass ich wirklich die Letzte gewesen wäre, die den bevorstehenden Durchbruch hätte blockieren wollen.

Wir hatten nur drei Wochen. Das war wirklich knapp, um zehn, zwölf Stücke, die wir zwar schon das halbe Jahr zuvor während der Popo-Klopf-Periode angerissen hatten, zu perfektionieren. Vorteil: Je häufiger wir eine Stelle wiederholen und in Schutt und Asche grützen mussten, also spätestens nach dem sechzigsten Mal, wurde die Dessertliste noch länger. Ein fairer Deal insgesamt, den ich damals auf Krk gelernt hatte.

Erinnern wir uns nämlich kurz an Tante Vera, meine Klavierlehrerin in der Musikschule an der sonnigen Adria. Klein Shari, vier Jahre alt, Mama, Papa – sich inzwischen wahrscheinlich gegenseitig erschlagend – in Argentinien auf Tour, im Souterrain, »ein Klavier, ein Klavier«, und die Bäckerei oben drüber. Problem. Wenn diese duftenden, heißen Backbleche mit Vanille-Crémes, Šampite mit Puderzucker oder Baklava an meiner sehr empfindlichen Nase, die ich heute übrigens, trotz gelegentlich übermäßigen Nikotinkonsums, immer noch habe, in Gedanken vorbeischwebten, war's um mich geschehen. Mir war intuitiv bewusst, dass ich nie und nimmer die Unverschämtheit besitzen durfte, auch nur die geringste Anspielung auf eine dieser Köstlichkeiten zu machen. Aber Tante Vera konnte keiner was vormachen. Solange ich mich jedoch zusammenriss, blieb auch sie cool. Die ersten zwanzig Minuten liefen immer perfekt für uns, man spielte seine Sonatinen, Haltung hier, Haltung da, aber eine Minute später wäre ich am liebsten diesen meterhohen Hocker hinuntergesprungen, hätte mich durch ihren langen schwarzen, mit großartigen bunten Blumen bestickten Rock gewühlt, die Treppe hinauf in die Backstube zum Bäcker, mich ihm vor die Füße geschmissen und tot gestellt. Mit allergrößter Sicherheit hätte er mir zur Wiederbelebung das ein oder andere Stück warme Vanille-Créme zwischen die Kiemen geschoben. Obwohl ich wusste, was das nun für mich bedeutete, hielt ich es nie länger als einundzwanzig Minuten mit Mozart aus.

»Tante Vera, mir ist so sehr ... nach warmem Brot!«

Dann klatschte es meist – richtig – keinen Beifall, nur einmal laut auf, und schwupps, war ich mit einer leicht geröteten Wange und 'nem kleinen Schädel-Hirn-Trauma wieder bei Amadeus.

Heutzutage wurde ich für die Qualen freiwillig mit Essbarem belohnt. Da die Türken den Balkan bis zum verdammten Meer hinunter fünfhundert Jahre lang belagert hatten, entsprach die Haute Cuisine der halbtürkischen Schwestern genau dem Geschmack, mit dem ich aufgewachsen war, und den ich gerade jetzt so dringend brauchte. Sollte ich all das etwa aufgeben?

Autobahn, Raststätten, Landstraßen, Naturschutzgebiete, Seen, Wälder, Hügellandschaften. Herrliches Sauerland. Willkommen an der Mescheder Riviera! Egberts Musikkneipe. Andere Musikkneipen.

Aber die Hoffnung starb noch nicht total. Während ich hier also für Kost und Logis durch die saftigen Wiesen des Sauerlandes tourte, zwischen Menden, Sundern, Meschede, Arnsberg und Eslohe, und mich an unseren Erfolgen labte, platzte wahrscheinlich mein mit blauen Briefen vollgestopfter Briefkasten. Es sei denn, Sister Marlene war auf die Idee gekommen, sie mit ihrer Pinzette, soweit es ging, herauszufischen. Morgens Kaffeepaste und frische Brötchen aus verbrannten Hühnerfedern, lecker Fleischwurst und dann 'n anständiges Herrengedeck für Malte, Stoffel und Paulsen. Geschlafen ... ach Gott, es bringt doch nichts, das auch noch zu erwähnen ... Man wollte den Budgetbogen unserer Förderer eben nicht überspannen.

Abschied ist ein schweres Schaf. Nach diesen zwei Wochen kam Paulsen in letzter Sekunde mit einer Überlegung um die Ecke. Er würde so ab nächsten Monat wieder 'ne Produktion fahren, also in seinem Haus, und die Band müsste ja auch verpflegt werden,»weißte ja, wie das ist ... Ich möchte kein fremdes Catering in meiner Hütte haben, verstehste, wie wär's, hätteste Zeit? Könntest im Gästezimmer schlafen und nur ab und zu 'n paar Schnittschen für alle machen. Natürlich mit tarifüblicher Bezahlung, na?

Friedrichshain. Noch cooler als Kreuzberg sollte das sein. Genial, S. im Zentrum des Underground. An der Tür des noch nicht renovierten Hauses mit original Einschusslöchern stand ein weiterer Bewerber für den Job bei Daisy & Co. Ein Nerd, hätte man auf den ersten Blick sagen können, und auch auf den zweiten änderte sich S.' Meinung nicht. Man nickte sich zu, cool, wie man das im Underground so macht, und bestieg die fünf Stockwerke zur Kreativhöhle von Daisy. Bei der Auswahl ihrer Klamotten hatte S. sich vorgenommen, *as légère as possible* rüberzukommen, nichts schlimmer, als sich beim ersten Treffen mit Kollegen nur wegen des zu eng sitzenden Oberteils unwohl zu fühlen. So dachte ihre musisch begabte Gastgeberin nicht. Die dem Zerfall geweihte Eingangstür ging auf und – da stand sie:

Ein Manga-Mädchen sollte es wohl darstellen. Es war vielleicht nicht die passende Jahreszeit, so kurz vor Weihnachten, aber hey, was soll's, sie hatte anscheinend Heizung. Schwarze High Heels aus Lack, nackte Beine, ein kurzes Lackröckchen mit einem noch knapperen Gummi-Oberteil, schneeweißes Gesicht, rote Lippen, genug Blech in den Augenbrauen für zwei, zentimeterdicker Kajal um die Augen, schwarz gefärbtes Haar, Cleopatraschnitt,

Klimperklunker, wo noch ein Plätzchen übrig war und das Ganze auf einmetersiebenundfünfzig verteilt, nachmittags um vier. Begrüßung. Yeah, hi, ho. S. schob ihre Jeans, Blundstones und ihren Winterpulli in den Flur. Der Nerd folgte ihr unauffällig, nachdem er seine Hornbrille wieder vom Parkettboden aufgesammelt hatte. Sie wurden im Wohnzimmer, das Studio und Chill-Lounge in einem war, noch einem Mädchen vorgestellt, sechsmal fülliger als ihre beste Freundin. Es handelte sich hier um die Bassistin und Organisatorin des Acts. Nerdi und S. saßen wortlos auf dem heruntergenudelten Ledersofa, es schien noch Katzen in der Wohnung zu geben.

Aufgebaut standen sie nun vor den beiden, zwei Oberlehrerinnen, die zwei versetzungsgefährdeten Schülern mal erzählen wollten, wo der Wurm die Flöhe hat. Also, sie als Mann hätte spätestens jetzt alles hängen lassen. Man kann doch nicht einen auf Nachmittagssexbombe an gedünstetem RTL-2-Charlöttchen mit einem Hauch von Gummireduktion machen, und dann anfangen wie ein bayerischer Steuerberater auf Schwäbisch einen auswendig gelernten Vortrag über Versicherungen, oder »Wie wickle ich die Schlagzeugerin von *A.X.T.* ein, vielleicht kann die ja mal einen Plattenvertrag an Land ziehen, und der Nerd darf auch mal Kaffee machen«, herunterrasseln. Wahnsinn. Verkleidung ist alles.

Sie wollten sich beide nur tierische Mühe geben, einen hippen, coolen, verruchten Eindruck zu machen, S. verstand das, und doch standen da einfach zwei BWL-Mädchen aus einem Q-dorf im Schwabenländle vor dem Flickenteppich. Jim Beam war auch da, S. bekam lecker Pulverkaffee. So, Fakten. Die Daisys waren wohl tatsächlich kurz davor, durch die Decke zu gehen. Echt. Diese Woche würde man sich noch mit einer Managerin treffen und höchstwahrscheinlich den *Contract* gleich unterschreiben und die Videos, die sie mit 'ner fetten Digicam gemacht hätten, würden eine so große Resonanz ergeben, weltweit, dass sie sich vor Anfragen, weltweit, gar nicht mehr retten könnten. Das wäre ja das Einzigartige an ihnen: Frauen, sexyhexy Frauen, die Nine-Inch-Nail-Mucke machen, das hätt's noch nie gegeben und überhaupt. Das war ja auch genau der Punkt, warum S. auf der Bildfläche erscheinen wollte. Sicherlich war S.. Fan dieser fantastischen Band, doch beschlichen sie zarte Zweifel, während ihre Dozentinnen an ihrem Pingpongtechnik-Vortrag herumfeilten, ob sich das Potenzial, mit dem NIN seit Jahrzehnten diesen einmaligen, aus haushohen Türmen explodierenden Brachialsound feuerte, genau in dieser Wohnung befand. Es standen ein altes Keyboard, zwei Gitarren, ein Bass und ein Minimischpult herum. Alles was man braucht, um ...

»Gut, soweit das Geschäftliche mit unserer neuen Managerin in trockenen Tüchern ist, werden wir uns umgehend bei euch melden und euch die Unterlagen zuschicken oder wir treffen uns, falls ihr irgendwelche Fragen an mich habt. Nun möchte ich ein Thema ansprechen, das auch sehr interessant für euch ist, es handelt sich hierbei um unsere geplante Eastcoast-Westcoast-Tour! Wie schon erwähnt, sind etliche Manager und Veranstalter großer Events weltweit, aber gerade in den Staaten, sehr heiß auf uns, und von daher würden wir diese Chance gerne am Schopf packen und mit einem Bus quer durch die United States touren ...«

S. konnte nichts dafür, aber sie roch auf einmal die verranzte Butter des mit Formkäse belegten Gummibrötchens, das sie sich, zu acht oder mehr, in einem orangefarbenen VW-Bus teilen mussten, endloses verbittertes Wedeln mit dem roten T-Shirt auf einem menschenleeren Highway in der uferlosen Steppe, auf einen verdammten vorbeifahrenden Dodge Challenger wartend, der ihnen eventuell einen Schluck Benzin leihen könnte ...

»Die Tour-Schedule wird natürlich ganz genau geplant und ausgearbeitet. Und um den Sound braucht man sich in den kleinen Clubs gar keine Sorgen machen, die achten mit Sicherheit mehr auf unsere Optik. Und da wäre ich auch schon bei Punkt neun. Wir, Babs und ich, haben auch für dich, Sharona, eine chice Showidee, und zwar, da wir ab heute hoffentlich auch Damian an den Keys für unser Projekt hinzugewonnen haben, wäre es doch unheimlich *crazy*, wenn ihr im Background auch interaktiv wärt, nicht? Du hast doch nichts dagegen, wenn Damian dir, während du spielst, einen Eimer Blut, Kunstblut natürlich, über den Kopf gießt? Wir denken, das kommt ganz gut!«

Nina Hagen und Ozzy würden sich im Grab umdrehen. Nein – dagegen hatte sie nichts. Kotzübel war ihr von den unsichtbaren, gehäkelten Spitzendeckchen.

»Also, was hältst du von unserer Businessstrategie, Sharona?«

»Ich wünsch euch alles Gute, aber ich muss mich jetzt wirklich um meinen Umzug nach Patagonien kümmern, leider, sorry, schreibt mir bitte 'ne Karte, ja?«

Das Fahrrad in der Abenddämmerung über die Warschauer Brücke zu schieben war tröstlich. Keiner der zigtausend Partysüchtigen, die aus U- und S-Bahn herausströmten, sah ihr ins Gesicht. Marc durfte sie nichts von diesem Griff ins Klo berichten, der würde sonst in seiner frisch renovierten Wohnung wieder alle Schuld auf sich nehmen und einen Rückfall riskieren.

Also kein sauber verdientes Geld durch amtliche Musikkapellen in Sicht. Sie würde so lange nicht mehr ans Handy gehen, bis sie auf irgendeine Weise die ausgegebene Kohle ihrer kleinkriminellen Freunde wieder zusammengekratzt hätte. Oder bestand noch die Chance, das Ruder herumzureißen? Könnte sie ihrer albanischen Familie ihre Bedenken in Ruhe mitteilen und sich dann doch überreden lassen? Alles wäre wieder im Gleichgewicht und würde in absoluter Harmonie weitergehen. Hochzeitsgeschenke, Brautkleid von albanischen Designern entworfen, in mühevoller Kleinarbeit von minderjährigen flinken Händchen geknüpft und bestickt. Alle Schweine der Umgebung würden mit Freude ihre Existenz opfern, Pansen *all over*. Warum nur machte sie sich das Leben immer so schwer? Warum konnte sie sich nur nie fallen und die Dinge geschehen lassen?

Ob sie ihre Nachricht schon abgehört hatten? Zu gern hätte sie gewusst, aus wie vielen Einzelteilen der AB anschließend noch bestand und ob er sich wieder zusammenflicken ließ.

Sie wollte sich nichts mehr vormachen. Es war passiert. Sie hatte sich mit einer unberechenbaren kriminellen Sippe angelegt, deren schnöden Mammon verprasst, Dinge, die abgemacht waren, nicht einhalten wollen und sich tot gestellt. Gut, Blutrache war voraussichtlich im Anmarsch. Es wäre eine Kleinigkeit für ihre neue Familie, S. egal wo, ausfindig zu machen. Vom Lkw gefallene Laptops würden ihren Aufenthaltsort auf der Stelle preisgeben. Also: Handy aus, Akku raus.

Gerade als sie im Begriff war, fast stolz auf ihre raffinierte Idee, in der linken Tasche ihres Parkas zu kramen, applaudierte die Kommunikationswaffe des 21. Jahrhunderts los. Wieder zu spät. Alles zu spät, verfluchte Technik. Sie hatten sie bereits geortet. Jesus Maria. Mitten auf der Warschauer Brücke konnte sie das Handy doch nicht einfach irgendjemandem in die Hand drücken oder in einen Papierkorb oder gleich in die Spree fallen lassen und später wieder herausfischen. Weg mit dem Ding, verdammt noch mal, jeden Moment würde ein goldener, tiefer gelegter Benz quietschend um die Ecke heizen, auf der Warschauer Brücke eine Vollbremsung hinlegen, die Beifahrertür würde aufspringen, einer ihrer neunzehn Cousins würde sich auf sie stürzen, das Klappmesser ganz unauffällig in ihre Rippen stechen und sie höflichst zum Wagen begleiten, während hinter verdunkelten Scheiben bereits andere Gesetzlose auf dem Rücksitz mit in K.-o.-Tropfen getränkten, hübsch bestickten Stofftaschentüchern, schwarzer Augenbinde und Klebeband auf sie warteten. Und dann nähme die Entführung ihren Verlauf. Über Hügel, Berge, Täler, hinein in den Kaukasus, hinauf auf den Elbrus, hinunter in irgendeine Höhle, die man weder via CIA-Satellit noch mit denen anderer seriöser Geheimdienste ... Man könnte wenigstens mit einem halben Auge vorher aufs Display schielen. So viel Chuzpe musste drin sein.

»Mäin Feenblättchen, wie gäht äs dir? Wir wollten uns mal mälden, du tust das ja nie, also dachtän wir ... däin Vatär wollte dir ätwas mitäilen, wartä, ich gebä ihn dir ...«

»Äine riesigä Überraschung! Wirst sehän ... aber viel Zäit habän wir nicht ... sag Bäschäid, wänn du in där Verfassung bist.«

»Ähm, Verfassung. Bin ich. In sehr guter Verfassung, Papa. Was ist denn los?«

»Nächstä Wochä gibt äs äine Konzärt im Rathaus in Zrenanin. Allä lebändän Lägändän und ich spielän in altär Bäsätzung mindästäns dräi Stundän! Die Vorbäräitungän laufän schon auf Hochtourän! Wann kommst du? Radio, Zeitungän, Fotografän und alläs Pipapo. Abär du hast ja gar käinä Zäit, ist äs so?«

»So ist es Papa, leider, gerade im Moment bin ich echt im Stress, muss die nächsten Tage noch dreißigtausend Sachen erledigen und mehrere Gagen sind noch nicht überwiesen worden, sonst würde ich mich sofort in den nächsten Flieger ...«

»Ja, ja, wir habän jätzt hier dän neuän Flughafän, fünf Minutän von zu Hausä. Ich glaubä, där Äir Bärlin fliegt auch här ... na ja, also, was macht mäin liebäs Däutschland so? Ich habä gesehän ... also auf RTL ... also die Griechän ... verdammt noch mal, jätzt muss diesäs armä Land auch noch Griechänland aus däm Dräck ziehän! Ich kapierä nicht, was eigäntlich die ganzä Wält ärlaubt. Was könnän *wir* dänn dafür, wänn die anderän Ländär mit ihrän Krötän nicht haushaltän könnän? Jätzt muss *ich* auch noch für *die* da …«

»Papa, hallo, darf ich dich dezenterweise darauf hinweisen, dass *du* in dem Sinne *kein* Deutscher … also, du auch nicht für die da … Aber das ist doch jetzt nicht der Grund, dass ihr …«

»Józsi, um Himmäls willän, jätzt reicht's! Lass doch mal das Kind … Und sonst so, mäin Trüffältäubchen? Was machst du so in … das war doch Bärlin, odär? Du läbst doch noch da, stimmt's?«

Sie hätten es so schön haben können, mit einer Freisprechanlage, stattdessen mussten sie sich den armen Hörer ständig gegenseitig aus den Händän räissän.

»Ja, seit fünf Jahren … stehe gerade auf der Warschauer Brücke und …«

»Ach ja, das Brandänburgär Tor, ja, das war ich doch schon als … wartä mal, da hab ich mich ganz bösä värfahrän, in diesä tristä Dschungäl … ich glaubä in … da, bei diesäm Tiergartän-Park …«

»Papa, da gibt's doch eigentlich gar nichts zu Verfahren … durch den Tiergarten verläuft eine ziemlich breite und unübersehbare Straße namens ›17. Juni‹, und die Siegessäule … aber ich bin gerade auf der Warschauer …«

»Ja, wäiß ich doch, wäiß ich doch, Mänsch … damals, mäin Gott, ich bring ja alläs durchäinandär, ist doch auch käin Wundär, wänn man halb, ach was sag ich, in ganz Äuropa rauf und runtär gefahrän ist und die ganzä Wält …«

»… umsegelt hat, ich weiß, Papa …«

»Zwölf Kilo!«

»Was zwölf Kilo? Hab ich zugenommen? Kannst du das hören?«

»Nein, Rosänmarmäladä! Extra für dich. Habä dir die Kistä schon vorberäität …«

»Aber, Mutti, ich kann doch nicht … du weißt, ich muss … ich hab echt zu tun …«

»Na ja, also, äs geht dir gut, ja? Übst du schön? Ich muss jätzt auch richtig ran, jedän Tag. So ist das als ›Lebändä Lägändä‹, haha …!«

»Tja, ha, das kann ich mir vorst…«

»Nein, abär was willst du machän, einär in där Bänd muss ja … aber dazu spätär … Sag mal in Bärlin, das muss ja auch unärträglich sein, gäll? Die

Arbäitsmoral, all diesä Arbäitslosän ... allä Hartz vier, was? Mäin Gott, wie soll der Staat das alläs nur stämmen ... ich muss dir ganz ährlich sagän, wänn ich schon diesä Asozialän im Färnsähän sähä, diesäs faulä Pack ...«

»Schtt! Sag mal, mäin Fäigänknöspchän, was soll ich dir schickän? Liebär Kürbisstrudäl oder Mohn ...«

»Übrigäns, die schwarzän Saitän, die du mir letztäs Mal für die Gitarre mitgäbracht hast, bombastisch! Ich habä immär noch äinen Hammärsound, muss ich dir gläich mal vorspielän ...«

»Wie, du hast seitdem ... seit drei Jahren ... ich meine, den Satz noch nicht gewechselt? Hut ab, das sind dann wohl echt Hammersaiten ... aber du brauchst jetzt nicht zufällig noch Natur-Dingssaiten für die anderen Klampfen?«

»Na ja, hier bäkommst du ja nichts Anständigäs. In ganz Ungarn nicht. Und in Jugo ... na, kannst dir vorställän ... da kannst froh säin, wänn sie dir ein paar verrostätä Schraubän aus dem Ackär pulän.«

»Also bittä, Józsi, jätzt überträib bittä nicht wiedär so, schließlich lassän sie dich dort ab und zu spielän.«

»Pah, hörst du das? So was muss ich mir anhörän ...«

»... und das als ›Lebende Legende‹, Papa, das ist unverschämt!«

»Allärdings, unvärschämt ist das! Das hätte äs bäi ...«

»Adenauer, Tito ...?«

»... nicht gägäbän!«

»Ebän! Mäine Tochtär värstäht mich! Also, wäißt du noch, där Nicolai, das Musikär-Fachgäschäft in där Fußgängerzone in... Där wusstä immär gänau, was ich gäbraucht habe. Där hattä alläs immär da und hat es zurückgälegt, für mich. Ich glaubä, säin Sohn hat inzwischän dän Ladän.«

»Papa, das ist zweihundertfünfzig Jahre her, den gibt's bestimmt nicht mehr. Sein Sohn ist bestimmt auch schon tot.«

»Pappärlapapp, ich kann mich noch ärinnärn, in där drittän Etage, wo ich meinän Vox-Verstärkär räparierän ließ ... apropos, kännst du jemandän, där sich mit Echolettäs auskännt? Irgändetwas ist da nicht mähr in Ordnung.«

»Mein Gott, ein Echolette. Das ist ja inzwischen historisch, Papa. Ganz ehrlich, das ist was für Archäologen, aber ich schau mal ...«

»Jedänfalls, där Nicolai ...«

»Papa, das wird jetzt wirklich teuer, für uns alle. Ich muss dann auch wieder …«

»Heutä Abend gehän wir kurz runtär an dän Balaton. Äin bischän spazierän. Diesäs Jahr bin ich bis Oktobär gäsurft. Aber diesä Touristän … Ach, wenn du wüsstäst, man hat sälbst hier säinä värdammtä Ruhä nicht mähr vor diesän Däutschän … Sälbst aus Hamburg und Bremärhavän kommän sie und verdräckän hier mäinen schönän Balaton, där ja immär noch äinän ganzän Metär längär ist als där Bodänsee! Abär nächstäs Jahr wärdä ich jedän Tag surfän … Hast du däinän Surfschäin noch?«

»Äh, ja klar, ich weiß grad nicht wo, aber ich glaube …«

»Näin, also äins muss man ja näidlos zugebän: Äs gibt nun mal käin bässäräs Bier als das däutschä. Also Paulanär ist und bläibt mäin absolutäs Lieblingsbier. Sälbst in Köln habä ich mäin Engagämänt nur untär där Bädingung angänommän, dass äs Paulanär gibt, basta!«

»Papa, hallo, ich bin's, ich glaub, ich war sogar dabei.«

»Die Plörrä in Jugo kannst du ja nicht trinkän. Wär wäiß aus was für äinär värseuchtän Güllä die … abär Sälbstgäbranntän habän wir letztä Wochä mitgäbracht. Von Cica Mirco, unseräm Nachbarn, kannst du mal probierän, wänn du wiedär …«

»Jaj, Józsi, das Kind trinkt doch käinän Alkohol, das wäißt du doch, lass sie bittä!«

»Nee, schon gut, ich kann ja mal dran schnuppern, Aroma und so … wenn ich nächstes Mal da bin.«

»Ebän!«

»Jätzt ärzähl doch kurz, wie geht's dänn so in Bärlin, hast du äinän Job gefundän? Äine anderä Bänd? Hast du jätzt ändlich gänug Gäld?«

»Ja, ja, alles bestens. Der Anfang ist vielleicht noch etwas holprig, aber …«

»Was, holprig? Verstähä, äs gibt ja so vielä Arbeitslosä … wir habän's ja gesehän, im Färnsehän … allä sitzän sie auf diesä Sofa, im Jogginganzug, rauchän und wartän, dass der Staat … was habän wir uns damals dän A…«

»Jószi, in allär Härrgotts Namän, gib Ruhä!«

»Ja … also, die Sportausbildung hab ich ja mit Eins abgeschlossen, war ganz schön, aber das mit der *Aida* hat noch nicht so ganz … außerdem, klar, Bands gibt's natürlich auch überall, aber, sagen wir mal so … die haben

irgendwie eine ganz andere Vorstellung ... keine Ahnung ... Da hat mich zum Beispiel neulich eine Band angerufen ...«
»Ja, ja, das ist ja alläs schräcklich, aber warst du jätzt auf der *Aida*, odär noch nicht?«
»Er soll aufhören, mich zu ärgern!«
»Hörst du jätzt auf? Ärzähl weitär, main karamällisiertäs Lungänbläschän ... wann kommst du denn ...«
»Wie gesagt, momentan ...«
»Ja, ja, schon gut, verstehän wir, na ja, mäine Tochter, dann übä schön weitär und such dir äinä anständigä Arbäit! Tausänd Küssä, szia, bis bald, tschüss ...«
Sie legten auf, und es ging ihr tatsächlich sofort viel besser.

Wie schön, dass die Probleme ihrer Eltern sich auf eine verrostete Schraube im Echolette und eine Kiste Rosenmarmelade beschränkten.

Nächstes Jahr, schwor sie sich, würde sie mit ihrem Dad gemeinsam quer durch das ungarische Meer auch den zusätzlichen Meter in Schutt und Asche surfen. Es konnte gerade auf solch einem See zu unerwarteten Naturkatastrophen kommen. Einige Stellen sollen über dreihundert Meter tief sein, und man erzählt sich oft von wolkenkratzerhohen Wellen, Tsunamis quasi, die das halbe Land auf den Kopf stellen. Nein, Loch Ness, andere Bauställa, aber auf jeden Fall alles sähr gäfährlich. Als sie damals ihren Surfschein, gültig auch in Österreich und überhaupt, vielleicht sogar für die gesamte europäische Binnenschifffahrt, machte, hatte sie sich am praktischen Prüfungstag im Schilf an der Mole verhäddärt ...
Das waren definitiv nicht die vorbeidonnernden S-Bahnen. Es kam aus ihrer Innentasche. Dieses elende Handy trieb sie noch in den Irrsinn. Sie hatte vor lauter Nicolai vergessen den Akku zu entsorgen. Das darf doch bitte nicht wahr sein! *Relax*, ihr Vater hatte sicher vergessen, ihr noch etwas *wirklich Wichtiges* mitzuteilen. Dass sie ihm doch einen Satz neuer Darmsaiten schicken soll, für den großen Auftritt nächste Woche, oder dass Nicolai eigentlich der Nikolaus persönlich war. *Whatever*, sie würde sich was leihen und ihm ... oder selbst gehäkelte Darmsaiten beim Chinesen besorgen, früher gab's ja auch nichts ...
»Ja, Papa, kein Problem, ich erkundige mich. Kann dir aber nicht versprechen, dass die Naturdarmsaiten oder die Schrauben nächste Woche

schon da sind. Außerdem, du weißt ja, manchmal verschwinden Pakete auf wundersame Weise, da bei euch in der Gegend besonders ...«

»Hä? Mit wem sprichst du denn, Sharona? Hier ist Miriam, von deiner Lieblingsplattenfirma. Geht's wieder?«

»Ha, ach was, toll, hätte ja sein können ... du weißt ja, wie Väter sind, ich dachte, er ruft noch mal zurück ...«

»Mhm, wegen Naturdarmseiten, schon klar ... Pass auf, Folgendes, da hat uns ein Rudi gemailt, ich schicke dir die Kontaktdaten. Klingt interessant. Der Typ ist anscheinend Profi, und hätte dich gerne für sein Projekt begeistert. Hört sich alles ganz koscher an.«

Irre. Siehste, es geht doch. In letzter Sekunde, dafür war sie berühmt. Eine Band, ein Tourplan, ein Geld, um ihre Adoptiv-Familie und die halbe Nation zu bezahlen und ab in die Karibik.

So, jetzt aber auch ran an die Buletten, dachte sie, radelte in Lichtgeschwindigkeit nach Hause, an Kalle vorbei, hinauf in ihre Höhle, stellte sich auf ihren Rapunzelbalkon und wählte die Nummer des berüchtigten Herrn Rudi: »Yes, yes, Sharön, dit freut mich ja örre, sachma, am besten ick hol disch gleisch ab, wa, dann fahrn wa zu mir in de Bude und ick spiel dir mal wat vor, wa? Wann wär's denn jenehm, jetze?«

»Ui, pff, joa, gut, dann ... bis gleich, ich wohne in der ...«

Bin ich eigentlich noch zu retten, hömma? Wildfremde ... aber, hallo, Leute, hier is *Berlin calling*, außerdem ist der Profimucker, was soll das denn, früher biste auch alleine mit dem Bürgermeister von Bimini mitten in der Nacht spurlos ver..., dachte sie.

»Gut, also, bis gleich, ich hab übrigens 'ne gelbe Nelke im Revers, nicht zu übersehen ...«

»Haha, ja, jut, und ick hab 'nen großen Spiegel dabei, hahaha ...«

Sie legte auf, schlurfte in einen der beiden Räume ihrer Residenz und grübelte. »Was bitte meint der denn mit Spiegel, hä? Na ja, Berliner Humor, da steig ich auch noch durch.«

Eine dreiviertel Stunde später klingelte es, sie war gerade dabei, die restlichen Kaffeekrümel zusammenzukehren, um ihrem Gast etwas anbieten zu können. Der Türöffner für die Haustür schien zu funktionieren. S. sprang ans Küchenfenster und sah hinunter in den Innenhof. Ein schwarzer Mantel aus *Matrix reloaded* schwang sich an den Fahrradständern vorbei, in den Hausflur, zu ihr hoch in den zweiten Stock. Es klingelte abermals. Sie entspannte ihre Schultern und öffnete. Ein Mann, offensichtlich, nichts anderes war zu erwarten gewesen, und dennoch. Sekunde, ein großer Mann in einem, jetzt, bei näherer Betrachtung, schwarzen langen fettigen SS-Mantel, total *eighties*, lächelte sie an.

»Hallöchen, darf ich?«

Nee, das pack ich nicht, warte mal, da stimmt doch ...

»Ja, klar, kommense rin in de jute Stube«, imitierte sie grottenschlecht auf Berlinerisch. Die Decken in so einem original Berliner Altbau sind eigentlich schon ziemlich hoch, aber dieser Koloss von einem Baum, ganz in schwarz und mit diesem ihr unerklärlich merkwürdigen Haaransatz und diesem Gesicht verdunkelte ihre Sicht: »... ich verstehe nicht, was zum Henker ... irgendetwas stimmt da doch überhaupt ...«

»Halt, tja ha, das Problem ist, eigentlich, ich bau da gerade an einem Sofa herum, und der Platz ... also, wir sollten vielleicht doch lieber woanders ...«

»Jut, keen Problem wa, fahr'n wa gleich los, Zeit ist Jeld, wa, haha ...«

Auf dem Weg ins erste Stockwerk, durch den Innenhof, an den Fahrradständern vorbei, durch den Gang zur Haustür bis hin zu seinem Wagen, der direkt vor der Tür stand, erfuhr sie folgendes: Die *H.N.O.* seien ja alte Kumpels von ihm, er hätte auch mal kurz für die gearbeitet, aber lieber eine eigene Karriere angestrebt, von daher ... es ergab sich halt so, mit *Beta-Gamma* ... jetzt zwar in Deutschland nicht so angesagt, aber dafür in Russland megaerfolgreich, auf dem Roten Platz jedes Mal zweihunderttausend Leute, mindestens, aber eigentlich das alles nur aus der Not heraus, denn eigentlich war er ja nicht nur Gittas Supergitarrist, sondern auch ihr Lover, und das Kind, damals wurde das ja auf die ekelhafteste Art und Weise in der *Bravo* breitgetreten, sei ja von ihm gewesen, aber im Endeffekt sei die Fehlgeburt das Beste für alle Beteiligten gewesen, schließlich waren sie beide noch viel zu jung, um neben dem unerträglichen Ruhm auch noch das uneheliche Kind zu bekommen ... alles ganz tragisch eigentlich, aber man sei grundsätzlich noch ganz gut befreundet miteinander, zumindest teile man sich ja den Schönheitschirurgen. Einer der Besten, oder würde sie etwa sein wahres Alter spontan schätzen können? Nee, nö? Tja, keiner würde im Leben darauf kommen, dass er eigentlich schon über fünfzig sei, wa?

Das Auto, ein alter Opel, außen wie innen schwarz, fuhr endlich los, nach Kreuzberg. S. starrte nicht auf die lebenden Sitze und das Armaturenbrett und die verfilzten Stofftotenköpfe, die am Rückspiegel baumelten.

Natürlich liebte sie schwarz, Grundgütiger, aber schwarze Wände und Decken, schwarze Fliesen und alles Schwarze, was aus der guten alten New-Wave-Zeit übriggeblieben war, hätte man doch auch einmal im Jahr abstauben lassen können, wenn Zeit doch Geld war. Schwarzer Kaffe aus schwarzen achteckigen, ihren absoluten Hass-Tassen, weil einen das darin Rumrühren zur Weißglut bringen kann, am schwarzen Küchentisch, dann ab ins schwarz möblierte, mit schwarzem Siffteppich ausgestattete Wohnzimmer an das schwarze Mischpult, auf den noch schwarzen Monitor glotzen. S. so weit immer noch cool. Dann allerdings musste sie sich kurz räuspern.

Nicht nur wegen des weißen Staubs oder was für ein Pulver hier sonst aus Versehen verschüttet worden war. Nie hätte sie gewagt, aus ihrem Glashaus mit Steinbrocken um sich zu schmeißen.

Man spricht ja hier nicht mit Laien, um Gottes willen, also er hatte auf einem Video, das eine Freundin von ihm während einer seiner Performances in Gittis Pub irgendwo vor der Brandenburger Seenplatte oder was, mit dem Handy aufgenommen hatte, eine Doppelhalsgitarre um den Hals. Das war ja erst mal noch nicht so verwerflich. So, jetzt vergessen wir mal ganz kurz die Qualität der Aufnahme, den Sound, oder wie man das nennen soll, auch die bodenlange Mönchskutte, deren Ärmel abgerissen waren, um seine weißen, wabbeligen, halbtätowierten – mal sehen, wann wir wieder Kohle zum Weiterstechen haben – Arme freizulegen, nein, das war ja auch noch okay. Aber Fakt war, er war ein bekennender Anhänger Marcel Marceaus, sprich, er bemalte sich sein Gesicht stets mit kalkweißer Farbe und roten Idiotenlippen. Old Marcel mag das ja gestanden haben, Gott hab ihn selig, aber dieser völlig Verirrte machte irgendwie überhaupt keine Schnitte mit seinem Outfit. Der Clou war aber, dass ihre Wenigkeit am besten hinter ihm, *weit hinten* an einem Schlagzeug, seinem musikalischen Genie huldigen sollte. Die Nummern, die S. stehen würden, hatte er schon ausgesucht, Proben sei kaum nötig, Gigs hätte er auch in petto und finanziell, da müsse sie sich keine Sorgen machen, würde er alles vorstrecken, bis alles in Gang käme, aber dann, so zwei-, dreihundert pro Performance seien schon drin.

Sehr, sehr gut. S. versprach eine Nacht darüber nachzudenken und sich bei ihm zu melden.

Da sie mit aller Macht auf der U-Bahn bestand, ließ er sie gehen.

Samstag

Am nächsten Tag stand das gerichtete Näschen in aller Herrgottsfrühe wieder vor der Tür. S. zerrte ihn ins nächstbeste Café an der Ecke, um ihm ganz diplomatisch klarzumachen, dass das irgendwie nicht ganz ihrer Vorstellung entspreche. Dass sie keine lächerliche Kopie von den *White Stripes* werden wolle, dass ihr das ständige Starren auf seinen eingepflanzten Haaransatz, alle zwei Zentimeter ein Härchen, selbst auf die Nerven ging, sein geschminktes, *to death* dreimal hinter jedes Ohr gezogene Teiggesicht unerträglich war, und sie überhaupt seine ganze Person nicht länger als einen Cappuccino aushalten wollte, hat sie ihm natürlich nicht gesagt.

»Weißte, Sharön, ich hab mich die letzten Jahre mit niemandem mehr so ehrlich und offen unterhalten könn'. Du glaubst nisch, wie jut mich dit tut, wa. Ick muss dir ehrlich sagen, so was gibt's nisch so oft, dit weeste selba, wa … für mich kann det auf Dauer nur eins heißen: Wir sind irgendwie füreinander bestimmt, wat meinste, wa?«

Damit überreichte er ihr eine weiße Orchidee, wenigstens das hatte er geschnallt, und sie verabschiedete sich auf Nimmerwiedersehen, um zu ihrem Freund nach Mexiko zu fliegen. Man sieht sich. Noch auf der Straße rief sie in der Plattenfirma an: »Sagt mal, welchen Geistesgestörten habt ihr mir da vermittelt, seid ehrlich, versteckte Kamera, oder wie?«

»Wat? Nö, warte mal, ich stell dich kurz laut, sagt mal, kennt einer diesen, wie hieß der? Ja, Rudi … Gitarrist, soll auch bei uns …«

»Ja, klar, stimmt, jetzt erinnere ich mich, das war doch der Freak, der die Briefmarken auf die Fanpost jeklebt hat, tss, der? Mit *dem* willst du …?«

»NAIIJEN! Danke, schönen Tach auch.«

Und jetzt nach Hause zur Olympus, Restmüll entsorgen.

Hätte sie eine Lesebrille besessen, hätte sie diese jetzt, auf dem Sofa sitzend, bedeutungsschwanger auf den Brief gelegt, der sich auf dem in einer Wutattacke mit Acrylfarbresten in einer Nachtaktion beschmierten Ikeacouchtisch befand, sich den Sonnenstrahlen, die durch die Balkontür hereinfielen, zugewandt und tief durchgeatmet. Aber NEIN! Herrgott, SIE waren da gewesen! Dass der Schwarze Mann ihr Leben retten würde … sie musste sich unbedingt bei ihm ... nächste Woche. Das änderte aber nichts, sie würden ihr Recht einfordern, bald.

Per Handschlag war der Vertrag besiegelt worden. Paris, Gott, womöglich hätten sich noch viel mehr Tore geöffnet, als sie sich jetzt vorstellen konnte. Tore zur Hölle zum Beispiel. Warum war ihr nur so unfassbar schlecht? Mit herzlichsten Umarmungen hatte man sie in der neuen Familie begrüßt. Auch wenn sie einen Rückzieher machen würde, so hatten sie gesagt, zum Beispiel aus »rein romantischen Gründen«, wäre ihr wirklich keiner böse. Mit Sicherheit! Den Pulli konnte man auch nach zwei Wochen wieder zurückgeben. Es half nichts. Sie waren da gewesen und sie würden wiederkommen.

Mit irgendjemandem reden, einfach über irgendetwas, das würde ablenken. Wenn sie aber zum Beispiel versuchen würden, sie über das Festnetz zu erreichen, welches in diesem Augenblick natürlich besetzt wäre, wüssten sie ... Fernseher an. Aus. Sie setzte sich an ihren Möchtegernschreibtisch und fuhr ihren Mac hoch. Posteingang. 4 Mails. Per se erst mal ungeöffnet löschen. Noch zwei Zigaretten, dann müsste S. runter, aus dem Haus in die gegenüberliegende Esso-Tanke. *Whatever*, man lebt nur einmal, also gleich beide hintereinander wegquarzen. Irgendwo werden ja noch fünf lumpige Euronen zu finden sein.

So schwer konnte das in dieser übersichtlichen Behausung doch nicht sein, im Gegensatz zu »damals« ...

Um es sich noch einmal ganz klar zu machen. Wo war sie stehen geblieben?

Rec.:

◎◎◎

In meiner Wohnung hatte sich kaum etwas verändert. Die Milben bauten ungestört an ihren wolkenkratzerartigen Schichten weiter. Es war Sommer. Ich konnte den Parka endlich weghängen. Aber auch das brachte mir nicht viel. Wir tingelten weiter durch die Kneipen, Hussein ließ mich die Korken zählen, bösartige SMS flogen von Köln nach München und zurück. Diverse Bandangebote flatterten auch ins Haus, aber durch die vielen Bierschn und die daraus resultierende Zeitverschiebung kamen leider keine Proben zustande. Das war verständlich.

Ehrlich gesagt, hätte ich mittlerweile trotz Nescafé selber nicht gewusst, wie genau richtiges Schlagzeug spielen noch mal ging. Der Kühlschrank glänzte immer noch von innen, doch bald würde ich sogar an der Quelle sitzen, ich, die One-Man-Catering-Frau für alle Fälle. Es geht bergauf, Matrosen! Vorher noch, das sei erwähnt, klingelte das Telefon, an das ich, trotz unterdrückter Nummer, ran ging.

»Jaj, du lieber Gott, warum in dräi Teufäls Namän gehst du nicht ans Täläfon? Bist du gästorbän odär was? Wie geht es dir denn, mein Mandelkrokantpralinchen?«

»Fantastisch« hab ich tatsächlich nicht gesagt, sondern, »Och, eigentlich ... ganz gut so weit«.

Fehler.

Na, das wäre doch perfekt, sie müssten eh mal wieder in der Gegend vorbeifahrän, denn irgendeine Versicherung oder der Steuerberater, der sich damals um die Pizzeria (ja, es gab eine ungarische Pizzeria in Gladbach, ein Irrenhaus ...) gekümmert hatte, hatte wohl irgendwelche Papiere unterschlagen ... *whatever*, die Eltern waren im Anmarsch. Dass sie doch bitte ihrem Mandelkrokantschnittschn ein paar selbst eingemachte Gläser Marmelade mitbringen sollten, konnte ich mir getrost sparen, ich wusste, diese Menschen würden höchstpersönlich jeden einzelnen Obstbaum aus der Straße reißen, ihn professionell verpacken und auf dem Wagendach zweitausend Kilometer herschleifen. Es würde mir an nichts mehr mangeln, für Monate. Allerdings war mein Ostflügel noch nicht ausgäbaut und ich fragte mich, wie ich A) die Vorwürfe ertragen und B) Platz schaffen könnte. Zur Not könnte man sich ja auch auf die Berge von Essen legen. Und Camping war immer schon unser Ding gewesen.

Mit Fuentez hatte es auf der musikalischen Ebene tatsächlich geklappt. Er hatte es geschafft, insgesamt drei Mal im weitesten Sinne *pünktlich* zu Beatlesrevivalproben zu erscheinen. Hammer. Das hätte *the next best thing* werden können. Doch der Sog war zu stark. Die Proben hatten Hand und Fuß, das war's nicht, aber Señor Fuentez konnte nach der Probe nie den Weg nach Hause finden, wie viele andere, und fiel immer wieder in diese Zeitschleifen, die ihn alles und jeden vergessen ließen. Auch seine Einstellungsgespräche. Fuentez war eigentlich ausgebildeter Kellner. Da wir ja alle irgendwo Leidensgenossen waren, vertrauten wir uns auch blind die unglamourösen Geschichten an.

Jedenfalls, als bei ihm zum Regen noch die Traufe dazugekommen war, und er später, aus dem Knast entlassen, beschlossen hatte, ein für alle Mal ein anständiges und verantwortungsbewusstes Leben zu führen, hatte die Frau, die er noch immer liebte, ihn satt.

Nur die Schwestern wussten über den Angriff/Zugriff/Überfall? meiner Eltern Bescheid. Na, das kannste dir vorstellen. Mit fünf Mann auf und unter diesem Küchentisch, Töpfe, Tüten, Kisten mit Rosenmarmelade *everywhere*, Tessa mit Herrn Gádji sich die Gitarre gegenseitig aus der Hand reißend, mampfend, bis der Arzt kommt, gackern, alles. Ich sag mal, so weit alles dufte. Außer die paar Tage, die Papa alleine im Musikgeschäft am Dom verbrachte, in das er mich als Kind hineingeschleppt und in der Abteilung für Verstärker vergessen und quasi die Nacht über hatte stehen lassen, blieben wir mehr oder weniger im Schneidersitz in der Wohnung sitzen. Den Dom hatten sie nicht besonders vermisst, und so kam es, dass die Beine nach einer Woche doch ein wenig nach Bewegung verlangten. Es war der Tag der Abreise, und meine Eltern rollten gerade die Schlafsäcke ein, als es an der Wohnungstür schellte.

»Ey Sharrona, *wass up*, hey ...«

»Ähm, hey, alles bestens, weißte, meine Eltern sind grad ...«

»Hey, *no way*, hey, was, lass mal sehen ...«

Fuentez schiebt mich kurz in den Hausflur und betritt die Küche. Offenherzig, wie der Spanier ist, springt er in einem Satz auf meinen Vater zu und reißt die Hände meiner Mutter in die Luft, um sie, sobald seine Pupillen das mit dem Fokussieren wieder im Griff hatten, zu küssen. Klar hätten wir alle vier in diese Küche gepasst, das hatte ja noch vor ein paar Tagen mit den Zwillingen auch prima funktioniert, aber als Gastgeberin und Tochter war ich dieser Situation nicht gewachsen. Ich stand wie eine überholte Litfaßsäule im Türrahmen und ließ den Dingen ihren Lauf. Fuentez setze sich gleich an den Tisch, als Einziger, bestellte einen Kaffee und fing an zu erzählen. Sein Fahrrad war ihm vor zwei Stunden vor der Furchtbar geklaut worden, er war sich auch nicht sicher, um wie viel Uhr jetzt der Termin mit dem Chef des Biergartens, dem Job, der sein Leben endlich verändern würde, ausgemacht war, aber ohne Fahrrad sei das ja nun auch nicht mehr zu schaffen. Ob ich einen Stadtplan oder einen Fahrplan fürs U-Bahn-Netz hätte, und was zu essen. Hicks.

Es hatte keinen Sinn. Wie sollte ich meinem Vater, dem ich bis dato genau zwei Männer, bei denen ich davon ausgegangen war, dass ich sie länger als eine Woche aushalten würde, vorgestellt hatte, erklären, warum Fuentez, noch nicht einmal Gitarrenvirtuose, mit blutroten Augen (wer weiß, was ihm die *Furchtbar* wieder gegeben hatte), kreideweiß, torkelnd und elendig nach Frittenfett, Knofi, Feigling und toter Katze stinkend um zehn Uhr morgens Ortszeit in meiner Zelle zu suchen hatte? Mein Vater verlor nicht die Beherrschung, auch Mutter wahrte die Contenance. Sie zogen sich wortlos in aller Ruhe die Mäntel an, drückten mir einen Schein in die Hand, nahmen die Schlafsackröllchen unter die Arme und wünschten mir alles erdenklich Gute.

Ob ich Fuentez vielleicht mein Fahrrad leihen oder wenigstens im Büro des Biergartens anrufen könne, seine Prepaid-Card sei alle.

Ich schmiss ihn raus.

Wirklich schade, dass Köln damals so verwüstet worden ist, ich frage mich, ob ich's hier in einer anderen Verpackung noch mehr genossen hätte. Schon wieder ein Nightliner, Mann, wann sehen die endlich ein, dass das Parken direkt vor dem nur halb so hohen Club und meiner Nase nicht nur peinlich ist, sondern überhaupt keinen interessiert! Mein Handy applaudiert. Als chronischer Morgenmuffel hatte ich mir immer schon einen Wecker gewünscht, der mich erst mit zartem und dann immer hysterischer werdendem Applaus wecken würde. Dann eben als Klingelton. Herr X. Nein, nicht im Himalaya, sondern in Köln, hinter mir, im *Blue Shell*, Geburtstag wird gefeiert. Ob ich auch kommen wolle, super Party ... So, so, nein, ich hab nichts vor, und nicht weit, aber die Stimmung, die Stimmung. Was soll's, klar, ich schlepp mich auf 'ne Brause vorbei.

Den Laden wollte ich dann doch nicht auch noch an meinem performancefreien, verregneten Tag betreten und bat »Big B«, den gewissenhaftesten und gnadenlosesten aller »Hulks« im Bereich Security, unser aller Chef herauszubitten. Gegenüber, auf dem von Tauben zugeschissenen Stufen eines Sechzigerjahre-Betonwohnblocks, nahmen wir Platz.

Das Grauweiß des bewölkten Himmels mischte sich hervorragend mit dem Mausgrau der abgeblätterten Häuserwände und ergab in dem feinen Übergang zum Zementgrau der vor Jahrzehnten geteerten Straßen und den immer noch zugelassenen, meist silbernen oder zumindest farblich unidentifizierbaren Rostlauben auf Rädern eine einheitliche Brühe.

»Na, was los, erzähl mal. Wat jenau machste eigentlich hier?«

»Ganz ehrlich, ich blick's selber nicht so genau. Toure ab und zu mit Tessa und so durch die Kneipen und ...«
»Ach du meine Jüte, na Prost Mahlzeit ...«
»Eben. Was genau hab ich eigentlich überhört. Knall? Weltwirtschaftskrise? Oder nur Sharikrise Spezial? Hab ich was verpasst, sag schon. In München, da ging doch alles noch so einigermaßen ...«
Unauffällig wie immer rückte sich der Herr Riese sein schwarzes, wie immer unbeschriftetes Käppi zurecht. Ich spiegelte mich in seiner pechschwarzen Sprechen-Sie-mich-bitte-niemals-an-Sonnenbrille und hoffte, dass ich ohne die Krümmung der Gläser etwas besser aussah. Schwarz die Hose, der Rolli, die Turnschuhe. Nein, keiner, wirklich niemand wäre auf die Idee gekommen, dass es sich hier um einen außerirdischen Kölnbesucher handelte, der in diesem Augenblick einem Stück zerfledderten Elends inmitten eines Aschenbechers eine Expertise erstellen würde.

»Tja, ick habe den Verdacht ... Ick globe, dit hängt mit allem irjendwie zusammen. Die Pandabären zum Beispiel. Wie de ja weeßt, machen die Jungs während der Balzzeit ehnen Kopfstand und wer in der Position am weitesten pinkeln kann, kriegt die schönste Braut. So läuft dit halt, verstehste?!«

Ach, verstehe. Gut, dann ist ja alles klar. Er warf mir noch die Termine für die Proben im nächsten Jahr, die verschiedenen Etappen unserer Tour an den Kopf, wir freuten uns, und ich ging durch das wiederaufgebaute Köln nach Hause. Es gab ein Leben nach dem Tod, allerdings erst in ca. zehn Monaten. Ich dankte Gott trotzdem kurz und heftig für all die spektakulären Fortpflanzungsrituale, die er für uns bereithielt und hoffte auf die nächste Sternschnuppe, die mich erschlagen würde.

Bis dahin halt Catering-Queen ...

Stopp. War da was? Nein, jetzt die Nerven nicht verlieren.

Der Verdrängungsmechanismus eines Menschen schien S. der eigentliche Segen im Leben zu sein. Man stelle sich all die Kriegsopfer in ihrem schmerzhaftesten Moment ohne das gute alte Adrenalin vor, das sie allesamt daran hindert, beim Blick auf das eigene, zwei Meter von ihnen entfernt liegende Bein nicht augenblicklich an Herzversagen zu verrecken, sondern das sie dazu bringt, die drei, vier verbleibenden Kilometer mehr oder weniger flott über Hügel, Felder und Autobahnen zum nächsten Hospital zu hoppeln. Nur deshalb traute sie sich überhaupt noch aus dem Haus. Sie musste zwar noch nicht ins Spital, weder krabbelnd noch hoppelnd, sie hatte ja ihr Fahrrad, aber eine permanente Übelkeit und ein latenter Magenkrampf, an den sie sich ab jetzt gewöhnen musste, wurden wohlig vom wunderbaren A-Typus – A wie Angst – Adrenalin ummantelt. Weiter:

◐ ◐ ◐

Bereit, meinen neuen Job im Bereich Popstar-Gastro anzutreten, nahm ich die Dienstleistung der Mitfahrzentrale Köln in Anspruch.

Hannover, wie »Hochdeutsch«. Sehr angenehm. Das Häuschen von Paulsen samt Garten und Familie. Okay, was genau soll ich hier tun? Nur Schnittchen schmieren kann's ja wohl nicht sein.

»Richtig, my Sharona, folgendes: Die *Wostocks*, kennst du ja, werden hier gleich eintrudeln und ich würde sagen, dass du schon mal ein Mittagessen für uns zauberst. Wir sind übrigens zu zwölft, und das wird die nächsten drei bis vier Monate in etwa so bleiben, vielleicht manchmal vier bis fünf Leute mehr, aber das ist ja ... Natürlich mit Vorspeise und Nachtisch. Einer von denen ist, glaub ich, Vegetarier, und einer allergisch auf Paprika. Vielleicht zum Einstieg erstmal nichts Mächtiges. Ein paar verschiedene ... na ja, Variationen ... von allem etwas, oder so. Wir essen dann im Garten. Man müsste vielleicht den zweiten Esstisch aus dem Wohnzimmer ... Denk dran, ich hab dich denen wärmstens ans Herz gelegt. Also gut, wie gesagt, die sind in etwa einer Stunde da. Vergiss nicht, für ein bisschen Ambiente zu sorgen, kannst ja aus dem Garten ein Paar Begonien zusammenstellen ... Ach ja, einkaufen kannst du gleich hier, im Großmarkt, ca. zwei Kilometer von hier, raus, links, dann wieder rechts, am Wald vorbei auf die Landstraße, und dann siehst du schon ... wenn du magst, kannst du mein Fahrrad nehmen, bis später.«

What the f... sind Begonien? In meiner Fantasie war auch das alles machbar. Wie viele Stunden hatte ich schließlich am Herd meiner Mutter zugebracht, ihr bei der Zubereitung expressionistischer Köstlichkeiten assistiert? Ja, sie hatte sogar einmal wöchentlich Seminare für mich abgehalten. An eines möchte hier nur mal erinnern, ich war neun, da hatte sie mir einen wenige Minuten zuvor getöteten, noch warmen und gefiederten Hahn in die Hand gedrückt und gesagt: »Mein flambiertäs Karamällnierchän, dein Vater und ich gehen jetzt ein bisschän spazierän, und wänn wir wiedärkehrän, hast du diesä Hahnsuppä fertig, nicht wahr?«

Mhm. Auf einem Schemel sitzend verbrachte ich die ersten zwei Stunden damit, das Tier gründlich zu rupfen und es seiner Eingeweide zu entledigen. Meine Suppen wurden eigentlich immer über den Klee gelobt. Vielleicht bin ich deshalb Vegetarierin geworden.

Es gab atemberaubende, mit frischestem Gemüse gefüllte Maultaschen, Kräuter aus dem Garten, Trüffel und drei verschiedenen Soßen, beste Weine und, und, und ...

»Sharona, du, das war schon mal exquisit, aber denk dran, je teurer du einkaufst, desto weniger an Gage bleibt für dich übrig!«

Hackfleischbällchen mit Bratkartoffeln taten's für den nächsten Tag auch.

Die Wochen vergingen, der Sommer zog ins Land, und ich brutzelte mich zu Höchstleistungen im Bereich Spitzengastronomie und Botanik empor. Keine Wiederholungen, nichts, was man in Paulsens Garten vor vier Wochen schon mal gegessen hatte. Ich sog mir die Rezepte nur so aus den Fingern. Erinnerte mich immer detaillierter an Feinheiten und konnte aus all diesen Grundlagen abenteuerliche Kreativität walten lassen. Kombinierte, verwarf, goss zusammen, entklumpte. Multitaskfähigkeit ist in so einer Standardküche, in der man aber für halbe Reisebusse kochen muss, eine Grundvoraussetzung. Wie ein Polyp zentrierte ich mich schon am Morgen in der Mitte der Küche und warf meine Tentakel aus. Ich war schnell. Manchmal zu schnell, überholte mich selbst. Frühstück vorbereiten, abräumen, spülen, Naschbares für zwischendurch vorbereiten, gegebenenfalls Einzelwünsche erfüllen, Einkaufen gehen oder dreimal mit dem Fahrrad zum Großmarkt fahren und die Athmo enjoyen. Schälen, putzen, waschen, vorbereiten, Sonderwünsche. Verliebt in die eigene Tischdeko, Ambiente, Durchzählen, Flaschen, Rhabarber vom Nachbarn holen wegen

Kuchen am Nachmittag, Vorspeise, schwierig, keiner mag Salat, weder Shrimps noch Avocado, gab's »damals« alles nicht. Abräumen, spülen, aufräumen, Kaffeemassen vorbereiten, dann Abendessen mit Vorspeise, Nachtisch, abräumen, Tagesablauf für den nächsten Tag vorbereiten, Gästebett.

Klar wurde man, wenn man sich darauf auch nur eine Sekunde auf etwas anderes konzentrieren konnte, mit einbezogen in die Familienproduktion, sogar nach der Meinung gefragt. Man trällerte die kommenden Welthits aus Höflichkeit mit, beim Spülen oder beim Hereinschleppen der Bierkästen.

»Öh, widr dr Freitagsfisch? Wie häißt der denn? Hatt'n wr damals och nich!« Alles wirklich harmonisch, auf den ersten Blick. Man war ja unter sich, weißte. Elementare Dinge, alle Abläufe waren in Fleisch und Blut übergegangen. Und doch hatte ich nicht alle zur Fleischlosigkeit überreden können. Eines Tages war es genug mit der Familienharmonie. Um wirklich internationaler zu klingen, musste auch eine *international ambience* her. Warum nicht die Produktion einfach in eine noch professionellere Location verlegen?

Expo-Gelände. Länder, Menschen, Abenteuer. Außerhalb der Öffnungszeiten im verregneten Nordeuropaspätsommer gähnende Leere, *tumbleweeds*. Alle waren sie mal da gewesen, Madonna, Tom Jones, Dings und die anderen.

Das Studio von *Bloob Gee*. Und ich durfte in allen beiden Küchen fuhrwerken. Wenn das meine Mutter gewusst hätte! Der Großmarkt am Ende des Geländes. Zu Fuß, kein Problem. Leider hatte ich immer noch nur zwei Hände. Nein, bitte keinen Bollerwagen. Wenn nur diese Durchsagen nicht gewesen wären und dieser Geruch am frühen Morgen. Ich begann eine Phobie gegen Großmärkte zu entwickeln. Das spürte ich ganz genau. Aber das ist der Preis, wenn man vom Tellerwäscher zum ...

Das Studiogebäude war ein Traum. Komplett verglast. Kameras *everywhere*, Sicherheitstechnik, vier Stockwerke, vier Aufzüge, auf der zweiten und dritten Etage jeweils eine Küche in unterschiedlicher Größe und Ausstattung. Auf dem Dach ein Vier-Sterne-Restaurant. Das bedeutete für mich eigentlich nur, dass ich mit zwei verschiedenen Chipkarten, zwei Codes im Kopf, mit fast allen Aufzügen und zwei Schlüsselbunden von einer Küche in die andere kam. Die eine hatte das, was die andere nicht hatte. Also musste ich beide benutzen, ohne dass das Essen auf dem Weg auskühlte oder sonstigen Schaden nahm. Ein bisschen ungemütlich wars schon, in die jeweiligen Etagen zu gelangen, durch die codierten und verschlüsselten Gänge, bepackt mit verschiedenen kochenden Töpfen, heißen Pfannen oder mit mit Roter-Bete-Suppe gefüllten Tellern. Erst die heißen Dinge auf dem Tropenholzboden abstellen, alle Hosentaschen durchsuchen, Kartenschlüssel bereithalten, dann die meterhohen Glastüren aufwuchten, mit dem Fuß Stopper spielen, mit dem Oberkörper versuchen, die auf dem Boden abgestellten Töpfe und Pfannen möglichst nicht auf dem millioneneuroteuren Amazonasboden hereinzuzerren, sondern Kraft meines Gummibaumskeletts in absurder Hebelposition hochhieven, hinter mir die Tür ins Schloss fallen lassen und mich schon mal auf die anderen drei Türen vor der Teeküche vorbereiten und beten, dass der Fisch in der anderen Etage nicht schon brannte. So, und das ganze achtzig bis neunzig Mal am Tag, *another* zwei Monate lang. Richtig erkannt, das mit den blöden Türen brachte mir eine chronische Schleimbeutelentzündung in der rechten Schulter ein. Weitermachen. Das Schöne war dennoch, Teil mehrerer erfolgreicher Produktionen sein zu dürfen.

Ob nun der Gitarrenhero Dings, der mir morgens mit der Klampfe seine neueste Inspiration vorspielte, während ich meine Hände gerade in einer gefüllten Aubergine versenkte, oder der im Studio lebende Newcomer aus *Great Britain*, der mir im Morgenrock, eigentlich mit nacktem Oberkörper und Calvin-Klein-Boxershorts, dafür aber mit selbst gedrehten Kräutern der Provence, seine neuen Texte vorlas, die *Wostocks*, die kurz vor ihrer Auflösung standen, mit den Anwälten verhandelten, während ich den Drummer mit verzwiebelten Händen zu trösten versuchte oder ob ich einfach am gläsernen Studio sehnsüchtig mit Pfannen an der Scheibe klebte und die Aufnahmen beobachtete – es war immer was los. Erlebnisgastronomie bekam eine ganz neue Bedeutung. Hannes, der Spitzenkoch aus dem Spitzensternerestaurant, war meine Rettung, als ich eines Morgens frische Minze weder im Großmarkt auftreiben konnte noch sich ein Taxifahrer dafür in die Innenstadt schicken ließ. Er war es auch, den ich zweimal ins *Metro* begleiten durfte und Dank seiner Spezialkarte für Gastrofacheinkäufer Dinge, die die Welt wirklich brauchte, besorgen konnte. Es lief also. Trotzdem, das betone ich ausdrücklich, lagen die Malheurchen nicht allein an mir.

Woher sollte ich denn wissen, dass diese oder jene Küche nur gewisse Kapazitäten an Qualm/Kohlenmonoxid, *whatever*, auffangen konnte? Warum hat sich denn keiner all die Jahre darum gekümmert, mal 'ne amtliche Abzugshaube zu installieren? Weltproduktionen, aber kein vernünftiges Equipment *in the kitchen*, also weißte! Irgendwie hatte ich das die ersten drei, vier Male nicht so mitgekriegt, erst als die Feuerwehrmänner mit dem Kran vor dem Küchenfenster heraufgefahren wurden. Beim letzten Mal verdrehten sie frecherweise noch die Augen und ignorierten den Feuermelder ganz. Ab da hieß es nur noch:»Ach, das ist bloß wieder unser Feuerteufel, vergiss es, halb so schlimm ...« Glücklicherweise stellte man mir die 440 Euro pro Anfahrt nicht in Rechnung. Heiter waren auch die Situationen, in denen ich, plaudernd mit meinen Gästen, gleichzeitig mit der heißen Ölpfanne in der einen hantierend und das Eintreffen einer SMS meines Ex mit der anderen Hand checkend, nach dem beiläufigen Lesen derselben, das heiße Öl aus Versehen erst über meinen, dann den Arm des Gastes verschüttete, während der Rest sich auf dem sensiblen Boden einbrannte.»Hallo! Sie ist dreiundzwanzig, schön und Koreanerin. Wir lieben uns.« Fenestil lag im Notfallkasten.

Nach drei Monaten brauchten wir, Familie Paulsen und ich, auch mal Abstand voneinander, wenigstens nachts. Das hatte sich günstigerweise biologisch bald von alleine geregelt. Schon während der erfolgreichen Sauerlandtour spürte ich eine gewisse physische als auch psychische Annäherung von Maltes Seite, dem Gitarristen der *Sofaheroes*, die sich während der Megaproduction bei Paulsens noch verstärkt hatte.

Nachdem Malte, das Multitalent, mir nicht nur sich und seine Wohnung zur Verfügung stellte, sondern auch noch gestand, dass er eigentlich ein waschechter Lübecker sei, und man doch mal seine Mutter, die dort ein verwunschenes Hexenhäuschen besaß, und die Mengstraße besuchen könnte, hatte er mich schon fast zur Hochzeit überredet. Fazit: Wir führten fortan eine Liebesbeziehung oder so.

Die erste Kohle wurde überwiesen, meine Wohnung in Köln *gesafed*. Das Finanzamt bekam auch seine Tausis wieder, aus den vergangenen Jahren des Pomp und der Gloria. Als Köchin, Packesel und Mutti mit doppelter Haushaltsführung im Genick, kann man sagen, dass ich fast so fit wie sonst während einer Tour war. Nur etwas bleicher und *definierter*. Essen ging mir aufn Sack.

Kleine Produktionspause, dann alles wie gehabt. Endspurt. Motor an, Speedy Gonzalez im Element, im Großmarkt, auf Etagen, in den Gängen, bei Hannes wegen Johanniskrauttee, Tür auf, Tür zu, welche Pfanne, welche Küche, wo ist mein linkes Bein, warum ich, wer bist du, fährt um halb zwölf noch die S-Bahn vom Expogelände ins Bett?, Feuerlöscher, noch mal gefüllte Auberginen, kann man das bringen? Mein Immunsystem randalierte wieder. Versteh ich nicht.

Niemand wird mir glauben, dass diese Platte irgendwann fertig war und Malte plötzlich meinte: »Du, ich hab 'ne supertolle Idee. Wir fahren für 'ne Woche nach Schleswig, zum Nils, meinem Kumpel, ich wollte in seinem Studio endlich meine eigene Platte aufnehmen. Da könntest du dich an der Ostsee entspannen und die Natur auf dich wirken lassen, wie wär das?«

Herrlich. Da könnte ich auch mal meine Platte im Meer versenken. Nein, ich freute mich riesig. Ein Ausflug in irgendeine Moorlandschaft hätte es auch getan. Mit Taschen, Gitarre und Tüten voller Kabel standen wir auf dem Bahnsteig. Malte hatte für eine Sitzplatzreservierung gesorgt. Auch das kannte ich. Ein Abteil nur für uns zwei. Das Gepäck wird von meinem starken Freund nach oben verfrachtet. Ich fläze mich ans Fenster und fahre mir mit meinen endlich wieder einigermaßen verheilten Händen in Gedanken so durchs wallende Haar. Und bleibe stecken. Es knackt einmal kurz. Hä? Ich nehme meine Hand hervor, schaue unter den Nagel des Mittelfingers und sage: »Äh, was ist das denn?«

»Was, warum, 'ne Zecke oder was?«, antwortet Malte, der wohl an diesem Morgen einen Clown verschluckt hat, und holt schmunzelnd die Dinkelröllchen aus der Tüte.

»Sehr witzig, nee, echt, was ist denn das, kuck doch mal ...«

»Mann, deine Phobie ist echt nicht mehr auszuhalten! Jetzt komm endlich mal runter. Es ist alles vorbei, du hast es geschafft, lass alles mal hinter dir. *Relax, Baby*, komm schon. Nimm dir die Zeit, um dieses Trauma in Ruhe zu verarbeiten, ich weiß, das wird dauern, aber ...«

Ein Frauenversteher, genau das brauchte ich in diesem Moment.

»Nix *relax, Baby*, verdammt noch mal, tust du mir auf der Stelle, bitte, jetzt den Gefallen und schaust mal nach? Ich hab doch da was am Hinterkopf!«

Genervt ja, aber doch verständnisvoll, wie der Vater eines Kleinkindes, hatte Malte noch genug Nerven, um mir auch diesen Wunsch zu erfüllen. Er wusste, was eine erneute Eskalation bedeutet hätte. Ich also, kopfüber auf die Stelle, an der ich etwas zu verspüren glaubte, hinweisend, er sich durch das dunkle Gewirr wühlend, der Zug fährt los.

Seine beruhigende Stimme war es, die mich damals so fasziniert hatte, sie war es, die ein Mensch, der ständig auf fünfhundertachtzig ist, dringend braucht. Natürlich erwartet man, wenn man aufgrund irgendwelcher Kopfschmerzen, die man selbst als Hirnkrebs diagnostiziert, dass der behandelnde Arzt einem lachend ins Gesicht schaut und diese Krankheit eben nicht bestätigt, auch wenn man danach fast ein wenig enttäuscht ist. So erwartete auch ich von meinem Intimfreund schleunigst die entsprechenden Baldrianworte.

»Oh, ja, tatsächlich ... ich glaub, nee, das ist ja ... ja, sorry, das ist doch ... noch 'ne halbe Zecke!«

Aus.

»WAAAS?! Du machst Witze! Ich sage dir eins, wenn du mir jetzt nicht die Wahrheit ...«

»Ja, Mann, es ist eine ... Scheiße, beruhig dich, warte, in Schleswig ...«

»In Schleswig? Das dauert noch *fucking* dreieinhalb Stunden, Mann, da bin ich schon lange tot! Leute, ich hab 'ne Zecke am Kopf, verstehst du das eigentlich null? Bist du wahnsinnig? Halt sofort den Zug an, ich werde sterben, eines elendigen Todes, verdammte Scheiße, ihr und eure scheiß norddeutsche Natur, wo zum Henker hab ich mir bloß diese verdreckte Zecke, eine Zecke ... Ich dreh durch ... Hilfe!«

Moment mal. Ganz kurz. Rückwärtsgang.

Irgendjemand muss denen ja die Eingangstür geöffnet haben. Kalle, wie immer quarzend auf seinem Balkon im ersten Hinterhof, alles im Blick, könnte ihr mit Sicherheit die- oder denjenigen ganz genau beschreiben, der an ihren Briefkasten gegangen ist und gleich darauf, höchstwahrscheinlich, man weiß es nicht, wieder im Novemberdunst verschwand. Womöglich hat Langhals-Kalle sogar selbst auf den Türöffner gedrückt, den fremden Eindringling ausgefragt, wie er das, zumindest mit den Besuchern von S., immer machte, und weiß jetzt Bescheid, oder vermutet zumindest, genau Bescheid zu wissen. Er könnte, falls er inzwischen auch darüber hinweggekommen ist, dass sie St. Pauli- *und* Bayernfan war, und nicht wie er natürlich Herthaner, später einmal als einziger Zeuge auftreten, vor Gericht. Was zum Henker soll S. da nur anziehen. Schwarzer Schleier, Sarg?

Eins nach dem anderen. Jetzt nicht nachlassen:

Also, *worst case* eingetroffen. Ich, die ich Tiere über alles liebe, kann mir den Sinn einer Zecke bis heute nicht erklären. Meine Oma, die im übrigen Karel-Gott-Fan/-Fanatikerin war und auf meine spöttischen Bemerkungen immer mit »Ja, ja, der ist aber im Fernsehen und DU nicht!«, antwortete, wobei, wenn sie mitbekommen hätte, dass ich Jahre später nicht nur die Bühne mit ihm, sondern auch mit Bata Illic teilte, mein lieber Scholli ... also diese Oma jedenfalls hatte ich einmal beim Herausoperieren einer Zecke aus dem Ohr meines Labradormischlingshundes beobachtet und fand diesen Anblick so grauenerregend, dass ich Gott weiß was auf mich genommen hätte, um in meinem Leben vor diesen Tieren verschont zu bleiben! Und jetzt das! Mir wurde schwarz vor Augen. Hätte ich ein Krokodil am Schienbein hängen gehabt, wäre das etwas anderes gewesen, aber am Hinterkopf ... wahrscheinlich schon lange schnurstracks auf dem Weg ins Hirn hinein! Nein, unerträglich! Ich sprang in diesem Abteil wie ein Känguru herum, in den Flur zur Ausgangstür, nichts zu machen. Es war ja kein Bummelzug, dessen Fenster ich hätte hinunterschieben können, um mich wie Paul Newman hinauszustürzen, schwer verletzt ins nächste Krankenhaus zu schleppen und mir in Gottes Namen dringend helfen zu lassen, bevor dieses Tier sein verfluchtes Ziel erreichte.

Malte rannte genauso von Sinnen die Gänge des Zuges rauf und runter und verschwand. Jesus Christus im Himmel, Herrgott, warum habe ich nicht damals in dreißig Metern Tiefe einfach weitergelacht ... Er kam zurück, alles gut: »Ich hab dem Schaffner Bescheid gegeben, er macht gleich 'ne Durchsage, falls hier doch noch ein Arzt ...«

»Achtung, Achtung, meine Damen und Herren, in Abteil achtzehn wird dringend ein Arzt benötigt, es handelt sich um einen Notfall, bitte melden Sie sich in Wagen achtzehn, es ist dringend!«

Jetzt nicht heulen, alles wird gut, verdammte Hacke, gleich wird mir einer dieses verfluchte Tier einer Rabenmutter aus der Rübe reißen, Gott, wie lange dauert das noch ...

Mitten im Nervenzusammenbruch werden die Schiebetüren aufgerissen. Sieben Ärzte, auch weibliche, stehen mit fragend aufgerissenen Augen, auf alles gefasst, mit ihren Arztkoffern in Händen vor uns: »Was ist los, was ist passiert? Um Gottes willen reden Sie doch!«

Dazu war ich nicht mehr in der Lage, ich fantasierte schon, Malte antwortete wie aus der Pistole geschossen: »Eine Zecke! Sie hat eine Zecke am Kopf!«

Stille.
»Das ist jetzt aber nicht Ihr Ernst, oder?«

Die Fachleute schauen sich an, teils entrüstet, teils beleidigt bis enttäuscht, und gehen wieder ins Bordrestaurant, um sich weiter mit Rotwein zuzuschütten. Alle außer einem, einem Graumelierten. Er stellt seinen Arbeitskoffer auf die Sitzbank, öffnet ihn und sucht. Holt routiniert sein Besteck heraus und meint: »So, nun zeigen Sie mal her ...«
»Was sehen Sie, kriegen Sie die denn auch wirklich ganz raus?«
»Na ja, Sie haben ja schon die Hälfte abgebrochen, ich kann's nur versuchen. Ob ich wirklich alles herausbekomme, kann ich Ihnen nicht garantieren ...«, und bohrt mit der Pinzette im Hinterkopf herum. »Hm, also ich bin mir nicht sicher, ich glaube, da ist noch ein Bein drin, aber wie gesagt, sicher bin ich mir nicht ... Wenn die Stelle in den nächsten Tagen anschwillt und schmerzt, suchen Sie bitte einen Arzt auf, der muss ihnen dann 'ne Spritze ... wegen Borreliose ... Wiedersehen!«

Ich brauchte dringend einen Namen für meinen neuen Mitbewohner, der sein Bein bei mir vergessen hatte. Spitze. Ein bisschen Pest, aber lang nicht so viel Cholera, wie anfangs gedacht.

»Ich brauch jetzt einen Schnaps!«

Kaum ausgesprochen, schon hatte ich diesen Satz bereut. Malte kam zurück und wusste, ab jetzt lag alles in Gottes Hand. Was er morgens in der Bordbar hatte auftreiben können war: Bommerlunder, Wodka und Mariacron in kleinen Fläschchen. In einem Aufwasch kippte ich alles hintereinander weg und rauschte vor mich hin ins Großraumwagenabteil.

Malte schleppte unser Gepäck hinterher und breitete seine Schulter für meinen schwer verletzten Schädel aus. Er ertrug mein Potpourri, das sich von »Viva Colonia« bis »Es fährt ein Zug ...« erstreckte, meinen Vortrag über die verschiedensten Zubereitungsmöglichkeiten Roter Beete und sein nassgesabbertes Hemd. Gerade wollte ich erneut lautstark zu einem Schwall wirren Zeugs ausholen, als jemand ihm vom hinteren Sitz an den Oberarm tippte.

»Malte? Ach nee, also doch ... dachte es mir schon ...«
»Mensch, Olli, was machst du denn ... wir sind auf dem Weg zum Nils ...«
»Das trifft sich gut. Ich auch. Wir müssen noch was aufnehmen ... Sorry, aber ich sitz hier schon 'ne halbe Stunde, und gezwungenermaßen hab ich ... Alles okay bei euch?«

»Ach so, ja, das ist übrigens Sharona, sie hat ... also die Zecke ... und dann der Bommerlunder ... na, du weißt schon ... alles in Ordnung soweit, ich glaub, sie ist gerade eingeschlafen ... Und sonst so?«
Permanent wurde ich wachgerüttelt, um mein Gesäge kurzzeitig zu unterbrechen.

In Schleswig fuhren wir mit dem Taxi zu dritt auf das Anwesen des Popstarkumpels. Ich war schlapp und todmüde. Was hatte ich erwartet, nach einem Liter Gift? Etwa zweieinhalb Minuten, dachte ich, wieder auf Maltes Hemd sabbernd, würde ich brauchen, um meinen Kontrollverlust zu kaschieren, einen guten Eindruck zu machen und die Begrüßungszeremonie zu überstehen. Dann würde ich mich wegen »Unpässlichkeit« aufs Höflichste entschuldigen lassen, mich ins Gästezimmer verdünnisieren und bis zum nächsten Morgen durchschlafen. Das Taxi fuhr auf das Grundstück. Riesige Kiefern und Eichen umrahmten ein märchenhaftes Reetdachbauernhaus mit Gästehäusern, Scheunen, Garagen. Vor dem wunderschönen, mit, ich sag mal, Geranien bepflanzten Vorgarten, stand eine glückliche Familie, die uns, gemeinsam mit dem frischgeborenen, noch fast blinden Töchterchen auf Mamas Arm, willkommen heißen wollte. Malte hielt mir die Tür so lange auf, bis der Rest meines Unterkörpers festen Boden erreicht hatte. Spontan, die Zeit im Nacken, fiel ich über die frischgebackene Mutter mit rosa Knäuel her. Ich bring's nicht mehr ganz zusammen, aber ich fürchte, das mit dem guten Eindruck konnte ich getrost stecken lassen. Meine Fahne muss abscheulich genug gewesen sein, um die Herrin des Hauses dazu zu bewegen, den fremden, offensichtlich drogenabhängigen Gast sofort in das hundert Meter weiter liegende Gästehaus zu entsorgen. Mein Freund tat mir leid.

Der nächste Morgen. Endlich Urlaub. Selbst geschrotetes Bircher Müsli. Frühstück auf der Veranda. Alles, was das Herz begehrt. Gott, was für ein Tag. Natürlich entschuldigte ich mich für mein Benehmen, gab aber zu Bedenken, dass dies ja auch wirklich keine Kleinigkeit gewesen sei.

»Ach was, zeig mal her, ich kenn mich mit den Dingern aus. Mein Hund ist jeden Tag voll davon. Außerdem sind die schleswig-holsteinschen Zecken ungiftig, die bayerischen, das sind die Bösartigen! Nö, ist nur leicht gerötet ... aber das ist normal, wenn man gestern darin rumgepult hat, kein Wunder. Wir beobachten das mal die nächsten Tage, keine Panik.«

Nils kannte sich aus. Schön, dass er auch über die Staatsangehörigkeit meines Mitbewohners Bescheid zu wissen schien. Entschlossen, jetzt mal wirklich

Ruhe zu geben und mir diese Luxusreise von einer namenlosen Extremität nicht verderben zu lassen, schnappte ich mir das Familienfahrrad und erkundete das Naturschutzgebiet rundherum. Abends zerrte ich die Bande vom Mischpult, um Jamie Olivers neueste Mozzarellakreation mit essbaren Blumen aus dem ungespritzten Garten und geriebener Zitronenschale zu verschlingen. Meine Beule pumpte heftiger. Verdammt noch mal, dieser Körper hatte allem Anschein nach ein Schutzprogramm gestartet, das er selbst nicht mehr im Griff hatte. Stehen war okay, aber an Sitzen und Gehen war nicht zu denken. Da auch ich nicht das Talent besaß, im Stehen zu schlafen, wurde ich langsam wieder ungemütlich. Raub mir den Schlaf, und dein Leben wird zum Straflager!

»Das kann doch nicht so schlimm sein, klar ist das Ding dicker geworden, aber du hast noch gar kein Fieber … warte doch erst mal …«

Mein Leben musste ich ab jetzt selber in die Hand nehmen. Von Musikern kann man in so einer Situation nichts Weltbewegendes erwarten. Nein, ich hatte leider noch keine 42° Fieber, aber bevor mir die wahrscheinlich hierzulande seltenen südamerikanischen Spinnen aus dem Kopf schlüpfen, werde ich der Sache heute, nach der fünften schlaflosen Nacht, ein Ende setzen! Die Männer wieder bei der Arbeit, Mutter und Kind waren versorgt, ich schwang mich auf das Hollandrad, einen Stadtplan im Blumenkörbchen, und machte mich auf.

Ein herrlicher norddeutscher Regenbogen begleitete mich bis nach Schleswig-City. Unübersehbar, ein frisch restauriertes Ärztehaus. Perfekt. Wer war in so einem Fall eigentlich zuständig? Man weiß es nicht, aber das ist ja kein Problem. Ich musste mich nur innerhalb der Hauses vom HNO zum Hautarzt, dann zum Heilpraktiker oder zum Geburtshelfer und schließlich zum Psycho- oder Physiotherapeuten hangeln. Ich klingelte beim Internisten. An der Rezeption versuchte ich die Dringlichkeit meines Anliegens verständlich zu machen und die Dame verstand auch sofort. »Na das klingt ja … aha … dann nehmen Sie doch bitte gleich im Behandlungszimmer des Doktors Platz.«

Siehste, so macht man das. Jetzt wird den Dingen mal professionell auf den Grund geschaut, und wenn ich zurückkomme, werden die schon sehen … Ha, von wegen, ist nicht so schlimm … Schwarz auf Weiß werde ich ihnen die haarsträubende Diagnose vor den Latz knallen, dachte ich, im Behandlungszimmer des Herrn Doktors sitzend.

Ein edles, geschmackvolles Zimmer im Biedermeierstil hatte der Herr Doktor da. Antikes Apothekerschränkchen, ein Loriotsofa, Mitbringsel aus Indien, kombiniert mit den selbst gebastelten Pappmännchen seiner Enkel. Das kennt jeder. Man sitzt die ersten Minuten in einem Behandlungsraum ruhig da und schaut sich erst einmal um, während man sich überlegt, was man gleich dem behandelnden Alleswisser in Weiß so präzise wie nur möglich vermitteln kann, um ihn auf die richtige Fährte zu bringen. Die kleinste Ungenauigkeit, ein einziges Verschludern einer noch so unwichtig erscheinenden Tatsache kann zu unwiederbringlichen, nicht wiedergutzumachenden Schäden, Fehldiagnosen, Odysseen, Verabreichung falscher Medikamente, daraus resultierenden Allergien, dann wieder am Tropf, das Antihistaminserum intravenös ...

Auf diesen natürlichen Gedankenstrang folgt üblicherweise der Blick auf die an der gegenüberliegenden Wand hängenden Gemälde oder Fotos. Dafür hängen sie ja auch da. Mein Blick blieb an einem Triptychon haften. Drei nebeneinander hängende Bildern unter Glas in Goldrahmen. Ich interessiere mich nicht nur für alle Sprachen dieser Welt außer Maltesisch, sondern auch für die jeweilige Schriftform. Nun schien es sich bei diesen drei Bildern um einen israelischen Spruch, vielleicht aus der Tora, zu handeln. Das nächste Mal, sobald ich wieder Knete zur Verfügung habe, dachte ich, werde ich endlich in mein Lieblingsland fliegen. Ich habe als Teenie und Twen oft mit und für Israelis gearbeitet und es unendlich genossen, meinen Namen mal im Originalton ausgesprochen zu hören: Sharon, die heilige Ebene! Ach ja, irgendwann mal ...

Man kennt auch das, da hat man sich in dem Raum einigermaßen akklimatisiert, und schon hält man es nicht mehr aus, und meint, unbeobachtet, Bilder geraderücken zu müssen. Außerdem wollte ich mir den Schriftzug noch mal aus der Nähe anschauen.

Das ist eigentlich auch der Moment, in dem man denkt, hmm, da hab ich ein ungutes Gefühl ...

Andererseits werde ich mich ja wohl in einer Praxis, auch wenn's *old* Schleswig ist, um Himmels willen wie ein freier Mensch bewegen und mir ein paar Bilder aus der Nähe ansehen dürfen. Das wird doch möglich sein! Also stehe ich auf und mache einen Schritt auf die drei Kunstwerke zu. Na, denke ich, da könnte man aber auch mal wieder mit dem Staubwedel drüberfahren, was? Aber wirklich *impressing*, muss ich schon sagen ... wer hat das denn ... der Künstler heißt wie? ... Fakt ist, mich irritierte diese Optik sowieso. Ich werde wenigstens das erste, na gut, das zweite Bild auch noch, einen Millimeter nach links schie...

Man kennt das, und auch mir ging es so. Aufgrund meiner immensen Konzentrationsfähigkeit, die mich alles um mich herum vergessen lässt, nennen wir es ruhig »chronischen Autismus«, verliere ich für eine Hundertstelsekunde das Gleichgewicht, klar, hätte ich mehr Schlaf ... weiß der Geier, jedenfalls versuche ich im Reflex blöderweise mit den Händen an den Bildern Halt zu finden, die jedoch nicht für solche Dinge gedacht sind, und rutsche seitlich ab, kippe also leicht nach links, schaue und gebe die Hoffnung nicht auf, dass ich mich in der nächsten Sekunde an dem antiken Biedermeierschrank aus ziselierten Wurzelholzblättern mit der linken Hand mit an Sicherheit grenzender Wahrscheinlichkeit würde festkrallen können.

Dem war aber nicht so.

Klar bin ich mit voller Wucht gegen diesen Schank geknallt und klar habe ich mich festgehalten, aber das Stück, die Ecke, eine Intarsienarbeit eines Holzkünstlers des späten 18. Jahrhunderts, brach ab. Zur gleichen Zeit hatte die Wucht des Schrankes, also meine Wucht gegen diesen und dieser dann mit Karacho gegen die Wand, auch die anderen beiden Bilder zu Boden gerissen. Im Flug schienen sie mir noch greifbar, wenigstens der eine Bilderrahmen einer Tora, um Himmels willen, jedoch flog ich über den mausgrau oder taubengrau überzogenen Sessel aus Rosenholz, um letztendlich mit umgefallenen und zerbrochenen historischen Kunstwerken auf dem Boden liegen zu bleiben.

Natürlich geht in diesem Moment die Tür auf, der stattliche Herr Doktor für Innere Medizin steht in norddeutscher Größe und Haltung in seinem frisch gebügelten Kittel da, schiebt langsam seine Lesebrille in sein zementgraues Haar und spricht: »So, meen Dirn, wenn se fertich sind mit der Zerstörung meines Arbeitsplatzes, dann sagen Sie mir bidde Bescheid, neh«, und schließt die Tür wieder. Das nenn ich *nordish by nature*. Blitzartig springe ich auf und versuche alles so weit wieder herzurichten und mache mich am Schluss daran, diese verdammte Ecke wieder in die Intarsie einzuziselieren, was mir aber nicht gelingt.

Jetzt bitte noch mal ganz neu, von vorne: »Also, noch mal sorry wegen eben, aber ich bin einfach durch. Folgendes ...«

Zu viel Info. Er schaut sich mein Horn an.

»Aha, oh ja, das ist doch mal ein Exemplar! Da ist aber kein Bein mehr drin, nee, kann ich mir nicht vorstellen, also das ist ganz klar, es handelt sich hier eindeutig um einen Grützbeutel!«

»Einen waaas?« *Hysterischer Lachflash.* Alles will ich haben, aber *no way* einen Grützbeutel!»Ja gut, wie auch immer, machen Sie mir den jetzt dann sofort weg, ja?«

»Nee, nee ... das könn'se mal schön vergessen, Frau äh ... die Sache ist doch die, so was kommt und geht, verstehen Sie, und jeder operative Eingriff stellt natürlich ein Risiko ...«

»Doch, doch, das wiederum, Herr Doktor, können Sie, mit Verlaub, total vergessen, was soll das heißen, es ist ein Kommen und Gehen?«

»Na hören'se mal, das sieht doch da kein Mensch und wenn'se Glück haben, ist das schon in ein paar Monaten ...«

»*What?* Nein, Sie schneiden mir, bitte, ich flehe Sie an, diesen elenden, aus dem Bein einer Zecke gewachsenen verdammten Grützbeutel raus! Bitte!«

»Sie sind wohl eitel, was? Das sieht doch da hinten keiner.«

»Dochoch, vor allem spürt das einer, nämlich mein Freund, der mir nie wieder durchs Haar fahren kann, ohne sich danach vor Ekel ...«

Es war nichts zu machen. Klassiker, ich wieder unverrichteter Dinge in die Reetfinca und Bericht erstattet.

»Siehste, wie ich gesachst hab, alles heilbar.«

Nach genau drei Wochen erlaubte mir mein G.-Beutel, mich auf ihn zu legen, ohne aufschreien zu müssen und siehe da, nach fünf oder sechs Monaten war er – samt Malte – verschwunden.

◐ ◐ ◐

Nicht jedem dahergelaufenen Gedanken gleich nachgeben, dachte sie. Aber ... *Worst case*, und daran konnte sie sich ebenfalls gleich gewöhnen, lud Kalle diese Person/en möglicherweise auch auf ein Schwätzchen und Selbstgebrauten zu sich hinein, und machte auf »gemeinsame Sache«, wer weiß das schon. Jedenfalls liest er sich, der Brief, relativ leicht.

Ganz gutes Deutsch, und so klar, eindeutig und bestimmt. Das zeugt von dem unverwüstlichen Charakter eines, sagen wir, souveränen bis leicht erhitzten Gemüts, dachte sie.

S. musterte noch ein letztes Mal den Brief, nahm ihn zwischen zwei Finger, wie man im Versuchslabor eine infizierte Ratte mit einer Pinzette aus dem Glaskäfig nimmt und ließ das DIN-A4-Blatt in ihren Mülleimer unter der unsanierten Spüle fallen. Nun war es also so weit. Quasi »wir wissen, wo dein Haus wohnt«. Sie nahm die Olympus in die andere Hand, bevor das Plastik zu schmelzen drohte. *Time was running!*

⓪ ⓪ ⓪

November, Dezember, Zeit, sich mal wirklich zu erholen! Marlene lud sich auf ein Käffchen bei mir ein. Ihre Recherchen haben wieder hanebüchenes ergeben. Mein Gott, diese Amerikaner, das ganze Pentagon, alle führen uns so an der Nase herum ... Marlene, Schätzken, mahne ich, mach keinen Quatsch, ich hab keine Lust, dich bald im Bau zu besuchen. Apropos, es liege in der Luft, sie spüre das genau, es sei an der Zeit, nach Berlin abzuhauen. Schließlich sei ihre verstorbene Mutter Berlinerin gewesen, und in Berlin hätte er – später dann sie – mit der Dietrich die schönste Zeit ihres Lebens gehabt. In ihrer Wohnung schmiedeten wir Zukunftspläne, denn dort gab's Fusel und den mit dunklen, jahrzehntealten Samtstoffen behangenen Wänden und Decken, von denen Leuchtgirlanden und Federboas herabhingen, machte der Rauch auch nichts mehr aus. Wir kamen in Schwung, das Bild war eindeutig: Potsdamer Platz, besser gesagt gleich am Marlene-Dietrich-Platz, würde sie eine Art Telefonzelle mieten, die jeden Tag mit Champagnerkisten vollstünde. Sie selbst, Marlene, wer sonst, würde sich in glamourösester Montur vor dieser kleinen Bar von japanischen Touristen für 10 Euro pro Foto vor dem Dietrich-Museum fotografieren lassen. Das Glas Champagner, oder ihretwegen auch Rotkäppchensekt, würde extra kosten, logisch, 'ne runde Sache. Abends könnte man die Kisten und die Gläser zurück in die Telefonzelle stellen, diese, weil sie auf Rollen stünde, in die Arkaden schieben, und dort einbruchsicher bis zum nächsten Morgen, man müsse sich ja nicht totarbeiten, also sagen wir, bis zum nächsten Samstag, verwahren. Von *business* verstand sie einiges. Außerdem hatte sie noch genug Bekannte in Kreuzberg, von früher, Hausbesetzerzeiten und so, und da die meisten schon längst aus dem Bau raus sein müssten, wäre das sicher kein Problem, vorübergehend bei ihnen zu wohnen.

»Und dann, Schätzken, hol ich dich nach, weißte, wenn allet steht, ne?!«

Perfekt, geh nur schon mal vor, Marlenchen ... Tja, wenn nur alle so visionäre Pläne geschmiedet hätten.

Die Weltwirtschaftskrise schien sich auch auf das Zwischenmenschliche ausgebreitet zu haben. Nichts war mehr so wie noch vor meinem Grützbeutel. Fuentez hatte es sich endgültig mit allen verscherzt. Keine Lokalität, in der er noch gefahrlos einen trinken oder sonst was hätte machen können, Gerd war seit zwei Monaten spurlos verschwunden, man vermutete Schlimmstes, Hussein musste alle seine Läden indes alleine schmeißen und beschloss nach mehreren zwar kurzen, aber umso intensiveren Krankenhausaufenthalten, alles in Tüten und einen sicheren Alukoffer zu verstauen und zurück zu seiner Familie an den Bosporus oder in die kargen Berge zu kehren.

Büro Mara teilte mir betroffen, doch letztendlich erleichtert mit, die *Bombas-Combo* als solche, in dieser Formation also, hätte sich aufgelöst. Die Fans, das hätte man ja im Gästebuch genau gemerkt, wären total am Ende gewesen, und doch ... was willste machen.»Leben geht ja weiter ... Prost ...«

Herr de Hoop arbeitete nicht mehr im MTC. Er wollte sich endlich mal um Historisches kümmern. Eine Handkamera, ein Tonmann, er – und ab nach Afrika. Menschenfressende Löwen beobachten. An der Elfenbeinküste, Thema: ›Sklaverei und Elfenbein um 1749‹, das wär doch was für ARTE, oder? Wir verabschiedeten uns, und ich war ein wenig neidisch, denn ich wusste, das wird was ganz Großes!

Auch mein lieber Freund Pommes hatte inzwischen eine spezielle Lebensaufgabe für sich entdeckt. Er träumte nicht mehr, umgeben von Tintenpatronen, herum, nein, er wollte der Wahrheit ins Mark schauen. Was heutzutage mit den Waffengesetzen los sei, sei unverantwortlich, feige und überhaupt! Natürlich gäbe es Munitionsentsorgungsbetriebe, aber zur vorgesehenen Entsorgung der Waffenmunition käme es meist gar nicht, denn diese würde auf dunklen Pfaden weiterverscherbelt werden, meistens in afrikanische Staaten, in denen gerade Bürgerkrieg herrsche ... Aber auch hierzulande, an den Schulen, das sei doch nicht mehr mitanzusehen, wie die Penns sich gegenseitig mit Knarren und Messern ... Prävention sei das Stichwort! An Schulen eine Klappe für Jugendliche errichten, die nachts anonym ihre Lieblingswaffe entsorgen könnten. Er selbst würde sogar einen Bus mit Klappe bauen, und das Arbeitsamt würde ihn da sicher unterstützen! Das hörte sich auf jeden Fall realistischer an als alles, was ich in den letzten Tagen von der restlichen Gang vernommen hatte.

Diese allgemeine Aufbruchstimmung versuchte ich mir ebenfalls zunutze zu machen, indem ich erst alle Finanzamt-Altlasten und Mieten ausglich, und ganz und gar bereit war, mich um einen Proberaum zu kümmern. Für mich ganz alleine, mich endlich wieder um meinen eigentlichen Beruf kümmern. Und einen Nebenjob – also das müsste man mal sehen ... Um Gottes willen, bitte nie mehr: »Schärönn, sei ehrlich, wie alt ist dieser Fisch diesmal?«

An Heiligabend und Silvester mussten andere ran. Einen achtzehn Jahre alten Fernseher hatte ich einer Familie aus Rodenkirchen für 35 Euro abgekauft. Meine Hände und andere Schrammen waren längst verheilt. Zeit ist Ausdauer mal Kraft durch Arbeit gleich Geld.

Nicht für Pommes. Er wollte nicht mehr. Er hatte es satt, dieses falsche Spiel der Politik mitzumachen. Mittlerweile hatte der BND ein Auge auf ihn geworfen. Das klang spannender, als es war. Man legte ihm zu viele Steine in den Weg zu einer besseren Zukunft, für eine bessere Welt. Mit dem Thema Waffen schafft man sich nicht nur Freunde an den Hals. Wir tranken unseren Rooibos-Vanille-Tee vor seinem Patronenladen, ohne Herrn de Hoop – der hatte ja anscheinend Größeres vor –, und Manni eröffnete mir seine Entscheidung: Er hatte einen an der Hand, der ihm einen Wagen verkaufen könne, das Geld hatte er sich, nicht nachvollziehbar, andererseits nahm er ja nichts zu sich außer Bier, zusammengespart. Nein, nicht zum Herumgurken, sondern als Wohnung!

Also noch mal: Manni hatte seine Wohnung gekündigt, um in ein Auto, ohne Motor, einzuziehen. Dieses durfte er bei einem Pärchen auf dem Land im Garten abstellen. Gemüse direkt aus dem Garten, den Rest müsse man sich halt mit Pfandflaschensammeln dazuverdienen. Gut. Konsequent zu sein kann ich nur befürworten, aber ich war mir nicht ganz sicher, ob man diesen Plan nicht erst im Sommer anpacken sollte. Aber jeder bringt sich bekanntlich auf seine eigene Weise um.

De Hoop kannte einen DDR-Star aus den Achtzigern, Erich Brandel. Ach Gott, mit wem der schon alles ... aber in seinem Studio sei noch genug Platz für eine Bedürftige, die ab jetzt, drei Monate vor der nächsten *A.X.T.*-Tour, wie eine Besessene üben musste. Direkt auf der Verlängerung meiner Straße, des Luxemburger Walls, in etwa fünfhundert Metern Luftlinie, stand auf einem verwahrlosten Gelände die Abrissbaracke unter Bäumen. War das nicht wieder ein

Zeichen? Absolut. Keine Zeit verlieren, sagte ich mir, raus aus den Zeiten der Cholera, Blick nach vorne, Männer, weiter geht's!

Ach was, Haken, wieso soll es einen Haken gegeben haben? Meine Miete war bezahlt, mit der Kohle würde ich noch zwei bis drei Monate auskommen und tägliches mehrstündiges Üben war offensichtlich auch drin, genial.

Meine erste Begegnung mit Erich war nicht das, was man sich nach langer Dürre auf verworrenen Pfaden so vorstellt. Klar, Erziehung, persönliche Schikksalsschläge, all das macht einen Menschen nicht lockerer. Aber mit entsprechendem gegenseitigen Entgegenkommen waren wir auf der sicheren Seite. Erich versprach mir den größten Ärger, wenn herauskäme, dass ich dort übe. Es sei ein Gemeinschaftsproberaum mit Studioequipment im Wert von Weißdergeier, und falls seine Kollegen mitbekämen, dass ich, eine Wildfremde, dort mein Unwesen triebe, dann gute Nacht!

Aber für mich würde er alle Augen zudrücken, Musikerinnen müsse man fördern, ich mache ja einen vertrauenswürdigen Eindruck auf ihn, und von daher durfte ich morgens von sieben bis zehn, manchmal elf Uhr spielen. Auf meinem eigenen Schlagzeug selbstverständlich, das ich morgens herbringen und nach dem Üben, drei Stunden später, wieder mitnehmen möge. Für eine wöchentliche Apanage von fünfzig Euro.

Im Baumarkt gab es kleine Bretter mit Rollen, die waren perfekt, um die einzelnen Trommeln über die Kreuzung und die paar hundert Meter weiter bis zum Bunker zu schieben. Nichts sollte mich jetzt von meiner Trainingsvorbereitung für den kommenden Wettkampf ablenken. Ich bekam zwar den Schlüssel, aber Erich war vorsichtshalber immer da. Gott war glücklich, als das Set am ersten Tag diese trübe Hütte in gleißendes Licht verwandelte und mit mir sprach. Halb elf, spätestens, wieder abbauen, bevor jemand kommt, die Kohle abgeben und das ganze Zeug eins nach dem anderen abtransportieren. Erst die Stative von A nach B tragen, dann die Toms, das geht ja auch die ersten vierzig Male locker, und dann die Bassdrum auf dieses elende Rollbrett stellen und los.

Ja, klar klingt das easypeasy, aber es existiert leider eine Straßenbahn auf dem Luxemburger Wall! Und dieser Straßenbahn war es scheißegal, ob ich mit den verdammten Rollen in den verfluchten Schienen stecken geblieben bin, diese dann, ob meines panischen Hin- und Hergezerres abgebrochen sind, sodass ich die heruntergerutschte Bassdrum auf ihrer nackten »Black Oyster«-Lackierung, *Ringo-Starr*-Edition, auf dem Asphalt weiter herumschieben musste, um uns alle noch retten zu können. Summa summarum: auch dies eine wertvolle Zeit. Ich hatte meinen *shit* letztendlich drauf, ich war bereit für große Zeiten!

◐◐◐

Selbst wenn sie nebenbei noch Geld gefunden hätte – das Haus zu verlassen wäre wahrscheinlich Selbstmord gewesen.

Sicherlich hatte S. die Wohnung so eingerichtet, dass sie sich wohlfühlte, also fast leer gelassen, und das aus gutem Grund. Sie wollte mobil bleiben, um, falls es zum Beispiel eines Nachts brennen sollte oder eine andere Wohnung oder Stadt in Aussicht stünde, alles mit einer Hand in Minuten ausräumen zu können.

Das war sie schließlich gewohnt.

Einen Küchentisch in der üblichen Form gab es nicht. Da war ein hübscher kleiner original Fünfzigerjahre-Tisch mit getrockneten Gingkoblättern auf der darüber befindlichen Étagère. Der Schreibtisch im Wohnzimmer der Zweizimmerwohnung war in Wirklichkeit ein Tapeziertisch, also eine dünne Pressspanplatte auf zwei Böcken, folglich auch unbrauchbar, um das Böse am Hereinstürmen zu hindern. Das Sofa, Gott ja, aber im aufgebauten Zustand hätte sie es weder anheben geschweige denn durch den Türrahmen in den Flur vor die Wohnungstür zerren können. Schrank? Sie hasste Schränke. Also Vogel-Strauß-Technik.

Am besten konzentriert weiterflüstern:

◐◐◐

Anfang April. Das Management von *A.X.T.* meldete sich und gab die Daten für die Probewochen in Berlin durch.

Diese Nachricht von der anderen Seite, der Sonnenseite, Gott, hab ich sie vermisst! Bald würde ich wieder ich sein dürfen, bald würde ich endlos das machen können, was mich am meisten glücklich macht. Ein glitzernder Kran war bereits auf dem Weg, mich aus dem Morast in luftige Höhen zu hieven.

»Du, aber dieses Jahr sind's nur ca. zehn Festivals, 'ne echt kleine Tour, mit Pausen, aber nächstes Jahr, da macht ihr erst mal 'ne Platte und dann, im Herbst oder so, geht's richtig los, ne?!«

Dann kappe ich eben die Reißleine selber, nichts einfacher als das. Ein letztes Mal die Bassdrum ohne Rollbrett an den Schienen entlangschrabben, Mara den Alukoffer zurückgeben, Pommes, Herrn de Hoop und den *Bombas* alles Gute wünschen. Meine Vermieterin war *happy*, einen Unsicherheitsfaktor weniger in ihrem Leben zu haben und gab mir die Kaution unverzüglich zurück. Tessas Vater reiste noch einmal aus dem Badischen an und lud seine Leihgaben wieder ein. *Another* Abschied, aber in diesem Fall war absehbar, dass ich bald mit echter Band vor Ort gastieren würde, daher hielt sich meine Trauer in Grenzen. Die meisten meiner Kumpels waren sowieso durch ihre Recherchearbeit in anderen Welten verschwunden.

Die Autovermietung gab mir einen funktionierenden Kleintransporter und ich cruiste mit Schlagzeug und Fahrrad nach *Munich*. Meine *Hoovergirls* freuten sich, ich freute mich und zwei Wochen später hatte ich in der Innenstadt mit Freundeshilfe eine WG ausfindig gemacht, die noch eine Mitbewohnerin gebrauchen konnte. Ein weißer, kahler Raum. Eine Matratze, mein Computer, Holzdielen und mein Set. Ich besorgte mir weiße Bettwäsche und weiße Jalousien. Entspannung für die gebeutelten Augen. Endlich wieder eine vertraute Umgebung, die Luft am Morgen, wenn man über den Viktualienmarkt schlendert, stundenlang an der Isar entlangjoggt, ohne dass der Ex einem entgegenlaufen konnte, da der inzwischen in eine andere Stadt gezogen war, am Seehaus im Englischen Garten eine Apfelschorle schlürfen ... Jesus, ist das Leben schön! Die Miete für das Zimmer, 500 Euro, mussten auch erstmal bezahlt werden, also: Job suchen. Keine Chance, wenn ich sowieso in zwei Wochen in Berlin bei den Proben sein muss, und danach direkt in den Nightliner ... Nightliner – wie das klingt ... Also musste ich mir einen Vorschuss beim *A.X.T.*-Management genehmigen lassen.

Dafür, dass ich gefühlte zehn Jahre nicht mehr richtig gespielt hatte, war ich relativ brauchbar. Erichs Barracke hatten mich tatsächlich gerettet. Bei den Proben in Berlin: *same thing again*, Tessa, Sandy und ich wurschtelten uns schon mal durch die alten Songs. Zugegebenermaßen war die Stimmung zwischen meiner Lieblingsgitarristin und mir nicht so flockig wie gedacht. Wir verbrachten eine nervenaufreibende, sehr lange Zeit miteinander, der ein oder anderen Unstimmigkeit wurde manchmal relativ harsch Ausdruck verliehen – um es auf den Punkt zu bringen: Wir gingen uns auf'n Sack. Aber richtig. So was verläuft sich jedoch in dem Moment, in dem die anderen acht bis zehn Musiker dazustürmen. *Basically* Stimmung okay, Unterkunft im Hotel Étap okay, besser als Luxemburger Wall, Frühstücksbuffet plündern, weil sonst den ganzen Tag nichts zu mampfen, okay, vor den Proben durch den Tierpark laufen, wunderschön. Eigentlich immer noch 'ne ziemlich dufte Stadt, dieses Berlin, dachte ich in meinem jugendlichen Leichtsinn.

Den ganzen Tag mit den Mädels proben, da hatte ich noch nicht mal Lust, zum Potsdamer Platz zu latschen, um Ausschau nach Marlenes Telefonzelle zu halten, na ja, beim nächsten *A.X.T.*-Zwischenstopp dann ...

Ich bin mir sicher, dass sich meine DNA um weitere 180° gedreht hatte, in dem Moment, als die gesamte Horde aus dem Nightliner, ich sagte: Nightliner, das erste von zehn Festivalgeländen stürmte. Das kann sich kein Mensch vorstellen.

Es wurden Gott sei Dank doch noch siebenundzwanzig Tour-Termine, unter anderem auf dem tollsten Festival ever, dem Gurtenfest, wo selbst die Dixiklos aus Gold waren und einem beim Öffnen der Tür ein Hauch von Chanel N° 5 entgegenflog. Die Schwiezer ...

Drei Mal Große Freiheit, für mich als Beatlesfan immer wieder unvorstellbar, MTV Campus, Philipshalle, in der ich mit Vatern vor hundert Jahren die *Shadows*, damals noch mit Cliff Richards, anschauen musste, dann der Knaller: Rheinkultur Festival, neunzigtausend Freaks, wabernde Massen bis zum Horizont, Wahnsinn! Trier, Weltkulturerbe. Wir sind die Nacht durchgefahren, morgens um sieben stand unser Haus auf Rädern direkt auf der Wiese über den denkmalgeschützten Thermen. Alle Mann raus: Tätowierte Securities, übernächtigte, noch mit Rotwein bepegelte männliche und weibliche Bandmitglieder, ich, mit schäumender elektrischer Zahnbürste und Sonnenbrille, halb nackt, es war Sommer, stapfen in die historischen Ruinen, wo eine Gruppe von Rentnern mit Fotoapparaten kopfschüttelnd den Bus hinter dem Betreten-verboten-Schild beim Einsinken in das einst Römische Bad beobachtet. Man holte die Polizei. Sicher, auf den ersten Blick sah das nach einer Horde Zuhälter und Krimineller aus, die ihre im Osten geraubten und zur Prostitution gezwungenen Weiber kurz die Beine haben vertreten lassen, aber ...

Wie auch immer, bei all den entzückenden Erlebnissen auf Klassenfahrt, wer denkt da schon an laufende Kosten, Steuerberater und die Zukunft der Börse?

Die Tourpause von zehn Tagen nutzte ich, um schnell und billig ans Meer zu kommen. Nur einmal wieder ins unendliche Nass eintauchen, hätt ich mir das nicht gönnen sollen? Nein, hätt ich in der Tat *nicht!* Als Fremdsprachenfetischist bin ich für alles offen. Aber diese Mixtur dreier verschiedener »R«, die arabische, die italienische und die englische Version, ließ am ersten Tag schon Krebs aus meinen Ohren wuchern. Gott, es hätte so schön sein können. Man kennt die Geschichte der Malteser, aber das ist doch schon so lange her. Hätte man sich nicht in der Zwischenzeit zumindest um die Esskultur kümmern können? Wenn es schon keinen Strand in dem Sinne gab, dafür konnte ja nun keiner etwas, hätte man diese verdammten messerscharfen Felssteine dann nicht wenigstens an einer Stelle so abschleifen können, dass ich mir nicht zentimetertiefe, blutige Wunden am Rücken holen musste? Gut, ich bin auch so irgendwie ins Wasser gekommen und reiste nach fünf Tagen ab.

Nicht dass keiner damit gerechnet hätte, dennoch, es stellte sich heraus, dass der Rest der Tour nicht unter diesen Umständen weitergeführt werden konnte – die Hallen platzten aus allen Nähten. Es gibt nichts Schlimmeres als stinksaure Fans, die keine Karte mehr ergattern konnten, sodass uns nichts anderes übrig blieb, als in doppelt so große Örtlichkeiten auszuweichen mit noch kommoderen Backstageräumen.

Herrlich, wie die Zeit verging, die Lachmuskeln wuchsen, und als wir eines Tages wieder nach Hause fanden, musste jeder von uns mal kurz den Kühlschrank entkalken und nach der Post sehen. Aber nur kurz, denn: Nach der Tour ist vor der Produktion!

Und eine wirklich anspruchsvolle Produktion kann nur in einem entsprechenden Ambiente entstehen, da kannte man sich aus bei *A.X.T.* Die Kosten in L. A. waren in diesen Jahren gerade für ausländische, beziehungsweise deutsche, Bands erschwinglich geworden, um nicht zu sagen, alles war mittlerweile billiger, als am Starnberger-, Ammer-, oder Chiemsee aufnehmen zu müssen. Klingt vor allen Dingen auch tausendmal besser, beim Lesen der Innenseite des Covers. Jetzt nur kein Neid, dachte ich, als ich meinen Hand-Trolley an den Economy-Warteschlangen vorbei zu den anderen Gepäckbergen in die Lufthansa-VIP-Lounge rollte. Am L.A. International Airport stehen drei Großraumlimos, mit denen unsere Mannschaft nach West-Hollywood kutschiert wird.

Die 560 Quadratmeter große Zwanzigerjahre-Villa des berühmtesten Organisten Edwin Lemare, der es in der Anfangszeit der Hollywoodfilmstudios zu einem beachtlichem Vermögen gebracht hatte, quetschte uns Musikanten doch noch den letzten Rest Enthusiasmus aus den Knochen. Bessy, die Tochter, und deren Mann Greg, die Nachlassverwalter des Mr. Lemare und aus finanziellen Gründen Vermieter seiner Villa mit Pool und Seerosenteich samt Koikarpfen sowie des Rests des 5000 Quadratmeter großen, mit Dattelpalmen und Pinien bepflanzten Geländes, freuten sich irrsinnig auf die ausländischen Gäste, die während der schönsten Monate des Jahres ein bisschen in ihrem Pool planschen, wilde BBQ-Partys veranstalten und sich mit all ihrem Talent zu überwiegend nachtschlafener Zeit an dem *Bernstein*-Flügel ihres Herrn Vaters zu schaffen machen durften, indes Bessy und Greg sich in die 30 Quadratmeter des ehemaligen Werkzeugschuppens zurückziehen und die Grundfeste ihrer Ehe überprüfen mussten. Die ganze Gegend, so Greg, bestehe aus vermieteten Villen, in denen internationale Größen des Pop-Business ihre Goldenen einspielen.

Mike T, ein Drummer, der am selben Morgen im Studio mit Alice Cooper ein paar Nummern eigespielt hat, gesellte sich in den nächsten Tagen auch gerne an den Pool des weltberühmten Organisten, dem übrigens der Staat Kalifornien eine eigens für ihn gebrannte Kachel mit dem Titel seines Evergreens »Moonlight and Roses« an der tiefsten Stelle des Pools einbetoniert hatte. Mike war begeistert von der *A.X.T.*-Produktion, *amazing*, meinte er, er wäre, wenn es denn seine Zeit erlaube, wirklich bereit, auch nach *Germany* zu kommen, um sich dort das *Musicbiz'* anzuschauen. Er wäre sowieso in ein paar Monaten dort, irgendwo in *Old Europe*, unterwegs und könne sich durchaus vorstellen, bei ein paar Produktionen mitzuwirken.

Die Gebrüder Thorsten und Paul, die sich in den Achtziger-Jahren mit *Dance*-Produktionen einen eigenen Berg in den Hills sowie eine goldenen Nase verdient hatten, luden auch gern mal zum Aperitif ein. – Einen Stadtplan oder Kompass hätten sie am Eingang zur *mansion* verteilen müssen, dann hätte man gewusst, auf welchem Breitengrad sich der nächste der *23 bathrooms* befand.

Eine herrliche, sonnendurchflutete Produktionsphase stand uns bevor. Wer auch immer auf welcher Etage völlig verschwitzt oder nur gelangweilt war, konnte sich mit einem Satz in den jeweiligen Pool werfen, sich von den Angestellten alle erdenklichen Drinks servieren lassen oder sich auch mal selber um ein paar Snacks in einer der soundsovielen Küchen bemühen. Frisch mit Papayasaft benetzt, konnte am Nachmittag – zur Mittagszeit arbeiten ist bekanntlich sinnlos – allmählich die nächste Runde eingeläutet werden. Zeit war in diesem Fall kaum Geld.

Nach dreieinhalb Monaten und unter Tränen, echte oder nicht, verabschiedeten uns *old* Greg und Bessy und wünschten uns *great success,* sie glaubten an uns, *awesome,* auf Wiedersehn. Kaum zu Hause angekommen, ging der Stress schon weiter. Das extrem coole Video zur Singleauskopplung musste noch gedreht werden. Die Frage war nur: wo? Ambiente und Athmo sind bekanntlich auf den Bermudas ganz hübsch, obwohl Malaysia auch was für sich hat, sagten die einen. Möchtegern-Demokratie unter einem Dutzend Leute kann schon mal 'n Stündchen dauern, die Welt ist groß. Nächstes Jahr könnte man übrigens mal ein Live-Album herausbringen oder/und eine DVD, mal sehen. Aber eventuell auch erst im Übernächsten. Ich könnte ja in der Zwischenzeit eine Ausbildung als ... na, im Bereich Sport oder Fotografie, oder ... ach, die Palette meiner Interessen war riesig, da würde mir schon was Passendes einfallen. Ich hatte ja noch fast so gut wie ein Jahr. Vielleicht sogar 'ne Band gründen ...?

Der Herbst wurde ausgiebig genossen in *Old Munich.* So auf Besuch – keine schlechte Stadt ... Dann endlich die Eltern am Balaton besucht, auf Vaters Brett den Surfschein, gültig sogar in Österreich, gemacht und mich auf den Umzug nach Berlin vorbereitet. Die Wohnung tipptopp. 59,9 Quadratkilometer, Jesus, was sollte ich mit so viel Platz? Die Vormieterin verkaufte mir noch ihren Kühlschrank, einen Ikea-Tisch und die fünf Meter hohen Gardinen für läppische vierhundert Euro. Stuck, Dielen, Badewanne, Balkon. Als Großgrundbesitzerin, quasi, ließ ich es mir nicht nehmen, täglich durch die herrschaftlichen Räumlichkeiten zu stolzieren. Immer noch hatte ich eine Farbphobie und hielt alles, soweit es ging, und es ging sehr weit, in Schneeweiß. Berlin. Halligalli im Meer der Freiheit ...

S. konnte ihre Übelkeit kaum unterdrücken. Es war ihr fast fünfter Winter in dieser Wohnung, man mag es kaum glauben, und der kälteste. Topgegend, aber unsaniert. Die letzten zwei Winter hatte sie Gäste, haarige Gäste. Eigentlich war sie ein leidenschaftlicher Tierfreund, aber Mäuse im Brotkasten war dann doch ein wenig *too much.* Der Wasserkocher musste mal entkalkt werden ... – ein andermal. Einen schönen heißen Kräutertee, vielleicht noch irgendwo einen Kerzenstummel finden, ein dickes Buch, aufs Sofa fläzen, die Schafswolldecke bis zu den Ohren ziehen und kurz auf »Pause« drücken. Wenn diese ständige Übelkeit nur nicht wäre. Irgendwie schlauchte die Gesamtsituation enorm. Gott sei es gedankt, eine einzige armselige Zigarette lag im Flur zwischen den Schuhen auf dem Boden. Sie ging auf den Balkon und rauchte. Wenn man nicht mehr zwischen dem eigenen Atem und dem ausströmenden Rauch aus der Lunge zu unterscheiden vermag, ist es kalt. Schluss jetzt. Ruhe bewahren, verdammt. Sie musste nachdenken.

Scharf nachdenken, denn die Kohle, die sie bekommen hatte, war ja gleich für die Schulden draufgegangen, was trotzdem nichts am Inhalt des Kühlschranks geändert hatte. Weg. Alles. Futsch. Auf Nimmerwiedersehen. Tschüssikowski und Adieu. Hauptsache, das Finanzamt gab endlich etwas Ruhe. Und der Steuerberater und all die anderen. Alternativ hätte sie natürlich auch höher pokern und ihr Versprechen einlösen können, sicher, im Knast gibt's bestimmt auch 'ne gut ausgestattete Bücherei …

Nachdem sie sich übergeben hatte, nahm sie die Konversation mit ihrem neuen Freund wieder auf.

◎◎◎

Bis zum Winter. Ohne Schnee keine Reflexion. Das Gemüt blieb duster. Auf dem Konto noch so viel, dass ich mir grob vorstellen konnte, abzüglich der Kosten für meinen bayerischen Steuerberater und der Vorsteuer, noch bis zu den nächsten bezahlten Proben im September auskommen zu können. Weit mehr noch, ich könnte vielleicht sogar einen Traum wahr machen und wie normale Leute auch, endlich mal in Urlaub fahren und *Aunt Rosi* in Sidney besuchen. Schließlich war sie sich auch nicht zu schade gewesen, mich in den Trümmern ihrer einstigen Heimat Köln aufzusuchen, auf ihrer Europaexpedition. Ich hatte sie gleich entdeckt, als sie aus der Straßenbahn ausstieg, obwohl sie mir nur vom Hörensagen bekannt war. Sie ist die Cousine meines Vaters, die mit ihrer Familie aus Ungarn nach Köln ausgewandert war, um dann, wie so viele in den siebziger Jahren, zumindest aus unserer Mischpoche, entweder nach Kanada oder Australien weiterzuwandern. Es lag im Blut, was soll's, wenn nicht jetzt, wann dann? Auf die Schnelle eine Umschulung zum Siebdrucker zu machen, hätte nicht viel Sinn gehabt.

Frau Spontan ließ in Aussie-Land einmal kurz durchläuten, sich den sehr willkommenen Empfang bestätigen und dann ab ins Reisebüro. Ich schwöre bei Gott, ich hätte mir im Leben nie träumen lassen, das sehr vage Versprechen, das ich *Aunt Rosi* damals in der Frittenbude am Barbarossaplatz, in meine Dusche konnte ich sie ja nicht einladen, gegeben hatte, sie eines Tages zu besuchen, so schnell einlösen zu können. Neuer *input*, neue *family*, mal kurz im Busch durchdrehen, genau das musste jetzt sein, man lebt nur einmal.

Fliegen und Tauchen, nichts ist schöner, aber nach 27 Stunden war mir auch das egal. Ich legte mich immer wieder in den Gang des Fliegers und ließ alle über mich steigen. Nachts, oder was für eine Jahreszeit das auch immer war, kamen nicht mehr so viele Duty-Free- und Getränkeschränke vorbei, und man ärgerte sich nicht mehr so sehr über mich.

Ankunft Sidney Airport. Vor mir stand die coolste Tante. *Yes! Aunt Rosi* im Trapper-Outfit und mit Jackie O.-Sonnenbrille vor ihrem roten Pick-up. Wir beömmelten uns vor Freude und fuhren die Küste entlang nach Terrigal. Sonnenklar, ich bräuchte mich nur noch um die Papiere zu kümmern, und dann hätte ich hier mein neues Zuhause. Bands gibt's am Ende der Welt schließlich auch. *Aunt Rosi* sprach noch ganz gut Deutsch, eher Kölsch. Ihr Ungarisch mit englischem Akzent klang auch sehr erfrischend. Nach einer knappen Stunde bogen wir von der Küstenstraße einen kleinen Hügel, auf dem sich viele kleine individuelle Einfamilienhäuschen eine traumhafte Sicht auf das Meer gesichert hatten, hinauf und einen unübersichtlichen Schotterweg steil wieder hinunter, durch wild gewachsenes, grünstes Gemüse. Hätte man den Wagen einfach rollen lassen, hätten wir ruckzuck im Wohnzimmer gestanden. Die beiden gigantischen Bäume, lass es Eukalyptus gewesen sein, die rechts und links in der letzten Kurve vor dem Haus bilderbuchmäßig in unsagbare Höhen ragten, waren *really impressing*. Ein abgerockter schwarzer Ford Mustang Shelby, Baujahr 68, ohne Reifen, stand links vor einem Schuppen. Ein junger Typ, vielleicht ein Maori, mit einer Bierflasche in der Hand und einem Werkzeug, das Automechaniker so benötigen, in der anderen. Schaut und grinst.

»Oh, dat ist Daniel, dein Cousin, also mein Sohn, *anyway*, komm, wir schauen, wo die anderen sind, *hopefully* ist mein Mann schon von 'ne Arbeit aus die *bush back*, hömma. Andrew arbeitet noch bis die Nacht an die Restaurant am Strand, er ist die *Chefcook*, weißte.«

Weiß ich jetzt, aber wer waren die anderen in diesem Zoo, auf unserer kleinen Farm?

Kakadus, Kookaburras auf dem Frühstückstisch, im Garten unter den Weinblättern zwei Wachhunde, einer bissig, seinen Namen hab ich verdrängt, der andere eine chinesische Rasse, Keira. Überreife Mangos am komplett überlasteten *Mangotree*, Kiwis, der Macadamiabaum trug noch grüne Früchte, ein kleiner, mit unsagbar schönen Seerosen angelegter Teich. Mehr Paradies konnte ich nicht aufnehmen. Ich war so aufgekratzt und übernächtigt, dass ich nach dem Aussie-Kaffee mein Handy packte und sofort an den Strand musste, während Tantchen schon mal das BBQ für zwanzig Personen im hinteren Teil des *gardens* vorbereiten wollte. Wie ein frisch geschlüpftes Bambi tänzelte ich los, den Hügel wieder hinauf, an der Siedlung vorbei, die Küstenstraße entlang, hinunter zum Strand. Ohne Worte. Bei den Göttern – die beste Idee, die ich seit Jahren gehabt hatte. Nachdem ich genug 3-Megapixelfotos mit meinem *cell phone* geschossen hatte, duftete es in meiner Fantasie nach gegrillter Paprika. Die »*oh, watch this, another european wanderer*«-Blicke aus den Familienkisten erwiderte ich mit einem breiten Grinsen, und auf einmal, nach der Siedlung, befand ich mich wieder auf dem Schotterweg nach unten zu *Aunt Rosi's Wonderland*.

Suddenly, es war mir entgangen, wohl weil ich selbst wie ein Glühwürmchen strahlte, war es stockduster geworden. Kein Problem, man konnte die Umrisse der Mammutbäume wahrnehmen, und ich musste nur auf meinen neuen Sandalen hinunterrutschen. *The Sound of the Schotter* machte den anderen Hund, nicht Keira die Gutmütige, kurzfristig jähzornig. Er war ja nicht zum Spaß so gut gefüttert worden, das fette Biest. Ein lautes Knurren, ein Fletschen der Zähne und schließlich in *high-speed* über den Kies, bereit zum Töten, rannte diese Bestie auf mich los. Die Arme hatte meinen Geruch – es war ja schon zwei Stunden her – vergessen. Ganz ruhig jetzt, Shari, dachte ich geistesgegenwärtig. Gewohnt, in lebensbedrohlichen Situationen die Nerven zu behalten, riss ich mein Handy aus der Hosentasche und tat so, als wollte ich telefonieren. Der Köter sollte das Gefühl bekommen ... was auch immer ... meine ruhige Stimme sollte ihn auf jeden Fall schon mal milder stimmen, und zweitens machte das Licht des Displays auch noch einen respektablen Eindruck. Vielleicht. Vielleicht sollte ich mich einfach sputen, aber er kam mir ja direkt vom Haus her entgegen, wäre ich also losgerannt Richtung Haus, hätten wir uns spätestens in der nächsten Sekunde gegenseitig zerbeißen müssen, und ich bin mir nicht sicher, wer es da noch lebend ins Haus geschafft hätte. Ich fing an, lauthals auf Englisch zu schwatzen, damit die Terrortöle das auch in den richtigen Hals bekam. Es nutzte nichts. Im nächsten Moment hatte sie meine Sandalen erfasst. Ihr warmer Sabber und die harten Beißerchen an meinen Zehen lösten schon eine gewisse Panik aus, doch auf einmal spürte ich etwas anderes, und zwar auf meinem Gesicht. Maria Mutter Gottes, es hatte mindestens zwölf Beine. Es klebte mir Nase, Mund und Augen zu. Gefangen in einem riesigen Spinnennetz, in Australien, bei lebendigem Leib von einer Tarantel – ganz so haarig war sie zwar nicht – ausgesaugt. Bis zum Morgengrauen würde mich hier kein Mensch ... *Aunt Rosi* würde spätestens morgen um acht mit ihrer Mokkatasse auf den Hof gehen und mal nach dem Napf von La Bestia schauen. Oder Daniel, aber bis der seinen Rausch ...

Ich schmiss das Handy gegen irgendeine Klippe, brüllte los, rannte wie ein angeschossenes Gnu Richtung Haustür, die Bestie war mir egal, ich ihr anscheinend auch, sie wollte wohl unseren hastigen Abschied noch ein wenig genießen und blieb an Ort und Stelle sitzen. Ich riss die Moskitotür, dann die richtige Haustür, dann die Wohnzimmertür auf und stand keuchend, schwitzend, kreidebleich vor *Aunt Rosis* Ohrensessel. Sie hatte es sich schon gemütlich gemacht, ihre Beine auf einen Schemel gelegt und schaute, Nüsse knabbernd, ihre News.

»*What's up,* Sharona, alles in Butter?«

»*No*, äh, da draußen ein Tier, eine unfassbare Kreatur, mir im Gesicht ... in dem Moment, als der Hund auf mich, das Handy in die Tonne ... es war schrecklich!«

»Oh, *don't worry*, Sharon, du meinst Lizzy, weil groß, aber so dünn ... Ha, ha ... du hast ihr Haus kaputt gemacht, macht nix, *she* baut in paar Stunden wieder auf, weißte. Von die eine *tree* to die andere, *imagine*, is viel Arbeit, und jedes Mal, wenn Andrew um ein Uhr nachts mit die Auto durchfährt, ist kaputt, dann dein Onkel, der fährt mit seine Auto um vier Uhr morgens in the *bush, again ruined*, dann ich um acht Uhr früh *to work, again* ... und jetzt du ... das ist sehr viel Arbeit für die arme Lizzy.«

Oh, ja, sorry, weil sie ist so dünn. Dann vielleicht kann man ihr helfen, mit die Knüppel.

»Aber wir haben noch schönere *spider in the back of die garden*, soll ich dir morgen zeigen ...?«

Sie liebte Tiere, das lag in der Familie.

Uncle Joe, er hieß bestimmt ganz anders, aber kein Mensch hatte diesen Namen eines in China aufgewachsenen Mongolen aussprechen können, war

ein *tougher* Mann. Nicht nur sein Gemüt, auch die physische Erscheinung war die eines Buddhas. Er musste sich um zwei Uhr morgens nicht erst aus dem Bett quälen, um mir die ochsengroßen Flughunde, die direkt in den Palmen vor meinem Gästezimmer Radau schlugen, mit der Taschenlampe in der Hand zu zeigen. »*Look, can you see them? It's always the females who make trouble ... no, they do nothing, just fighting, the whole night through ...*«
Danke auch. Morgens gab es auf der Veranda Zoo-Mokka, und da wir gleich beim Thema waren, entschied Auntie, mich mit Daniel in den nahe gelegenen *Reptile Park* zu schicken, obwohl der eigentlich lieber weitergeschraubt hätte, nachmittags war es nämlich schon zu heiß, da musste man längst mit den Kumpels im Pub sein, um sich eine Abkühlung beim Superbowl und anderen Weltmeisterschaften zu verschaffen. Steve Irwin, auch den habe Gott bitte selig, er war ein paar Wochen zuvor von einem verdammten Rochenstachel aufgespießt worden, besuchte früher dort sein Lieblingskrokodil *Big Eddy*. Eddy war stolze viereinhalb Meter lang und ja, ich darf sagen, imposant, imposant.

Eine Tierpflegerin schaffte gerade ein Koalababy von A nach B, und ich stürzte mich elegant auf sie, um nur für einen einzigen, klitzekleinen Augenblick, das Flauschigste, was Gottes Erde überhaupt anbieten kann, zu berühren. Als sie nach zwanzig Minuten meinen Kopf wieder aus dem Bärenfell entwirrt hatte und mich dezent von sich schubste, zog mich Daniel am T-Shirt-Ärmel zu einer anderen Attraktion. Eine große Arena, in der stündlich eine spezielle Show abgehalten wurde. Es gibt in Australien die giftigsten Tiere *ever*, schon klar, aber dieser Typ in der Mitte fuchtelte mit einem Stab in der einen und einem Megafon in der anderen Hand vor einem schwarzen Punkt auf dem Boden herum. Jeder, aber auch wirklich jeder auf diesem Kontinent, erklärte er, sei dazu verpflichtet, diese *Funnel-Web Spider*, die *f...* giftigste Mörderspinne der Welt, die einem erwachsenen Menschen spätestens zwanzig Minuten nach ihrem Biss den sicheren Tod bringt, ordnungsgemäß einzufangen und sofort zum professionellen Melken in die nächste Station zu fahren. Antiserum war anscheinend *very rare*. Nach einem Affentanz – die Spinne bäumte sich minutenlang mit den Vorderbeinen drohend wie ein Löwe vor ihm auf – hatte er dieses Monstrum in einem Plastikeierbecher verstaut und wollte nun, dass auch andere Zuschauer eine Runde mitspielten. Ich zupfte Daniel weiter zum Aquarium.

Ein spektakulärer Nachmittag. Zu Hause bäumte ich mich vor *Aunt Rosi* auf, um ihr so realistisch wie nur irgend möglich die Spinnenshow vorzuführen. Sie

schaute kaum auf, während sie Tonnen von Mangos für die Marmelade zerschnibbelte, und meinte nur beiläufig:»Oh, *yeah*, Andrew weiß, wie dat geht, die Funnel-Web von heute Morgen, die in die Küche war, hat er gleisch *to the station* gebracht, weißte? Mir is dat *totally* egal, isch lass se weiterlaufen.«
Absurdistan! Okay, am nächsten Morgen wollt ich's wissen. *Auntie* voraus, ich in sicherem Abstand hinterher, in den hintersten Teil des *gardens*. In einem Beerenstrauch, mit Sicherheit aus der Familie der Stachelbeeren, saß sie in voller Pracht auf den glänzenden Tautropfen und starrte mich an.

»Wow, hübsch, und wie heißt die?«

»*Well*, dat is Betty, sie hat so schöne Muster, wie *a thousand* Augen, *look*, Sharona.«

»Ja, ja, warte mal, aber die ist jetzt nicht so tödlich, oder?«

»*Oh, Sharona, please*, allet *is somehow* tödlich, wenn de willst, weißte, auch *pancakes*, wenn man *too much* isst!«

»Meinste ... so ab zweitausend?«

Ich kaufte mir am selben Tag *Redbacks*, die noch sicherer sein sollen als die berühmten *Blundstones*.

Meine neue *family* hatte mich also bereits nach zwei Tagen abgehärtet und ich war bereit, mich von den anderen Verwandten ausquetschen zu lassen. Ein BBQ jagte das nächste, *another Uncle Joe* schnappte sich zwischendurch die Harpune und besorgte eine weitere Ladung Fisch. Wenn man vor lauter Langeweile nichts mit sich anzufangen wusste, konnte man zur Not beim Spaziergang entlang der Felsvorsprünge am Strand Austern, die an den Felsplatten klebten, mit einem Stein aufknacken und ausschlürfen. *Guess who was* ganze Nachmittage lang *exactly where* zu finden?

Fakt ist, dass ich abzüglich derer, die nicht in New South Wales lebten, unfassbare dreiunddreißig Verwandte kennenlernte, mittlerweile haben die bestimmt auch schon wieder 'n paar Zellteilungen hinter sich. Es gab auch einen *so called* »Paten« nebst Gattin, der mich noch als laufenden Krümel kannte und meinem Vater angeblich die Windeln gewechselt hatte, was ich aber nicht glaube – oder hätte Marlon Brando allen Ernstes seine Frau vom Wickeltisch weggeschubst, um irgendein irgendwie verwandtes, plärrendes Blag zu wickeln?

Auntie machte auch sehr gerne Ausflüge für mich klar und fuhr unermüdlich bis in den tiefsten Dschungel, um mir auch nur einen Bruchteil dessen zu vermitteln, was mich erwartete, sobald ich die Auswanderungspapiere beisammen hätte. *Australia Day* in Sidney, Bondi Beach, bayerische Brauhäuser und Emus, die in *Shopping Malls* umherspazieren. Nein, ich habe mir kein verdammtes Didgeridoo mit nach Hause genommen.

In Singapur einen Kaffee auf dem regenwaldartigen *Smoker*-Dach des Airports nehmen und Tschüssikowski nach Capitol City. Vielleicht sollte ich Weltweitrestauranttester werden.

⓪⓪⓪

Hatte Marc beim letzten Besuch nicht seinen Tabak in der Küche vergessen? Jetzt, wo jedes Blatt von den Bäumen gesegelt war und man ungehindert in die gegenüberliegenden Wohnungen sehen konnte, war es mit dem gemütlichen Kippchenrauchen auch vorbei. Es gab Tage, das waren in letzter Zeit extrem viele, an denen konnte und wollte sie keine Blicke, von niemandem, ertragen müssen. Auch nicht von der Patchworkfamilie schräg gegenüber, die diese lustigen selbst gemachten Lampions auf ihrem mit Bio-Kräutern bepflanzten Balkon hängen hatte.

Ducken. Ist besser. Manchmal muss man sich einfach ducken und geschützt vor anderen Blicken, in Harmonie mit sich selbst, ein wenig Blausäure kosten. Alles okay, es schneite noch nicht. Ein zartbitterer Windstoß hauchte an ihren fünfmal durchstochenen Ohrläppchen, Überreste der *eighties*, vorbei. Wind im Haar – wunderbar, wie's so schön heißt.

Eine SMS. Jesus. Ignorieren. Einfach weiterrauchen.

⓪⓪⓪

Der erste Frühling in Berlin. Zeit, den Body langsam wieder auf Weltmeisterschaftsniveau zu trainieren. Nicht im Englischen Garten, sondern im historischen Tiergarten, in dem sich merkwürdigerweise 90 Prozent männliche Naturliebhaber tummeln oder verträumt an den kleinen Holzbrücken, ans Geländer gelehnt, ihre Gürtel nachjustieren. Die Nachricht der Plattenfirma, die Tour würde um ein weiteres Jahr verschoben werden müssen, da die »Coolste Band der Galaxie« in Deutschland und Paraguay touren wollte, erschütterte mich kaum. Sparen war zu meiner neuen Lebenseinstellung geworden, und solange ich meinen Körper nicht auf Anschlag auspowerte, musste ich auch nichts essen.

Kochtöpfe hatte ich gar nicht erst gekauft, da sie mir seit meiner Catering-Zeit Angst einjagten, und bevor ich nicht eine professionelle Therapie hinter mir hätte, würde ich nie wieder einen Kochlöffel in die Hand nehmen. So gesehen könnte ich mit der Gage von der letzten Tour glatt bis zur nächsten auskommen. Ehrlich gesagt muss jemand wie ich sich nach solchen Klassenfahrten wieder auf Normalzustand herunterfahren und zumindest für geraume Zeit Abstand vom Schlagzeug und dem ganzen Musik-Zeug nehmen. Solange bis mich mein schlechtes Gewissen fast auffrisst und ich vor Panik, nicht mehr spielen zu können, verrückt werde. Das konnte ja nun dauern.

Da ging noch mehr, aber – ein anderes Mal. Wichtig ist, dass ich dieses Jahr mit all den vielversprechenden Angeboten und Bekanntschaften einigermaßen überstand und meinen Kopf fast jedes Mal in letzter Sekunde aus der Schlinge ziehen konnte.

Herr de Hoop meldete sich aus Tansania zurück. *Arte* hatte ihm die Elfenbeingeschichte abgekauft und nun wollte er den Flugschein machen, um alle weiteren Produktionen ausschließlich auf eigene Faust durchziehen zu können. Bravo. Ob ich was von Marlene gehört hätte. Ich solle doch mal am Potsdamer Platz nachsehen. Noch was, wegen Pommes. Also, Manni sei gesehen worden, auf der Zülpicher. Nabil, ein Bekannter von Herrn de Hoop, der Chef vom *Ya Habib*i, habe ihn mit einem Einkaufswagen, gefüllt mit Krempel, an seinem Restaurant in buckliger Haltung vorbeiziehen sehen. Das glaub ich alles nicht!

»Hast du bitte die Bullen gerufen, einer muss diesen Mann wieder zur Vernunft bringen! Hat das was mit den Waffen, dem BKA oder BND zu tun? Wo in aller Herrgottsnamen lebt der denn jetzt, ich meine, du musst ihn suchen oder suchen lassen!«

Herr de H. versprach, mich auf dem Laufenden zu halten.

Marc war Gott sei Dank wieder Geld verdienen im Osten. Brix teilte mir mit, sie habe das Angebot der Oper oder so angenommen, sie sei jetzt *Chef of the whole* Maskenbildnerei. Respekt! Katharina drehte gerade in Israel, Tessa war schwanger! Sandy und Robs, der Mann an der Posaune, auch. Das war doch der verdammte Grund, warum ich hier herumsitzen musste, verdammt noch mal, hätten die alle nicht warten können, bis *A.X.T.* in Rente ging? Wie *ich* mich dabei fühlte ...?

Einfach weitermachen.

Mein Vater rief auch kurz durch, um mir zu sagen, dass er momentan sehr wenig Zeit hätte, nur so viel: Der Zrenjaniner Fernsehsender habe um eine Reunion der legendären *Meteori* gebeten, und er müsse jetzt täglich Tausende von Interviews und Fotosessions über sich ergehen lassen. In Talkshows würde man ihn um kleine Spontanständchen bitten, es sei auch ein Doku über ihn, na ja, die anderen wären gezwungenermaßen auch dabei, in Vorbereitung. Ach, du liebär Gott, er müsse sofort Schluss machän, die Fingär würden sonst jeden Moment einrosten, »Szia!«.

Allen ging's so weit sehr gut, bis auf Manni, den hatten Herr de Hoop und seine neue Flamme nach einem Besuch im Museum Ludwig auf dem Rückweg neben den anderen Obdachlosen zusammengekauert auf der Domplatte hokken sehen. Weltwirtschaftskrise. Wozu machte ich mir eigentlich solche Vorwürfe. Mein Leben hatte nicht ich mir, sondern die Weltwirtschaft im Allgemeinen versaut.

Der Probenraum von Marc und seiner Sängerin musste aufgrund finanzieller Engpässe aufgegeben werden. – Also Drums wieder im Schlafzimmer stapeln. Anfang nächsten Jahres würden die Demos der neuen Songs für die Proben verschickt werden. Höchste Zeit, jetzt schon nach erneuter Berlinbronchitis nicht nur zu joggen, sondern irgendwo zu üben. – Nichts zu machen. Ich war gezwungen, die Annoncen abzuklappern und schäbige Räume zu Wucherpreisen anzumieten.

Im Endeffekt war ich noch nie so unvorbereitet zu einer Produktion gegangen. Mir war schlecht vor Aufregung, als ich im März am Flughafen Porto vor dem Ausgang stand. Das änderte sich in der Sekunde, als der andere Flieger aus Köln landete und Sandy mit Sohn und Tessa mit Tochter und Mutti aus der Eingangshalle auf uns zukamen.

Direkte Konfrontation mit dem Feind lenkt ab. Nein, ich hab ja nichts gegen kleine Menschen, aber ich war zum Arbeiten hier und nicht für Kutschi-Kutschi! Umso beruhigender, dass Tessas Mutti dabei war, so konnten sich alle drei schön um verkackte Windeln und zermatschen Brei kümmern.

»Keine Sorge, Sharönnsche, du wirst von den beiden Blagen nichts mitkriejen, isch schwör'!«

Dein Wort in Gottes Ohr, Tessa!

Die neue Residenz Sua Alteza Real X. – Mies van der Rohe und das alte Marrakesch wären stolz gewesen – lag in einer wunderschönen Einöde am Meer.

Hundert Meter weiter vom Haus, na ja, plus Studio, Gästehaus, kilometerlangem Pool und Endlosgarten, hatte man eine Villa für uns angemietet: Achtung, Hubschrauberlandeplatz – auch mit Pool, aber das war ja nichts Besonderes. Normaler Luxus unter Palmen.

Das Intro war also schon mal nicht so schlecht. Man betrat unsere Villa und stand sofort in einem geschmackvollen, traditionell spanischen Wohnzimmer mit einem riesigen Esstisch, wir sagen: aus Rosenholz, einer Sofa-Familien-Fernsehecke, einem historischen Kamin, maurischen Kacheln in der sich anschließenden Küche, im hinteren Bereich zwei Schlafzimmer mit Doppelbetten und neben dem Haus ein Kabuff, auch schön eingerichtet, mein Schlafplatz für die nächsten zwei Monate. Insgesamt alles herrlich großzügig.

Zumindest solange die drei Muttis ihr Gepäck nicht geöffnet hatten. Senhor. X. hatte mich vorgewarnt, er hätte auch Bedenken gehabt, aber man müsse eben verstehen ... ein vier und ein sechs Monate altes Baby könne man eine so lange Zeit nicht ohne Mutter beziehungsweise Zapfhahn zu Hause liegen lassen. Na gut.

»Sharönnsche, du musst beim Aufbau nicht mithelfen. Setz dich ruhig hin und mach dir'n Käffschn.«

Aufbau? Was zum Henker sollte das sein? Ein Klettergerüst? Nein, es war ein Laufstall. Und noch einer, klar. Ein Kinderbett und noch eins, allerdings mit Beißschiene. Eine Babybadewanne konnte man sich auch mal teilen. Ein Sitzstuhl, Tessas Wurm konnte noch nicht sitzen. Ein Wickeltisch für beide. Zwei Klappkinderwagen, zwei »Maxi Cosi«-Babyschalen, zwei »BabyBjörn«-Tragesitze zum Umschnallen, wie praktisch! Zwei Schlafsäcke, ein mit Netz umspannter Babyspiel- und Aufenthaltsplatz – ach was, viel zu klein. Warum nicht den Rest des Wohnzimmers nutzen und alles an die Wand schieben, um eine siebzig Quadratmeter-Spieloase für frisch geschlüpfte Terroristen zu schaffen, denen das Ambiente scheißegal war – im wahrsten Sinne. Schnell waren auch das Babygymnastikcenter und die diversen Mobiles in entsprechender Höhe angebracht. Eine halbe Tonne Bauklötze, Ringpyramiden, Stoffbilderbücher, Rasseln und angesabberte Schnuffeltiere in die Menge geschüttet und zwei Babyphones auf den Kamin gestellt.

So, das Nötigste war an seinem Ort, *Disneyland* war eröffnet! Dort, wo noch vor fünfzehn Minuten eine offenen Küche für Großfamilien stand, wurde kurzerhand von den Damen ein wenig umgeräumt. Eine Kiste Babyflaschen in allen

Farben, ein Babyflaschenreiniger, zwei Babykostwärmer, ein Dampfsterilisator, vierhundert Schnuller, die unbedingt noch mit dem Dampfstrahler gereinigt werden mussten, *sophisticated designte* Kleckerlätzchen, Plastikbecher, -teller, -besteck, ich verreck. Nein, da war ja noch eine freie Wand übrig, an der man die fünfzehn Monstermegawindelpakete bis zur Decke stapeln konnte, Gott sei Dank.

Die nächsten gefühlten Jahre muss man sich nun folgendermaßen vorstellen: 7:30 Uhr applaudierte mein Handy, das ich später am Strand verloren habe – fragen Sie nicht –, dann frisch geduscht aus meinem Revier ins Feindesgebiet durch die Waschküche, durch die Babykostwärmer und -reiniger, Schnullerküche über den Wickel- an den Esstisch. Dort, seit Stunden aufgebahrt, zwei Kleinst-Fleischklümpchen am Zapfhahn angedockt oder gerade genüsslich ihren Brei verschmierend. Dann, kurz bevor die erste Windel entfaltet werden soll, ich schnurstracks wieder ins Kabuff, Kopfhörer an, um die Nummer, die am jeweiligen Tag aufgenommen werden sollte, zwanzig Mal anzuhören und auf dem Bett probezutrommeln. Um 9 Uhr mit vier Äpfeln im Gepäck die Reise ins perfekt vorbereitete Studio antreten. Diese Zeit nutzen, um sich vorzustellen, wie »Hello Kitty« durch den Fleischwolf ge... – um wieder klarzukriegen, dass es sich bei dem aktuellen Projekt um ein verdammtes Rock'n'Roll-Album handelt.

Durch das provisorische Tor, an dem fünfzig Bauarbeiter, die am Pool mit Olympialänge und an den goldenen oder zumindest historischen, mit Sicherheit von den Gizehpyramiden entwendeten Bodenplatten, herumsägten, und die gerade aus der Domrep angelieferten Palmen einpflanzten, vorbei und ins Studio hinein. Friede.

Jetzt Amtliches liefern. Nach fünf Stunden Pause. Eine der Damen ablösen, sprich entweder Bass- oder Gitarrenbaby schaukeln, füttern oder bespielen. Nachmittags noch mal ins Studio an ... vorbei ins ... und schwitzen, dann duschen. Punkt 19 Uhr Dinner. Unfassbarkeiten des Wahnsinns zu sich nehmen, zubereitet von der Alleskönnerin Lady Grace, dann Hund streicheln, kleiner Plausch, ab ins Kabuff. Ende Gelände. Und ewig grüßt ... nein nicht ganz.

Die Aufnahmen liefen erstaunlicherweise gut. So gut, dass mein Chef mir ab diesem Zeitpunkt verbot, jemals wieder vorher zu üben. *Deal!* Einfach die Todesangst in Energie umwandeln! Die Wahrheit ist, dass dies die ersten Aufnahmen in El Jefes nagelneuem Studio waren und daher Improvisationstalent gefragt war. Unser aller Ding.

Ruckzuck wurden zur besseren Akustik der Drums ein paar Marmorplatten der Sphinx um den Pool entnommen – Nein, der Aufnahmeraum war auch vorher nicht der allergrösste gewesen. Außer mir hatte dort kein normal gewachsener Mensch eine Überlebenschance, und ja, ich war Duschzellen gewohnt. Ein abgefahrenes Mentaltraining war das, beim Blick aus dem Studiofenster unter Portugals Sonne die perfekte Kopie des Tafelberges, die Palmen und die prachtvollen – Achtung: Bougainvillea-Hecken, an denen sich die seltensten Schmetterlinge und intakte Bienenvölker zu schaffen machten, anzuschauen, und dabei voller Hass, mit der Gewalt der mongolischen Krieger DJ Khans, *songs of death and all that metal* in brachialster Lautstärke zu spielen. *Metallica* hatten sich sicher auch ihre Inspirationen auf Jamaica geholt. Ich weiß nicht, wie oft man die Männer im Pool fluchen hörte, wenn ihnen wieder mal 'ne Fliese abfiel, fehlte oder in den Händen zersprang. Alles in allem eine *straight* durchgezogene Sache. Wir konnten verdammt stolz sein auf unsere Arbeit.

Abends ging's nach gedünstetem Fisch wieder nach Windelcity, und ich konnte das erste Mal nachvollziehen, wie sich ein frischgebackener Vater fühlt, der nach getaner Arbeit von der Schicht nach Hause in sein nach Babyöl duftendes Nest zurückkehrt.

Nun kam es auch das ein oder andere Mal vor, dass die Frau Mutti die Nase voll hatte von uns allen, ihr gutes Recht, und sich auch mal außerhalb des Hauses umschauen wollte. Portugal soll doch so schön sein, hatte ihr irgendwann mal einer gesagt. Alles richtig, nur ging das nicht immer ganz mit meinem Terminkalender konform. Ich möchte damit nur sagen, dass ich natürlich den Göttern dankbar dafür bin, das Talent zu besitzen, in Sekunden von handwarmen Milchfläschchen auf Death-Metal-Kill'em all-Doublebass switchen zu können, es mir aber dennoch, ja, ich gebe es zu, gewisse Schwierigkeiten machte, während eine der Mütter im Studio rödelte, die andere ihre eigene Mutter auf der portugiesischen Seenplatte oder wie hieß das hier, suchte, und ich »sowohl« als »auch« auf beiden Armen wiegte oder in den BabyBjörns an mir hängen hatte, und sie mit handwarmen Milchflaschen und Rasseln, singend und hüpfend zu beruhigen versuchte, wissend, dass ich eigentlich schon auf dem Weg zum nächsten *Monster-Magnet*-Take sein sollte, gelassen zu bleiben. Und doch, am dritten Morgen schon bahnte sich ein gewisses Gefühl – wie soll ich sagen, ein Geruch – seinen Weg in mein Gemüt, der mich meine Morgenmuffeligkeit fortan vergessen ließ. Man musste nur in die Nähe dieses

Esstisches kommen und schon war man wie betäubt von diesem honig-milchigen Vanille-Geruch von reinem Babyfilet. Ich geb's ungern zu, ich war verzaubert. Ein Morgen ohne an den Michelin-Krokantnacken zu schnüffeln, ging gar nicht mehr. Die Mütter waren zweitrangig geworden. Schließlich war ich im Grunde genommen ihre Ziehmutter. Wer war im größten Schmerz immer für sie da? Wenn's wieder Stress mit der Darmflora gab? Wer hat die Temperatur der abgezapften Milch, die ich im Übrigen nur aus rein wissenschaftlichen Gründen auch mal kosten musste, lecker, auf ein Hundertstel genau ausgecheckt? Wer hatte sich kleine Zirkusakrobatiknummern ausgedacht, um glückliches Kinderlachen zu entzünden? Diese heimtückischen Luder hatten mich also langsam aber sicher eingewickelt.

Den Tränen nahe verabschiedeten wir uns am Airport, nachdem mir die Mütter eine offizielle Beglaubigung zum bestandenen Ziehmutti-Diplom in die Hand gedrückt hatten. Ich konnte nur beten, dass meine Kinder mich jemals wiedererkennen würden.

Break.
Halb eins. Jeden Moment ist es so weit. Das erste Mal in all den Jahren konnte sie es kaum erwarten. Gleich würde es läuten, und eine halbe Million kreischender Grundschüler würde auf den Schulhof stürmen und mit 386 Dezibel ganz Charlottenburg beschallen. Unmöglich, bei diesem Lärmpegel zu telefonieren. Aber heute würde sie sich gerne über den Balkon beugen und den überforderten Erziehern beim verzweifelten Versuch, den kleinen Terroristen Einhalt zu gebieten, zuschauen. Sie richtete sich in ihrer hellgrauen Jogginghose, Überbleibsel ihrer Sportausbildung von vor einem Jahr, ein halbes Jahr nach dem zweimonatigen L. A.-Aufenthalt, und ihrem Anti-Age-Parka auf und blickte auf die Ostseite des zweiten Innenhofes. Noch immer nichts zu sehen. Nein, das war ein ganz anderer Ton, der aus einer ganz anderen Quelle kam.

Nein, nein, viel zu tief. Zu wenig Obertöne. Insgesamt geschmacklos, eher schrullig als schrill. Klang wie aus unmittelbarer Nähe. So nach einem Läuten, Klingeln. An der Tür. Nieren und Herzversagen. Lungenkollaps. Hirntod. Bitte! JETZT! SCHNELL!

Kalle hatte sie wahrscheinlich zu ihr hochlaufen sehen und ihnen mit einem FDJ-Taschentuch hinterhergewunken, anstatt die Bullen ... doch lieber nicht ... zu spät. Aus. Vorbei. Puschen aus, Boots und Parka wieder an. Dann könnten sie S. gleich mitnehmen. Schal, Mütze und Handschuhe nicht vergessen, falls es im Keller vor der Ermordung doch länger dauern sollte. Oder sollte sie alle hereinbitten und sie die Wohnung, die Pressspanplatten, das Sofa und den Raucherbalkon in Stücke hacken lassen? Davon würden die dreitausend auch nicht wieder lebendig. Egal. S. beschloss, dem Psychoterror ein Ende zu setzten. Luther und Jeanne d'Arc hatten sich ihrem Schicksal auch gestellt.

Es hört nicht auf zu läuten: Ohrenbetäubend. Schockstarre. Kalter Schweiß usw.

Sie schwitzte wie ein Büffel, zog dennoch, halb in Trance, ihre Winterkluft an, krümmte sich und verzerrte noch einmal ihr Gesicht. Die Übelkeit hatte ihren Gipfel erreicht. Man konnte nur hoffen, dass sie sich einigermaßen zusammenreißen konnte, um ihren Hobbymördern nicht auf die frisch vom LKW-gefallenen Lederjacken zu speien. Sie konnte das billige Rasierwasser geradezu durch die Zugluft unter der Wohnungstür hindurch riechen. ›Sie‹ waren es, kein Zweifel.

S. konnte es kaum unterscheiden. War es Todesangst oder Lampenfieber? Auftrittsschmerz sollte es besser heißen, fand sie.

Sie blieb einen Augenblick im Flur stehen, im Dunkeln. Das Dröhnen dieser verfluchten Klingel, es hatte im gesamten Haus wahrscheinlich sämtliche Hirne gespalten, S. musste es beenden. Es ging nicht anders. Sie ergriff die Türklinke, dachte in letzter Sekunde noch an die Handschuhe. Den Rucksack mit Portemonnaie und Führerschein, Personalausweis und überzogener Kreditkarte würde sie hierlassen. Wegen der Vermisstenanzeige.

Ihre Eltern taten ihr plötzlich leid. Schluss jetzt. »Bringen wir's hinter uns.« Sie drückte die Klinke energisch hinunter, das Schellen erstummte.

»Hallo, Frau Gádji!«

Sie spürte ihre Beine nicht mehr. Nicht zusammensacken, noch nicht. Es war ja nicht der Tod.

Es war » Ick bin's, die Ramona von oben drüber ... hömma, sorry, dass ich dich so stören muss, du hast ja lange gebraucht zur Tür, wa? Aber ich hab nicht lockerlassen können, ha, ick wusste ja, dat du da bist, wa! Du quarzt ja och imma uff'm Balkon, wa ... Foljendet, ick hätte 'ne Bitte, mein neuer Freund kommt gleich zum Essen vorbei und ick hab keene Kartoffeln mehr. Bratkartoffeln wollt ick als Beilage machen, wa, zu die Rouladen. Jetzt ist die Zeit ziemlich knapp jeworden, weil, ick hab mir 'ne Maske druffjetan, die Haare einjedreht, die Nägel lackiert, wa, wat man so an vorbereitenden Maßnahmen anjeht, wenn dit Mäuseschwänzken vorbeikommt, wa? So, und da ick so unglaubliche Blasen von meinen neuen Pumps hab ... hat mein Nasenbärchen mir ... is ja ejal ... da dachte ick, du könntest ma wenigstens 'ne kleene Hand voll Katöffelschn leihen? Ick weeß, dit der Kaiser's am Kaiserdamm uff hat, aber ick kann ja schlescht so losrennen, wa, würdeste och nüsch, wa, Frau Gádji? Haha.«

Och ... Obwohl ... lieber doch nicht. Am helllichten, oder sagen wir besser depressivsten aller Novembertage, Strapse und dunkelrosa Negligé, Gurkenmaske und mintfarbene Lockenwickler. In diesem Fall würde selbst Berlin nicht mehr cool bleiben.

»Kartoffeln, ja, verstehe, natürlich ... es ist nur so, ausgerechnet die Kartoffeln sind gerade aus ... wie soll ich sagen, ich hatte gestern so viele Gäste, und die wollten natürlich wieder mal alle ... also, die haben alles aufgegessen, quasi mir alle Haare vom Kopf ... es tut mir wahnsinnig leid, vielleicht 'ne Zwiebel oder Haferflocken?«

»Ach, schade, dit is ja doof, na ja ... dann ... ick frag mal janz unten, bei der Frau ...«

»Ja, sehr gut, die hat mit Sicherheit ... nichts für ungut, jaha ... alles Gute.«

Mazel-tov, Schwein gehabt, dem Tod von der Schippe ... eine Horde Schutzengel, die sich ein paar Späßchen erlauben, nett.

Noch mehr davon und sie wäre gezwungen, nach Afghanistan umzusiedeln, im Gegensatz zum Jetzt und Hier geradezu die Geburtsstätte des Feng Shui. Kamelmilch liebte sie seit Dubai, Fladen aus jahrtausendealtem Korn sowieso, und die karge Weite des Hindukusch ... herrlich.

Sie zuckte noch nicht einmal mehr zusammen, als ihr Blackberry vibrierend von der Pressspanplatte ihres Impro-Schreibtisches fiel.

Gut, man kann ja mal nachschauen. Es musste ja nicht ausschließlich der Teufel persönlich ein Gespräch mit ihr führen wollen. Der hatte ja wohl andere Kapazitäten frei, um sie psychisch zu massakrieren.

Eine SMS: Überraschung! München meldete sich an. Ihre *Hoovergirls*, Katharina und Brix – Beate hatte mit ihren Zwillingen im Haus am Starnberger See zu tun – wollten sie tatsächlich besuchen. Andererseits die Möglichkeit, ihren Mädels zu beweisen, dass sie alles im Griff hatte und nicht wieder bumerangmäßig zurückflüchten musste aufgrund irgendwelcher Männergeschichten, sondern auf der Flucht vor kriminellen Kioskbesitzern war. »Schöne kleine Altbauwohnung hatt'se, die Sharonine, sehr schön, das scheint ihr hier alles gutzutun ... sie kriegt es geregelt«, hörte S. sie schon sagen.
Die beste Ablenkung war im Anmarsch, die sie sich in dieser Situation vorstellen konnte. Doch trotz aller Vorfreude – den Fehltritt musste sie für sich behalten!
Gut, kochen. Es handelte sich hier aber um eine riesige Ausnahme. Die Mädels würden in Berlin ankommen, sich abends zu ihr an einen spitzenmäßig gedeckten Tisch setzen, sich von ihrem Fünf-Gänge-Menü verwöhnen lassen und am nächsten Morgen zum Dreh fahren, für Dings und Kunz oder sonstige Erfolgreiche arbeiten.

Der Biomarkt war gleich an der Ecke zum Lietzensee. Zwei Tüten reichten. Marcs Fuffi war die Rettung. Hau die letzten Kröten raus, dachte sie sich, darauf kommt's jetzt auch nicht mehr an. Esstisch konnte man das nicht nennen, aber ihre Mädels würden das Brett auf zwei Böcken unter den Bergen von Essen gar nicht wahrnehmen. Und vor allem – kein Wort darüber!
Mit den Biotüten bepackt, öffnete sie die Haustür vom Vordereingang, um durch den ersten Hinterhof, an den Radständern vorbei, ins Rückgebäude zu gehen. Seit dem Moment, als sie das erste Mal die Eingangstüre des Vorderhauses passiert hatte, stand sie unter absoluter Beobachtung durch den Mann am Balkon, wie auch im Übrigen jeder der anderen 200 Bewohner. Man musste durch den Hinterhof gehen, um in seine eigenen vier Wände zu gelangen. Hätte S. einen anderen Weg gekannt, hätten die im Zweiten Weltkrieg ein bisschen mitgedacht und einen unterirdischen Gang für sie gebohrt, sie wäre ihnen die nächsten fünfzehn Generationen dankbar gewesen. Der Mann auf dem Balkon im Parterre – keiner! niemand! konnte ihm entgehen – erzählte ihr am zweiten Tag ihres Einzugs alles. Fünf

verdammte Jahre hatte ihn die Stasi in den Knast geschickt. 'ne faustdicke Akte gab's von Kalle, »dit is nich witzisch jewesen, Fräulein«. Seitdem hatte der Arme jede Menge Zwänge und Neurosen und eigentlich durfte er sich weder aus dem Haus bewegen noch sich überhaupt aufregen. Deshalb hatten sie für ihn 'nen Betreuer eingestellt, für Einkäufe und Besorgungen, und ihm, Dank seines langen Atems, auch ein neues Sofa für dreieinhalbtausend Euro, einen nagelneuen Fernsehapparat und 'ne Einbauküche und was sonst noch alles genehmigen müssen. Und jetzt kommt's: Er hatte auch einen Sonderdingsausweis, mit dem er eine Person in den Urlaub, auch eine weibliche, zum Beispiel an die Ostsee, umsonst mitnehmen konnte, so als angenehme Begleitung, verschehse!

Nachts, da war sie sich todsicher, hatte er sowohl die Papier- als auch die Alles-Müll-Tonne ausgeräumt, um absolut informiert zu sein über jeden Einzelnen im Haus. Das hatte man ihm damals bestimmt so eingehämmert. Fakt war, man kam ums Verrecken nicht ein einziges Mal nach Hause, ohne von Mister Mielke *himself* auffällig oder unauffällig, entweder vom Balkon oder dem dahinterstehenden Sofa, Hauptsache mit Blick auf den Hof, Kette rauchend, genauestens beobachtet und seziert zu werden. S. konnte das Rollen seines Kulis auf dem Schreibpapier hören: »13:54 – Fr. Gádji schon wieder unterwegs, verlässt das Haus, ohne Tüten, ohne Fahrrad, mit nichtarischem Mann!«

Seine Zwänge äußerten sich überwiegend nachts. Da telefonierte er unheimlich gerne mal mit seiner Freundin, bei offenem Fenster und mit Lautsprecher, stundenlang. Einmal, es war vier Uhr zweiunddreißig, Außentemperatur minus dreiundzwanzig Grad, Schnee, rastete S. in ihrem gefütterten Schlafanzug aus und rannte in den Hof hinunter, stellte sich vor sein offenes Fenster und wartete darauf, dass er ihr mit einem Satz vom Sofa auf den Balkon entgegensprang: »Wat denn? Is wat? Wat, nich' schlafen kannse? ... Kann ick wat dafür? Hol dir jefälligst Ohrenstöpsel und lass mich in Ruhe, verschehse!«

Ihrer Beziehung fehlte es noch an Einfühlungsvermögen und S. beschloss, abends 'ne Packung Baldrian zu schlucken, um auch sein Bellen, zwanghaftes Husten und Blöken ertragen zu können. Als sie nun mit ihren biologischen Delikatessen nach Hause schlurfte, die berüchtigte Eingangstür zum Stasihauptquartier öffnete, sah sie, wie die Nachbarin, die sehr gerne sehr lauten bulgarischen Techno hörte, mit einer zwei Meter langen Eisenstange auf Kalle einschlug, der sich auf seinem Balkon wiederum mit einem lächerlichen Stock zu wehren versuchte. Abgehärtet und wie entschlossen, ihn für den Rest seines Lebens zu ignorieren, würdigte S. die beiden keines Blickes. Es rutschte ihr dann leider doch raus: »Na, alles klar bei euch? Das sieht ja sehr interessant aus! Weitermachen!« Und wollte gerade über Einkaufstüten steigen, deren Inhalt größtenteils auf dem Hof herumrollte, als die mit der Eisenstange sie anbrüllte: »Sehen Sie, Sie haben gesehen, was diese Schweinehund mit mir gemacht! Sehen Sie, alles kaputt, diese Schwein ... Sie sind Zeuge, rufen Sie Polizei!«

»Wat denn ... siehste, wat die mit mir jemacht hat? Ick blute, Scheiße noch mal, die alte Schnepfe, die blöde kriminelle polnische Nutte! Ja, ja, ruf die Bullen ruhig an, die sollen bloß kommen und die asoziale Ziege zurückschicken wo se herkommt ...«

»Sehr gerne, ich würde nur vorher noch das gefrorene Zitronengras ins Kühlfach legen wollen, bin gleich wieder da ...«

Geschrei, Geplärre, schön und gut, aber S. hatte wirklich nicht mehr so viel Zeit für Späßchen, die Mädels waren bald im Anmarsch. Na gut, es wurde nicht besser, sie rief die Polizei an: »Ja guten Tag, ich wollte Ihnen nur mitteilen ... in meinem Hinterhof schlägt eine Nachbarin auf den Nachbarn, der meiner Ansicht nach unter starkem Alkoholeinfluss steht, mit einer Eisenstange ein. Vielleicht können Sie da was machen, Danke, Gádji.«

S. räumte alles schön ein, dachte sich, ach, schauste mal kurz aus dem Fenster zum Hof, Lage checken. Da springt doch dieser Schwerstbehinderte ohne Betreuer in einem Satz über seinen Balkon, in das Blumenbeet, auf die bulgarisch-polnische Professionelle, die die Stange inzwischen frustriert weggeschmissen hat und gerade ihr Hab und Gut wieder in die Einkaufstüten packen will, reißt ihr die Ilona-Christensen-Brille aus dem Gesicht, schmeißt sie auf den Beton, stampft genüsslich mehrmals auf ihr herum und sagt: »Dit-tut-mir-ab-er-leid-die-ist-wohl-zu-fäl-lig-zu-Bruch-je-jan-gen«, rennt durch seinen Hausflur im Seitenflügel wieder zurück in seine Wohnung, auf den Balkon und zündet sich eine an. Das Ganze direkt unter S.' Küchenfenster. Die Professionelle bemerkt sie, schaut hoch, S. wieder Zeuge: »Holen Sie bitte die ...«

»Is schon unterwegs, läuft!«

Gut, die übrigens sehr sympathischen männlichen und weiblichen Mitarbeiter der Polizei nahmen die Geschichte auf, schlichteten, ermahnten, drohten, deeskalierten, notierten sich S.' Personalien, der Krankenwagen kam, man verband Kalles Hand, es dauerte insgesamt zwei, drei Stunden. Dann herrschte wieder Ruhe im Karton.

Die Hoover-Mädels kamen endlich, man gackerte und mampfte, erzählte, alles, was nur ging. Kutteln, Drohbriefe, Bräutigam samt feuchten Kellergewölben waren kurzfristig weggewischt. Aber auch gar nichts hat sie sich anmerken lassen. Sie hatten ja nur diesen Abend. Dann, so gegen 22 Uhr, sie waren gerade beim Espresso, die Mädels mussten wieder früh raus: BOUM! BOUM! BOUM! Brix blieb der Dinkel-Cantucci im Hals stecken, Katharina kniff ihre Augen leicht zusammen: »Was ist das denn?«

Die Tür samt Außenwand sollte offensichtlich eingetreten werden. Nachdem die erste Schrecksekunde verklungen war, lag es nun an S., ihren Freundinnen, die ihr blind vertrauten und sich nach all den Jahren bis in ihre Singlewohnung gewagt hatten, ein sicheres Gefühl zu vermitteln. Sie stand übertrieben gelassen auf und ging die zweieinhalb Schritte bis in den Flur.

Keine Zeit für Herzinfarkte. Die Gesetzlosen würde doch nicht etwa auf so plumpe Weise ihre gesamten nicht vorhandenen Aufenthaltsgenehmigungen aufs Spiel setzen. Sie hatte die besten Zeugen bei sich, die man sich vorstellen konnte. Also, was sollte sein.

Es knallte unaufhörlich weiter. Kein verdammtes Pfefferspray, nichts griffbereit. In diesem Moment war S. ausgesprochen froh, ihre früheren Berater in allen Lebenslagen bei sich zu haben, alleine wär sie wahrscheinlich durchgedreht.

»Ja? Hallo? Wer ist denn da?«

»Du Hure! Du dreckige Schlampe! Lass deine beschissenen Pfoten von meinem Alten! Haste misch verstanden, du Hure ... Isch bresch dir alle Knochen, du Stück! Mit mir machste dit nich, verschehse, wenn isch noch mal ...«

Hm, das klang nach perfektem Berliner Slang. Alles in Butter. Die von der Polizeistation an der Ecke kannten sie ja schon, also warum nicht noch mal einen lieben Gruß schicken: »Na, ich bin's wieder, hören'se, da tritt eine alkoholisierte Person, ich sag mal 'ne Frau, meine Eingangstür ein. Wenn's Ihnen nichts ausmacht ...?«

Das Telefonat fand im Flur statt, für den weiblichen Terminator nicht zu überhören, höchstwahrscheinlich hörte sie auch deshalb auf und verkrümelte sich zu ihrem Freund Kalle. Das konnten alle drei genau hören, denn nicht nur ihr Küchenfenster, sondern auch Kalles Fenster, wie sollte es anders sein, wahrscheinlich hatte ihn Stalingrad so abgehärtet, stand sperrangelweit offen, und man hörte die beiden lautstark lallen. Die Polizei stand im Hof, sorgte wieder für klar Schiff und kam noch mal, um S.' Personalien undsoweiterundsofort.

Kleines Intermezzo, was solls, sollten ihre Mädels doch sehen, wie selbstverständlich S. mit der Polizei auf Du und Du war und die unangenehmen Dinge im Haus im Nullkommanichts lösen konnte.

»So, Spatzerl, wir müssen jetzt ... es war sehr schön und wie immer nicht langweilig, aber pass bitte ein wenig auf, und denk mal darüber nach, ob du nicht hier und da was ändern solltest, generell, so im Allgemeinen ... und mit wem du hier Kontakt hast, und so ... oder besser: zieh um!«

»Ach was, allet dufte, das war echt so ein Zufall jetzt, normalerweise ist hier überhaupt nichts los ...« Diese peinliche Episode war definitiv nicht auf ihrem Mist gewachsen, fand S,. Im Endeffekt hatten sie alle Riesenschwein gehabt, aber wem sollte sie das ...

Eine Stunde, nachdem S. alles so weit zusammengeräumt hatte, ging eine Scheibe, ja, die von Kalle, zu Bruch. Theater. Flaschen flogen auf den Hof. Kalles Ex war seinem Jahre zurückliegenden Verhältnis mit der Bulgarisch-Polnischen auf die Schliche gekommen und hatte sich in der Tür geirrt, was Kalle natürlich zur Raserei brachte ...

S. hätte wieder nicht einschlafen können, also rief sie ihre Leute erneut an: »Moin, sagt mal, wollt ihr nicht bei mir einziehen? Ja, diesmal nur eheliche Gewalt ...«

Fakt war, S. würde wahrscheinlich diesmal nach einer Woche, falls sie diese überleben würde, einen Brief und noch einen und dann eine Einladung vom Gericht bekommen. Wieder mal eine Zeugenaussage. Sie hatte noch einen Bleistiftrock mit Nadelstreifen und eine Witwenbluse mit einem Kragen aus Spitze. Mit oder ohne Nylonstrümpfe, beziehungsweise Haare streng zum Knödel gesteckt, mit oder ohne Hut, weinend mit oder lieber ohne Stofftaschentuch, das war hier die Frage. Später.

Über ihren eigenen Fall konnte sie ihre neuen Freunde von der Wache jedenfalls nicht in Kenntnis setzen. Nicht dass die sich nicht darüber gefreut hätten, bestimmt, aber was zum Henker sollte sie ihnen sagen? »Hallöchen, ich wollte nur mal fragen, ob ihr Lieben mir einen eurer Trupps, wenigstens nachts, vor die Hütte stellen könnt, weil ... könnte sein, dass unser Freund Kalle oder andere Irre, denen ich Kohle schulde, heute und die nächsten Wochen, Monate vielleicht, eventuell, häuten wollen. Ich habe Todesangst. Danke, ganz lieb.«

Und wenn jetzt, just in diesem Moment, doch noch ein Anruf von der Plattenfirma, oder Gott oder so kommt, sie aber unerreichbar ... na gut, alle paar Stunden den Akku wieder hineinpfriemeln.

Bingo, eine SMS von Herrn de Hoop, dem Retter der Enterbten: »RUF-MICH-AN!«

»Spatzl, was macht die Kunst? Ich wollte nur mal hören ...«

»Alles spitze, obwohl ...«

Ihm ihr Leid zu klagen war jetzt albern. Leid hin, Leid her, Herr de Hoop verwickelte sie in einer Hundertstelsekunde in sein neues Dokuthema, »Bären in den Karpaten«, und S. gingen die Zigaretten aus. Sie also mit dem Handy zur Tanke gegenüber, er immer noch: »... keine Ahnung, wo ich da in den Bergen, mitten im Wald, mit der Cessna landen soll ...«, S. bezahlte den Tankwart unfassbarerweise mit der völlig überzogenen Kreditkarte und setzte sich – es war zwar stockduster, aber doch idyllisch – auf die Stufen der Mädchenrealschule, fünfzig Meter von ihrer Haustür entfernt, im Parka hin. Sie war gerade dabei, seine Problematik auch mal aus ihrer Sicht zu dokumentieren, als sie am Ende der menschenleeren, weil relativ gut situierten Straße, also um diese Uhrzeit bereits längst mit hochgeklappten Bürgersteigen, ein Grölen vernahm. Keine Reaktion von ihrer Seite. Besoffskis gibt es anscheinend auch in Charlottenburg, warum nicht?

Ein Konsens zwischen Herrn de Hoop und ihr bezüglich des Landeplatzes usw. schien fast greifbar, sie vertagten die Krisenkonferenz auf ein anderes Mal, und S. wollte ihre Kippe in Stille noch zu Ende quarzen, als sie plötzlich vor den Stufen einen Schatten wahrnahm, aufblickte und vor der dahinterstehenden Laterne die Silhouette eines Mannes erblickte. Zwei Meter vor ihr stand breitbeinig eine dustere Gestalt, griff in die Innenseite seiner Lederjacke und schrie S. an. Völlig perplex, wo zum Teufel dieser Typ auf einmal herkam und was er von ihr wollte, beschloss sie, sich zunächst einmal nicht zu bewegen. Goldrichtige Entscheidung. Im nächsten Moment hatte sie seine Knarre im Gesicht.

Stopp. Okay, alles klar, dies hier ist jetzt mal 'ne echte Ausnahmesituation, sah sie das richtig? Die Sache war die: Wäre sie in »City of Gods« aufgewachsen, wäre sie vor Langeweile in diesem Moment eingeschlafen, das schon, aber S. befürchtete, diese Art von Situation leider nicht gewohnt zu sein. Wie war das jetzt noch genau bei Tarantino ... nee, der hätte ihren Schädel gleich zu Anfang explodieren lassen. Aber in einer soliden Tatortfolge wäre doch das Opfer mit einer gewissen Souveränität vorgegangen, fand sie. Um jedem Missverständnis vorzubeugen und eine eventuelle Provokation ihrerseits zu vermeiden, schaute S. an ihm vorbei, quasi durch ihn durch. Ihm jetzt nur nicht in die Augen schauen. In *Slow Motion* stand sie auf, während sie vorsichtig die Hände aus dem Parka nahm. Hätte ja sein können, dass er einen Gegenangriff erwartete, und ohne zu zögern losschießen würde.

»Scheiß Schlampen, ich knall dich ab, alle knall ich ab, du scheiß Schlampe ...«

Es blieb genau ein Meter zwischen der Hauswand und ihm, durch den sie sich ganz langsam seitwärts an ihm vorbeischlängelte. Keine Ahnung, aber ihr schien diese betonte Zeitlupentechnik die einzig mögliche Überlebensstrategie. Nun stand sie aber mit dem Rücken zu ihrem Mörder, den Blick auf ihre Eingangtür, die unerreichbar schien. Eine handliche Pistole ins Gesicht gehalten zu kriegen war schon nicht schlecht, aber sie im Rücken zu spüren und im Tempo einer Nacktschnecke weiterkriechen zu müssen – war schlechter.

S. dachte einen Augenblick tatsächlich darüber nach, sich umzudrehen und ihn und alle, denen sie je Unrecht getan hatte, um Verzeihung zu bitten. Ihr quasi Landsmann und sie waren doch Erwachsene und im Grunde vernünftige Menschen. Da musste es doch möglich sein, zivilisiert über alles ...

»Du Schlampe, du dreckige, jetzt schieß ich dir in den Rücken, hörst du, jetzt! Ich schieß dir in deinen scheiß Rücken, du scheiß Schlampe, ich schieß dir ...«

Dann ein anderes Mal vielleicht.

Das verdammte Haus, ihre graublaue Eingangstür, kamen ums Verrecken nicht näher. Gleichmäßig atmen, ganz entspannt, Rücken gerade und ein Bein vor das andere. Noch vielleicht dreißig Meter. Wenn das denn so einfach gewesen wäre, beide Beine fühlten sich an wie geronnener Beton. Sie versuchte ihren Puls mittels beruhigender Gedanken zu manipulieren. Doch was zum Henker war denn bitte in dieser völlig verkorksten Situation noch beruhigend? Fast die Hälfte der Strecke war überstanden, komm, noch die paar Meter, die Beine mussten das jetzt mitmachen, hatte sie etwa all die Jahre ihre Muskeln umsonst trainiert, um jetzt in Schockstarre zu verfallen und feige von hinten erschossen zu werden? Zugegeben, sie wartete darauf. Auf den Knall. Würde es überhaupt laut knallen? War es nicht so, dass man in dem Moment, da die Kugel in die Wirbelsäule eintritt – und sie wünschte sich aus irgendeinem Grund die Wirbelsäule, wahrscheinlich aus ästhetisch-symmetrischen Gründen –, das Adrenalin so eine Energie auslöst, dass man überhaupt keinen Schmerz, ja sogar ein angenehmes Kribbeln spürte? Man würde sehen, sie war ja *live* dabei. Der Haustürschlüssel in der rechten Jackentasche. Wenn sie jetzt zu hektisch in die Tasche griff – Peng! Nein, also einfach weiterspazieren.

»… in den Rücken, du Schlampe, jetzt …«

»Ja wann denn, du Depp, ich will's jetzt hinter mich bringen, das hält ja keine Sau mehr aus. *Fuck you*!«

Hauptsache, nicht in Tirana begraben werden, murmelte sie.

S. griff in die verdammte Tasche, holte ihren überladenen Schlüsselbund mit Billardkugel, Yamaha-Stimmschlüssel und zwei Mini-Sticks aus Holz dran heraus, bewegte ihren Kopf nicht einen Millimeter, das nannte man Laufstegtraining à la Dr. Gádji, alte Schule, aber ohne Buch auf dem Kopf, und streckte ihre Hand schon aus nach der noch zwei lächerliche Meter von ihr entfernten Schicksalstür und – noch ein letztes Mal:

»… jeeetzt schiiieß iich …«

Der *f…* Schlüssel steckte in dem *f…* Schlüsselloch. Gut, sie rührte jetzt vielleicht ein wenig hysterisch darin rum, letztendlich ging diese Dreckstür aber auf! Erst im Innenhof traute sie sich aus der Starre zu lösen und rannte in ihre sichere Hütte. Dort ließ sie sich erst mal in Ruhe auf dem Sofa nieder und rekapitulierte.

Während sie so im Dunkeln saß, rief Herr de Hoop an, er hätte ihr noch einen Gedanken mitteilen wollen. Wegen den Forschern, die er in Russland aufgrund eines ganz anderen Projekts interviewen musste. Er ratterte seinen Monolog in den Hörer. Eine weitere Stunde verging. »So, Schätzken, es ist halb zwei, Schluss jetzt, ich halte dich auf dem Laufenden … Hallo? Sagst du vielleicht auch mal ab und zu was? Is was?«

Nö, S. war sich nicht sicher, ob das erzählenswert war oder lustig genug oder eher traurig, falsch oder richtig? War das eine Lappalie, die noch mal gut gegangen war, hätte er überhaupt je geschossen, hatte er überhaupt Geld für Patronen gehabt?

Sie bekam ihren üblichen Gackeranfall, jeder verarbeitet Traumata anders. Herr de Hoop konnte zwischen diesen Anfällen das Wesentliche dechiffrieren und meinte: »So, und jetzt rufst du sofort die Polizei …«

»Hahaha … meine Leute, haha, klar, ›Hallö, ick binnet, nein diesmal nicht Kalle, auch nicht Kalles Alte, diesmal wurde *ich* vor meiner Haustür fast erschossen‹, haha …« S. kriegte sich kaum ein und doch musste sie Herrn de Hoop hoch und heilig versprechen, ihre Freunde anzurufen. »Ach nee, um die Uhrzeit, die sind doch bestimmt genervt, wenn ich …«

»Verdammt, Sharona, hast du mich verstanden? Willst du, dass der Typ mit 'ner Knarre rumläuft und andere Leute abknallt?«

Dieser Mann, mein Lieber, knallt nicht einfach wahllos um sich, er und seine zweihundertköpfige Verwandtschaft, meine quasi, neuerdings, wollten nur Pi mal Daumen meinen Rücken abmessen, wegen dem Schneider, dem Brautkleid und allem, würgte sie in ihren gereizten Magen hinein. Schon mal was von dem berühmten albanischen Sprichwort »Nur ein toter Hund ist ein guter Hund« gehört?

Jut – gesagt, getan. Personalien … war ja kein Thema. Aber die Frauen Polizistinnen starrten sie an, als hätte sie 'ne Nudel im Gesicht. Dabei stand sie so locker lässig, fröhlich, lächelnd an den Rahmen ihrer Wohnungstür gelehnt da und war echt gut druff.

»Geht's Ihnen wirklich gut Frau Gádji? Wenn irgendetwas …«

Sicher.

»… und wegen der Anzeige gegen Unbekannt kommen Sie doch so bald wie möglich aufs Revier und schauen sich ein paar Bilder an. Vielleicht ist der ja dabei.«

CSI-Charlottenburg. Willkommen in der Bronx. Höchstwahrscheinlich würde sie es eine zeitlang nicht aushalten können, wenn Menschen in unmittelbarer Nähe in ihre Taschen, Mäntel oder sonst wohin griffen.

»Eines Tages werde ich dich eigenhändig aus der letzten Höhle im hintersten Albanien herauszerren und dann, Freundchen ...«

Das alles nur, weil sie einen Augenblick unaufmerksam war. Verdammte Sucht, nuschelte sie.

»Marc? Sorry, aber ich wurde gerade um ein Haar erschossen, mir geht's ganz merkwürdig und ich frage mich, ob ich unter diesen Umständen dein Sofa ...«

»Oh Mann, so was kann auch nur dir passieren, was haste nu vor?«

»Ich muss hier weg. Und zwar schleunigst. Bis Gras über die Sache gewachsen ist. Wenn du – und nur du kannst das momentan tun –, mir, in meinem Elend, bitte Geld für ein Ticket, was weiß ich wohin ...«

»Mhm, wohin denn, bei wem willst du untertauchen, mit Handy ... die werden dich überall auf der Welt ... andererseits solltest du auch erreichbar ... und du bist sicher, dass du die Bullen nicht...«

»Die Bullen. Klar. Du solltest mal den verdammten Brief lesen! Okay, super, dann ist eben alles aus, und wir bringen uns gemeinsam um ...«

»Nö, ich hab heute eigentlich ganz gute Laune ... Hör mal, ich frag nachher in meinem Bekanntenkreis, wir sammeln für dich, und nächste Woche ...«

»ZU SPÄT! Verstehst du denn nicht?! Die Hütte brennt! Es ist aus! Schluss! Vorbei! Cancelled! Am Arsch! Ende Gelände! Die reißen mir meine geschrumpften Eingeweide einzeln mit einer ukrainischen Haarnadel aus, füllen den Hohlkörper mit deutschem Flüssigbeton und versenken mich im albanischen River. *Capiche*?

«Alta Verwalta. Okay, ich krieg auch so'n paar Kröten zusammen, für'n Zugticket nach ... wohin noch mal?»

Sonntag

Am nächsten übernächtigten Morgen auf Marcs Sofa war immer noch nicht klar, wohin. Erst mal zu ihren Eltern. Der Balaton machte auch im Winter sehr viel her. Dadurch, dass drei Viertel des Sees etwa einen halben Meter tief waren, konnte man den Schwänen beim Ausrutschen auf dem dünnen Eis zuschauen. Idylle und Romantik. Quatsch, sie konnte unmöglich das Wertvollste, das sie hatte, in diese Sache hineinziehen und damit in Lebensgefahr bringen. Davon abgesehen, dass ihre liebe Frau Mama einen Augenblick bräuchte, um ihr an der Nasenspitze anzusehen, dass da was faul war, von den fehlenden Schrauben und Saiten ganz abgesehen. *No way*, und *Marcs Gallery* musste sie auch schnellstens verlassen. Keine neuen Spuren legen, bloß nicht. Die Richtung war schon nicht schlecht. Das Geld würde mindestens für ein Ticket nach Wien reichen. Dann könnte sie per Anhalter runter nach Italien. Gott, Rom war so wunderschön gewesen, damals. Sich als Bongo-Spielerin in Restaurants durchschlagen, warum nicht. Wie gesagt, so lange, bis Gras …

Abfahrt Zoo 12:28 Uhr, Ankunft 23:54 Uhr. *Old school*, ein Sechs-Mann-Abteil. Leer. Reserviert ab München. Perfekt. Ab Wien-Südbahnhof per Anhalter, um Mitternacht nach … gut, an dem Plan musste sie noch feilen, Zeit hatte sie satt. Nur drei Mal Umsteigen ab M-Hbf. Vom ICE in den RE, in den U oder R, und dann … mal sehen. Sehr gut, die Spuren verwirrten mit Sicherheit. Berlin-Zoo – arm, aber sexy. Vor allem aber *lazy*. Der Zug stand schon über eine Viertelstunde lang regungslos auf dem Gleis. Hatte das Cockpit einen Anruf erhalten von einem Kumpel aus Pankow? Waren sie womöglich schon im Zug und hatten die vordere Hälfte nach ihr durchsiebt? Sollte sie vielleicht doch den lässigen Trick aus semiprofessionellen Krimis kopieren und in dem Augenblick, wenn es hieß »Türen schließen selbsttätig«, aus dem Zug springen, sich aufs andere Gleis werfen, abrollen und im Nebel des Novembers verschwinden? Nein, sie hatte keinen Bock auf *action*. Nicht jetzt. Nerven behalten, auch wenn's schwerfiel ohne die Buddenbrooks. Die Vorhänge unbedingt zuziehen. Bevor eine achtköpfige Familie auf die Idee kommen würde, hier die Bude einzureißen, dachte sie. Aber auf jeden Fall, bevor der Kontrolleur ihr einen Besuch abstatten, ihr das schlechte Gewissen ansehen und sie am Schlafittchen hinausschleifen würde. Wo hatte sie das Ticket doch gleich vergraben? In der oberen der vier Jackentaschen. Alles paletti. Herrgott, wann rollt diese luftdichte Anaconda denn endlich los. Vakuum. Genau ihr Ding. Seit sie mit Carlos im Treppenaufgang des berühmten Gefängnisturmes in La Rochelle plötzlich stehen blieb und schreiend im engsten aller mittelalterlichen Aufgänge um sich geschlagen hatte, musste sie sich eingestehen, auch ein Opfer dieser allgemein verbreiteten Krankheit zu sein. Diese weitere Niederlage, nämlich nicht mehr als Astronautin in Frage zu kommen, konnte sie mit Anfang zwanzig noch relativ gut wegstecken. Sie hatte sich oft genug ihrer Angst gestellt, ihr Hirn würde in der Enge augenblicklich zerplatzen. Jede Übung war ihr recht, gerade wenn sie wieder mal mit dem Nightliner oder einem vergilbten Sprinter mehr als eine halbe Minute zu lang im Tunnel feststeckte. Nur nicht auffallen. Zusammenreißen. Tauerntunnel hin oder her. Den anderen machte es ja auch nichts aus. Es kam ihnen nicht einmal in den Sinn, warum auch, sie bissen lieber gelangweilt in ihren Schokoriegel oder schliefen weiter. S. hatte sich meist unter Kontrolle, gerade in der U-Bahn, im Aufzug, das Übliche. Allein in diesem Abteil aber, mit den vakuumversiegelten Fenstern, in dieser Stimmung, ohne Rescue-Tropfen, eine anspruchsvolle Aufgabe.

Das Monster rollte los. Endlich. »S. auf dem Weg ins Glück«, »Schwester S. und die Wege zum Glück«, »S. und das Glück im Weg«, »S. ist mal kurz weg«. Sie ließ die Vorhänge, in die sie sich gekrallt hatte, erleichtert los, machte einen Schritt zum verspiegelten Fenster, zeigte dem gesamten Lehrter Bahnhof ihren Stinkefinger und warf sich grinsend auf die gemütlichen Zweite-Klasse-Sitze. Komme, was wolle. 300 km/h Höchstgeschwindigkeit. Sehr beruhigend.

In einer der abgelaufenen Frauenzeitschriften, die im *Giorgio's* herumlagen, hatte sie gelesen, dass körperliche Ticks nur die Nachwirkung längst vergangener Erlebnisse seien und nur durch den Albtraum richtig verarbeitet werden konnten. Insofern musste sie dem Zucken des Muskels am unteren Rand ihres linken Augenlids gar keine größere Bedeutung beimessen. Sie zog ihren Parka aus, hängte ihn an den Haken neben dem Fenster, entledigte sich auch ihres Sweat-Shirts, das sie als Unterlage für ihren Kopf zwischen Schulter und Fenster klemmte, und versuchte sich nun der Regulierung ihrer überhöhten Körpertemperatur zu widmen. Falls doch noch umherirrende Kofferschlepper es wagen sollten, die Tür aufzureißen, um – glubschäugige Blicke durchs Abteil schweifend – ihr die blöde Frage »Ist hier noch frei?« entgegenzuquaken, würde sie ihnen lauthals entgegenhusten, mit zuckenden Augen und Schweißperlen auf der Stirn. Vorsichtshalber begann sie ein paar Taschentücher zu zerknüllen und auf die anderen Sitze und dem Boden zu verteilen. Bis München müsste die Strategie Wirkung zeigen.

Wenn man sich überlegt, wie verzweigt doch manche Banden sind, sagen wir die Russenmafia oder ... so gut kannte sie sich auch wieder nicht aus ... konnte es doch durchaus sein, dass *The Boss* in Hamburg zum Beispiel dem Juniorchef in Stuttgart Bescheid gibt, dass sich die zu beseitigende Person gerade auf dem Weg nach Tirol, nur als Beispiel, befindet, und dass dieser Juniorchef wiederum seinem Cousin 3. Grades in Vorarlberg die Anweisung gibt, dem Messerspezialisten Luigi, Francesco oder Tony Corleone die Anweisung zur Anweisung zu geben, um 23:53 Uhr auf dem Bahnsteig zu stehen. Wäre doch, jetzt mal rein hypothetisch, möglich, oder?, spekulierte sie.

Verdammt, das Ganze war nicht lustig. Kein Stück. Sofort den Akku wieder raus. Paps würde ja wohl heute nicht mehr anrufen, keine Plattenfirma und auch sonst niemand. Spätestens außerhalb der Landesgrenze könnte sie den Akku ganz kurz hineinschieben und notfalls Bescheid geben, *whatever*, jetzt auf keinen Fall schludern.

Kein rhythmisches Rattern, sondern das ICE-Luftpolster war es, das sie fast in den Schlaf gewiegt hätte. Wie ein Vögelchen auf Daunenfedern hätte sie sich am liebsten von einem zu verarbeitenden Erlebnis ins nächste geschnarcht. Aber sie hatte sich noch eine Kleinigkeit vorgenommen. Jetzt dranbleiben und durchziehen, dachte sie.

»*Oh, hi, excuse me, are these seats taken?*«

S. schoss mit einem Satz hoch, die Augen aufgerissen. An der Schiebetür stand ein Schrank von einem Mann. Aus Reflex verwandelte sie ihren schockierten Gesichtsausdruck in ein höfliches Lächeln und war gerade dabei, ein hilfsbereites, menschenfreundliches *No, please take any seat you like, I would be delighted to have you* ...

»*Yes! There is no room left, as you can see!*«

Der Schrank gab zwei perlmuttfarbene Zahnreihen preis und rührte sich nicht vom Fleck. Die staubtrockenen Taschentücher lagen immer noch brav im Raum herum. S. ergriff eines und wischte sich schnell den Mund, sie musste im Schlaf ein wenig gesabbert haben. Schade, Zeitverlust, dachte sie. Ihr Pony auf halb zwölf, der Gürtel geöffnet. Sie richtete sich augenblicklich auf, um alles in Ordnung zu bringen. »Ha, ha, *just kidding*...! *Please, take any*...« »*Oh, great, thanks.*«
»So, Grüß Gott, die Herrschaften! Darf I amoij? Dös sann unsere Plätze, göi? Mir hamm reserviert! Regensburg, Plätze 94, 95, 96, 97, 98! Kommts Kinder, der nette Herr lasst uns sicher glei durch, göi? *Exekjus mi*, göi?«
Iwan der Schreckliche gegen Napoleon mit einer Hand voll Blagen. Wer würde da den Kürzeren ziehen?

S. setzte sich wieder hin. Den weiteren Verlauf der Szene konnte und wollte sie passiv verfolgen. Schrank und Kommode steckten in der Tür fest, 0:0. Eines der fünf Knödel überrumpelte beide und quetschte sich zwischen den Beinen des Schrankes hindurch, sprang rücklings auf den S. gegenüberliegenden Sitz, warf die Packung Mürbekekse auf den Sitz daneben und fing begeistert an, die offene Kekspackung mit seinen vermatschten Turnschuhen in das Polster zu stampfen. Das nachfolgende Knödelchen, um einiges jünger, robbte sich mit einem Salamisandwich in der Hand nach dem Vorbild seines Bruders auch ins Ziel, kam aber nicht auf den bereits besetzten Sitz hinauf, ging ja auch nicht, mit einer Hand. Wo-rauf das Brötchen auseinander und auf den Boden fiel und sich dieser Vierbeiner folglich auf den bereits mit Mürbeteigkrümeln übersäten Boden des Abteils schmiss und sich den zwei Stunden alten Kinderbrei aus dem Magen brüllte. Die verbleibenden drei Bratzen draußen auf dem Gang konnten jetzt auch nicht mehr an sich halten. Doch gleichzeitig, nebeneinander, konnten sie weder Iwan noch Napoleon umrennen. Die Panik war im Nullkommanichts auf dem Siedepunkt. Die Mutter, die sowohl auf Klein-Schorschi als auch auf Seppl vor ihr einschrie, während sie versuchte, ihren abgeklemmten Arm, der sich noch im Gang, am Griff ihres Trolleys befand, in Sicherheit zu bringen, und die auf sie einschlagenden drei Bratzen hinter ihr zu blockieren, drehte schließlich ihren Kopf – das Einzige, was ihr übrig blieb – und fauchte: »Ja, Sakra, Kruzitürkn, songs amoi, jetzt reichts, Siiie ...!«

»*Well, mam*, Sie haben susse kids, es tut mir au leid, aber ik habe noch eine riesen Gerät bei mir und ik glaube nikt, dass wir alle hier Platz haben werdn, *you know* ...?«

Und da fährt er den Arm nach rechts aus, greift sich das auf dem Gang abgestellte schwarze Kontrabasscase und schwingt es mit Leichtigkeit über den Kopf Napoleons hinweg in die Mitte des Abteils. *Quite* beeindruckend. Auch Schorschs Mutter ließ der kleine Windstoß, der ihre Kurzhaarfrisur ein wenig durcheinanderwirbelte, nicht kalt. Erschrocken sah sie den Kasten an, dann S., nicht weniger fasziniert starrte sie auf den schwarzen Berg im Raum, dann auf die verstreuten Taschentücher. Empört sprach's endlich aus ihr heraus:»Siiie ... dös is ja ... kommts Kinder, kommts, mit am Sarg und aner Hühnergrippn wollma nix zum tun hamm, göi, naus, aber flott ... Zehfix, Halleluja!«

»*Match Point*! Oder wie heißt das im Rugby?«

Sie grinste ihn indirekt an, während sie die Taschentücher einsammelte, zusammenfaltete und wieder in ihren Rucksack steckte.

Er ließ sich nicht lang bitten und nahm diese Einladung an, legte den Kontrabass-Kasten quer über beide Sitzbänke, quasi als zusätzliche Barriere, und nahm am Fenster, vis à vis, Platz.

»*Thanks. May I introduce myself, Kenny, how are you?*«

»Kenny G.?«

Das machte nichts, mit Musikern konnte man so reden.

»*Ha, ha, no, Kenny Supernault. From Canada ... But actually I ...*«

»... ach was, und wohin soll's jetzt gehen?«

»Oh, ik weiß noch nikt genau, ik hab so viele Pläne, mal sehen ...«

Verstehe, quasi »Es fährt ein Sarg nach nirgendwo ...«. Mit einem Koloss an der Backe ... Hups, fast wäre sie mit ihrem Ellbogen auf dem kleinen Klapptischchen in Kennys Cola-Dose gerutscht.

Der ICE setzte sich wieder in Bewegung.

»Grüß Gott, zugestiegeeen, bitte!«

Sie schaute zur Tür, auf die Mütze des Deutsche-Bahn-Mitarbeiters, an ihm vorbei durch den hinter ihm liegenden Gang des Zuges zum Fenster hinaus, auf den vorbeiziehenden Bahnsteig. München Hbf!

Eine Bypass-OP bekommt man viel günstiger in Indien. Es gibt inzwischen einen regelrechten Gesundheitstourismus, seit Jahren schon. Wenn man nicht gerade zur Kaste der Totenverbrenner gehört, kann man sich auch als Inder fast eine leisten.

»Die Fahrkarteeen, bitte! Nach Berlin? Zugestiegeeen?« Das war doch die Donnersbergerbrücke – gerade vorbei, jetzt würde als Nächstes Laim kommen, richtig? Richtig! Vielleicht würde er da noch mal anhalten, einen klitzekleinen Zwischenstopp nur, das würde doch reichen. Regensburg? Berlin? Kleine durchsichtige Kügelchen purzelten plötzlich aus ihrem Mund. Wie Luftbläschen schwebten sie mit einem Mal durch den Raum, über, aber auch unter der Kontrabassbrücke hindurch. Manche blieben an der Decke kleben oder im Gepäckkasten, purzelten allerdings wieder herunter, wenn es lauter um sie herum wurde, also, pssst ... immer mehr Glaskugeln prasselten neuerdings auch aus ihren Ohren, aus den Nasenlöchern, immer mehr, unaufhaltsam ... pssst, nicht so laut, dachte sie ... es ist doch so schön hier, ist es nicht wunderschön, wie sie zerplatzen, die Luftbläschen?

Sie bemerkte, wie der Herr General Feldmarschall der Fahrkarten sich zu ihr herüberbeugte, sich auf die schwarze Brücke stützte und sie über die Brillengläser hinweg ansah. Sie konnte direkt auf die blauen Äderchen auf seiner Nase sehen. Kleine Einbuchtungen, wahrscheinlich durchs ständige Entfernen der Mitesser. Das soll man nicht. Nur die Schwarzen, wenn's gar nicht mehr geht. Seine Frau hatte das wohl immer übernommen, bevor sie sich nach dreißig Jahren scheiden ließ. Ihr letzter Freund hatte auch einen Heidenspaß daran gehabt, ihr abends im Bett unter der Nachttischlampe Unreinheiten aus dem Gesicht zu entfernen. Eigentlich mochte sie das ganz gerne. Es hatte was von sich gegenseitig lausen, wie bei den Primaten. Ein Gefühl der Geborgenheit ... und nun hatte er also diese Krater. Für immer.

Im Klartext: Sie hatte den Absprung verpasst.

Sie schluckte. Die Glassplitter hinunter.

»Ich hab den Absprung verpasst!«

»Ha?«

»Es tut ... ich hab verschlafen ... die Knödel, das Brötchen ... Napoleon ... ich kann wirklich ... aber vielleicht ... wie kann ... ich muss unbedingt ... ich werde auf jeden Fall ... ich schwör's ... das Ladegerät hab ich auch nicht mitge... fährt denn noch irgendwas irgendwohin?«

Hilfesuchend glotzte sie ihren neuen Bekannten an. – Was heißt *hilfesu-*

chend? Den Typen, der noch nicht einmal selber wusste, wohin er wollte? Weißer als Gras grün ist, sah sie den authentischsten aller Schaffner an. Das Outfit saß perfekt. Die Hosen ein bisschen zu lang, aber ... Es war irgendetwas an Uniformen, glasklar, deshalb plädierte sie auch in jeder Band auf einheitliche Kostüme. Weniger wegen der Kostümierung an sich, nein, um es dem Publikum und der Security einfacher zu machen. Die Einheit, die ... gleiche Gesinnung quasi, ein Gedanke, ein Ziel ... ihre Rede.

Es pochte. Nicht am Auge, oder doch. Nein auf der Lippe. Herpes.

»Woas homms gsagt, ICH KANN SIE LÄIDER NICHT VERSTEHE-EEN! KÖNNEN SIE KEIN DEUTSCH?«

»*Oh, sorry, Sir*, sie ist ein wenig ... durkeinander, meine Frau hat eine heftige Anfall, äh, *pregnant, baby, you see and* ... ähm, here ik gebe Sie meine Karte *now,* und sobald meine Frau besser geht, ik bringe Sie ihre *Card, okay*? Das würde sehr nett *from* Sie, *okay*? Ik komme später, *just a minute, thank you, so much, Sir, thanks a lot* ...«

»So, so, moints, i bin bläd, oda woas? Zwoa Möglichkäiten hamms, die Herrschaftn: Erschtns – Sie oder die Dameee zoit die Kartn jetzat oder i schmeiß euch naus, ruf die Polizei und die holt äich beide am näkschtn Bahnhof ab, HABEEEN SIE MICH VERSTANDEEEN? Servus.«

»Danke, Herr Feldmarschall, danke, vielmals.«

»Woas?«

Er blieb in der Schiebetür stehen und drehte sich, energisch mit dem rechten Arm fuchtelnd, um:

»Und schauts das ihr den Koffa do woanderst hinschaffst, die anderen Gästeee woin a no mitfoan, und die Wuaschtsemml und des ganze Grümpl wird a aufgreimmt, is des kloar, Frainde, mir san net beim türkischn' Gmiasdandla, ga?«

»*Are you all right, darling?*«

S. sah fasziniert auf Kennys Gebiss. Mit diesem Gebiss konnte er ohne Weiteres jede Schlacht gewinnen. Nicht eine Plombe, höchstens hochwertige Keramik-Inlays. Wahrscheinlich war er ein Klassiker, kein Jazzer. Die Klassiker konnten sich solchen Luxus leisten. »Darling«, tss, diese unterschwellige Arroganz, typisch. Ihre Eltern hätten Gottweißwas darum gegeben, wenn sie das Konservatorium ertragen hätte können. Wenigstens länger als diesen einen Tag. Klavier als Hauptfach wäre schlimm genug gewesen, aber was hätte sie denn als zweites Instrument bitte nehmen sollen? Gitarre etwa, wie ihr lieber Vater, der natürlich alles besser als die Dozenten wusste? Oder doch lieber Geige? Na, Prost Mahlzeit. Da hätten ihr gleich fünfzehn Erste-Kasten-Dynastien im Genick gesessen, um reinzupfuschen. *Never ever*. Allein schon dieses Getue, diese geheuchelte Frömmelei. Womöglich täglich Bartók oder Haydn spielen. Dann lieber Ampegboxen schleppen.

»Och, ja ... eigentlich ... bis auf die Tatsache, dass ich dahin fahre, wo ich vor acht Stunden hergekommen bin und keine Kohle mehr fürs Rückfahrticket habe ... alles gut.«

»*Oh, I see*, du, ik glaube, du kennst neuerdings auk mit die *credit card* hier zahlen, *don't worry*.«

»Ach so, ja dann ist ja alles total prima, lass uns gleich 'nen Prosecco aufmachen ...«

»*Oh yes baby*, lass uns *party maken, ha, ha* ...«

Vollhonk, bescheuerter! Die Amis wieder ... mein Gott ... oder Kanadier, *whatever* – Die Leben ist ein Bundespresseball an die Copa Cobana, *or what*! Ha, ha!

»*All right*, warum verdrehst du de Augen so? Was is nikt in Ordnung?«

Déja vue. Ohne diesen grässlichen Akzent hätte es sich auch um einen Schlagabtausch von Tausenden zwischen ihrem Ex und ihr handeln können. Der gleiche Mist, dachte sie. Lag's vielleicht an der Atmo der Inneneinrichtung in deutschen ICEs generell? Sie wusste es zum Verrecken nicht. Hör mal, Benny, das war eben total lieb von dir, ganz ehrlich, auch dass du mich als deine von epileptischen Anfällen geplagte schwangere Ehefrau vorgestellt hast – ganz groß, echt, aber jetzt, Darling, müssen wir mal alle ganz kurz runterfahren, okay? Mir brennt die Hütte gerade ab, mein Arsch geht auf *fucking* Grundeis, *if you know what I mean*, ich versuche außerdem hier meine verdammte Lebensgeschichte in dieses Billigding für die Nachwelt hineinzuquasseln, das kannst und musst du auch nicht verstehen, Fakt ist, du kannst nichts mehr für mich tun, du hast schon alles Menschenmögliche ... können wir einfach mal fünf Minuten in uns gehen, jeder für sich ... damit ich einen Augenblick über die Organisation meiner Bestattung grübeln kann? *Thank you so much*, ABER LASS MICH JETZT IN FRIEDEN!

»Danke! Danke vielmals, Benny!«

»Kenny! *Don't worry*, dis klappt schon, *you will see*. Soll ik uns besser eine Kaffee von die Boardrestaurant bringen?«

Nein, einen Underberg, bitte!

»Ach nein, danke ... obwohl, vielleicht später.«

»So, du willst gar nikt nach Berlin? Aber *this is the place to be, believe me*. Weißt du, ik habe die ganze Welt gesehen, ik und meine Bass, *you know*, wie du denken kannst bin ik *a musician*, aber Berlin *is packed mit great musicians* und Künstler, *why are you so negative about it, darling*?«

Gott gab ihr noch einmal Kraft, und sie fragte:

»Woher weißt du das alles? Das klingt echt gut. Vielleicht überleg ich's mir nochmal ...«

»... aber ik habe meine *Dad* nie kennengelernt. Als er verstorben ist ... und alles *what* ik weiß, ist, dass er auch Bassist war in Europe, sein Vorname, glaub ik, was Be...«

»Benny? Bela? Ein Ungar vielleicht?«

»Oh, *yes*, ik glaube Bela, wieso, bist du auch Ungar?«

»Ach, ja, auch irgendwie, das gibt's doch nicht, Wahnsinn ...«

Das Kontrabasscase lag inzwischen kopfüber. Kenny, der Ungar, hatte die mürben Krümel von seinem Nachbarsitz herausgeklöppelt – machte sich während der Unterhaltung einfach lässiger –, und um seine baumstarken Beine auf diesen legen zu können, hatte er kurzerhand die eine Seite des Kastens auf den Boden, neben das Salamistückchen heruntergestellt. Sie kamen vom Ästchen zum Stöckchen zum Stumpf. S. konnte all die Gemeinsamkeiten kaum fassen und vergaß dabei fast ihren Auftrag. Sie dachte darüber nach, ob sie sich nicht aufs stille Örtchen zurückziehen sollte, um endlich an der Essenz des Wesentlichen weiterzufiltern.

»*Excuse me*, kurz ...«

Gab es eigentlich einen inspirierenderen Ort als diesen? Vielleicht. Kommt darauf an, was man daraus macht, dachte sie und klappte den Klodeckel zu. Was solls, ihre Jeans war auch nicht gerade frisch gewaschen. Halb auf dem Deckel sitzend und sich mit den Beinen an der Türklinke abstützend, machte sie es sich einigermaßen gemütlich, drückte auf die DP20 und legte wieder los.

Man darf das nicht wieder falsch verstehen. Ich war kein Hypochonder. Ich hätte auch nichts dagegen gehabt, einer zu sein. Womöglich hätte ich es sogar chic gefunden, nein das war es nicht. Ich hatte meine ganz spezielle, für mich besonders grausame, sagen wir, Attacke erlebt. Von daher hatte ich allen Grund, mir über mein Nervenkostüm Sorgen zu machen. An das Motto *Schwebe wie ein Schmetterling, stich wie eine Biene* – frei nach Muhammed Ali – war das erste Mal in meinem Leben nicht zu denken.

Sommer in der Hauptstadt. Mir war das meiner Wohnung gegenüberliegende Gebäude schon aufgefallen. Ein imposanter Häuserblock, der sich bis zum Lietzensee erstreckt. Aber bei Schnee und Regen denkt man nicht daran, eine Besichtigung der eigenen Straße zu veranstalten, sondern eher »Wie komm ich so schnell wie möglich in die nächste verdammte trockene U-Bahn?«. So ergab es sich, dass ich, als zartrosa Kirschblüten sprossen und ich auf dem Weg zum meinem Bio-Dealer war, verdutzt vor einem Gedenkschild, das ich noch nie bewusst wahrgenommen hatte, vor diesem gerade frisch renovierten Bau stehen blieb. Hinter mir der See, vor mir eine wunderschöne Terrasse. Man konnte die immensen Kronleuchter an der Decke in der zweiten Etage sehen. Ich sah quasi Evita in einem crèmefarbenen Sommerdress zum Volk heraustreten, vor dem Mikrofon stehen und eine befreiende Ansprache halten. But, nix da, auf dem Bronzeschild stand:»Hier wurden ... zum Tode verurteilt«, und:»vor dem Gebäude erschossen!«

Hatte ich mich doch wieder intuitiv für die richtige Gegend ...

Tatsächlich handelt es sich bei dem Steinklotz um das damalige Reichskriegsgericht. Herr Göring zum Beispiel saß also in der großen Pause mit dem Herrn Goebbels bei einem gemütlichen Plausch unter Heizdecken und einem Filterkaffee in der Hand auf den idyllischen See blickend, verträumt die Schwäne beim Brüten beobachtetend und über Leben und Tod sinierend.

Jetzt wohnten hier Art-Direktoren mit ihren Designer-Kinderwagen und Rassehunden. Find ich gut. In dieser Stadt war schließlich jeder verdammte Kieselstein historisch.

Um wilden Spekulationen über Marlenes Doppelleben als Mata Hari und Tourifalle einen Riegel vorzuschieben, entschloss ich mich, endlich mal am Potsdamer die Verfolgung aufzunehmen. Leider – weit und breit keine champagnergefüllte Telefonbox zu sehen. Man konnte nur hoffen, dass Marlenchen, im Falle einer Entführung, sich das Lösegeld bei einem ihrer entlassenen Hausbesetzerkumpels leihen könnte. Ich erkundigte mich immer mal wieder an den Currywurstständen nach ihr.

Manu, die ich beim Joggen kennengelernt hatte, Nicht-Musikerin, meinte eines Morgens: »Los jetzt, du Wasserratte, heute zeig ich dir 'nen See, den kennst du noch nicht, dein Schlachtensee mag ja schön und gut sein, aber der Weißensee ... ja, klar, und wie *historisch* der ist!«
Der Weißensee liegt in Weißensee. Dem Stadtteil hinter Pankow, um die Ecke von Marcs neuer *Gallery*. Es hieß ja, diese Gegend sei früher mal eine hippe und noble gewesen sei, doch Leute, machen wir uns nichts vor, die Haute Couture war anderswo! Aber See ist schließlich See, oder?

Gut, wir beide, nach dem vierzigsten Mal Umsteigen, endlich durch die verstaubten, nur notdürftig nachkriegsbepflastersteinten Straßen an den See der Verheißung. *Well, to be honest*, und jeder, der mich kennt, weiß, wie egal mir das ist, denn schließlich, wer ist selbst in Erfurt auf dem Highfield Festival immer vor den Gigs durch Deutschlands verseuchteste Brühe als einzige Größenwahnsinnige geschwommen, weil's mir kackegal war, was darin noch für fünfdimensionales Leben mitschwamm? Richtig, ich habe kein Erbarmen mit egal was für einer Pfütze, aber schon beim ersten Anblick des einst so noblen Sees war offensichtlich ... Das Wasser schien grundsätzlich gar nicht so verkehrt. Um nicht zu sagen, es schwammen keine umgekippten Blähfische darin umher, das nicht, aber trotz des ungeheueren Andrangs auf den Grünflächen entlang des Sees war es schon verwunderlich, warum sich nicht mehr als vier Menschen in den Tümpel trauten.

Wurscht, Wasser, wat soll's, dachte ich. Glückselige Momente verbrachte ich wie 'ne Irre kreuz und quer paddelnd, kraulend, tauchend, schon aus Trotz. Wunderbar. Während sich meine Sportsfreundin Manu mit einem Strandschmöker und selbst gemachten ostdeutschen Köstlichkeiten vornehm zurückhielt. So was werde ich nie verstehen. Wozu dann am See liegen? Da würde doch auch eine Verkehrsinsel reichen. *Whatever*, ich hatte meinen Spaß.

Einen Monat Trommelpause, aber trotzdem fit bleiben, so gut es ging, das hatte ich mir vorgenommen. Und es ging verdammt gut. Ich radelte meine sechzig, siebzig Kilometer runter, das war keine Kunst in Berlin, aber auch die entlegensten Regionen ließ ich nicht aus. Fast tägliches Kampfschwimmen, eben im Schlachtensee oder sonst wo, und Happy Hippo Shari war top in Schuss. Dann wieder Vollgas üben, und in ein paar Monaten gingen die Proben wieder los. Fette Tour, endlich die neuen Stücke spielen, mit den Lieblingskollegen und -kolleginnen wieder auf Klassenfahrt sein, herrlich. Sparsam ernährte sich das Eichhörnchen und genoss den *summer in the city*.

An diesem Tag, nach meinem Weißenseetrip, fuhr ich bester Dinge nach Hause in meine weiße Höhle und entspannte. Ich duschte mich erst am nächsten Morgen. Das war ein Fehler. Beim morgendlichen Zähneputzen schaute ich in den Spiegel, um meine kreisenden Bewegungen mit der Highspeed Oral B besser kontrollieren zu können, und dabei fiel mir auf, dass mein rechtes Auge noch schlimmer aussah als mein linkes sonst immer, vor der Entknitterung. Hm, rot und geschwollen. Blöd. Tja, wahrscheinlich hab ich Zug gekriegt. Aber Zug von was? Vielleicht vom Fahrtwind auf meinem Rad, kann sein, ich war ja nicht unbedingt im Schnecketempo unterwegs, dachte ich. Zwei Tage später war kein Auge in dem Sinne mehr erkennbar. In der Apotheke an der Ecke empfahl man mir Augentropfen und riet mir, falls in den nächsten fünf Tagen keine sichtbare Besserung eintreten sollte, lieber einen Arzt aufzusuchen. Wird schon. Nee, wurde nicht. Ich beschloss das blutunterlaufene, brennende, Brötchen große Ding anschauen zu lassen.

»Aha, ah ja, das sieht mir schwer nach Streptokokken aus, Frau äh ... gut, dann verschreibe ich Ihnen jetzt mal die Antibiotikatropfen, und wenn's nächste Woche nicht besser ist, sehen wir mal ... aber versuchen Sie jetzt bitte keinen Sport zu treiben, auch nicht draußen herumlaufen, sonst verteilen sich die Bakterien umso mehr und der Heilungsprozess kann nicht voranschreiten ... bitte auch nicht in die Sonne und schon gar nicht schwimmen gehen ... die Seen sind momentan etwas überhitzt, da tummelt sich alles Mögliche, was für Sie gerade sehr ungünstig wäre ...«

Na also. Die Woche verging, die Entzündung nicht. Manu wollte mit mir Picknick-Sporteln am Treptower Park.

»Sorry, aber ich kann nicht. Nächste Woche?«

Die Tage in meiner Höhle bei achtunddreißig Grad waren von meinem ganz speziellen Hass erfüllt. Draußen tobte das Leben, und ich musste einen auf Alligator in Winterstarre machen. Lesen, viel lesen ist gut, dachte ich. Ein paar Tage Pause ist ja bekanntlich auch sehr wichtig für die Muskulatur. Wie bitteschön soll ich mich denn sonst erholen und weiterwuchern? Tatort, lesen, locker bleiben. Nee, Augen auch nicht überstrapazieren. Die Augentropfen nicht vergessen.

Steuer zum Quartalsende erst abgeben, kann aber jetzt schon mal vorbereitet werden. Hatte ich überhaupt in meiner grenzenlosen Schreibfaulheit alle, also wirklich alle E-Mails beantwortet? *Sure?* Es reichte irgendwann, ich musste raus! Mit Sonnenbrille war doch okay, aber da mein Kreislauf inzwischen so angeknackst war, hatte ich das Gefühl, es pumpt mir bei jedem verdammten Schritt mit vollem Karacho die Strepto-Armada in die Pupillen. Das war keine gute Idee. Hinlegen, ruhig halten. Nicht bewegen, keine Sonne, kein Wasser – Fassungslosigkeit.

Eine gute Woche später stand ich wieder bei meiner Augenärztin vor der Tür.

»Aha, na ja, eigentlich sollte doch das mit Antibiotika, also ich verstehe das nicht ... zwei Wochen sind insgesamt zu lang ...«

Another Salbe, *another week* in der Grotte. Eines Morgens stand ich wieder mit hängenden Mundwinkeln auf und machte mir hektisch wie immer mehrere Brote, denn würde ich morgens nicht vor Hunger sterbend wach werden, schliefe ich fünfzehn Stunden pro Nacht. Aber leider ... also, ich sitze an meinem provisorischen Tapeziertischbrett und beiße in mein getoastetes Dinkelbrötchen, auf dem die dickste Schicht Nutella, die je ein Mensch ... – es schießt ein höllischer Schmerz aus meinem Eckzahn, Oberkiefer, rechts, die »4«, wie ein Blitz durch mein Hirn. *What the ...*? Es hörte nicht auf. Sehr merkwürdig, als hätte einer den »On«-Schalter angemacht und solange »On« on war, würde sich das auch nicht ändern. In dem Ärztehaus, in dem sich meine Augenärztin befand, meinte ich, auch ein Zahnarztschild gesehen zu haben. Termin ausmachen, Sonnenbrille auf und langsam hinhetzen.

»Hm, so weit nichts zu sehen, aber ich kann ja mal ein Röntgenbild machen, Frau ...«

Bestens. Nachdem die Frau Doktor sich mein Foto angesehen hatte, beschloss sie, auch den Unterkiefer unter die Lupe zu nehmen.

»Aha, das ist ja komisch. Sie haben also oben Schmerzen, aber auf derselben Seite im Unterkiefer sitzt unser Feind. Da schick ich Sie am besten gleich übermorgen früh, bitte nüchtern, nach Spandau. Sie ist meiner Ansicht nach die beste Kieferchirurgin, die ich kenne, und glauben Sie mir, ich kenne viele ... nehmen Sie sich Ihren iPod mit, dann hören Sie das Gesäge nicht so laut. Aber was ist denn da eigentlich mit Ihrem Auge los? Interessant, das Problem liegt auf derselben Seite.«

Sie drückte und zog an meiner Geschwulst herum, runzelte ihre bemalten, aber sauber gezupften Millimeteraugenbrauen und meinte: »Hören Sie, das sieht ja aus, als ob ... ich vermute, dass sich da irgendwelche Bakterien vom Zahn ins Auge ...«

»Jesus und Christus! Alle heiligen Zecken, vereinigt euch. Gnade, ich bitte um Gnade«, winselte ich.

»So, wir machen die ›4‹ jetzt schnell, aber ohne Betäubung, denn wenn Sie sagen, Sie hätten schon ein Antibiotikum genommen, aber wüssten nicht, welches, und Sie hätten Kokken, wüssten aber nicht genau, welche, dann rate ich Ihnen, diesen Eingriff jetzt, so leid es mir tut, einfach, soweit es geht, auszuhalten.«

Am f... offenen Nerv bohrte Frau Mengele in mich hinein und ignorierte – es war ihr Job – jegliches Geschrei meinerseits.

Klitschnass verließ ich die Folterkammer. Ich hätte in den dritten Stock gehen können, sicher auch ohne Termin, um mich von der Augenärztin ... aber nein, *break*. Nächster Tag, nächster Augenarztbesuch.

»Guten Morgen, Frau ... das wird ja gar nicht mehr besser mit Ihnen, sagen Sie mal ... wir sollten es mit einem anderen Antibiotikum versuchen.«

Logisch, die ganze farbige Palette rauf und runter, warum nicht? In vier Wochen brauch ich dann einen Blindenhund, zahlt ja auch die Kasse, oder? Wenn ich morgen die Kettensäge aus meinem Gesicht entfernt hätte, würde die Welt sich wieder richtig herum drehen, mit Sicherheit! Das Blöde war, ich hatte schon einmal eine Unterkiefer-OP, die fand ich damals gar nicht lustig, aber heute war ich schon ein großes Mädchen ... mit links, dachte ich.

Zahnarzt für Oralchirurgie, Spandau, Altstadt. Kein iPod, aber gute Nerven und nüchtern. Kein Antibiotikum intus, und die Betäubung tat irre gut.

Säg doch, mich beeindruckt das nicht, Hauptsache ich kann in ein paar Wochen wieder üben, also Sport machen, das war wichtig. Während die Frau Dr. Chirurgin in meinem Gebiss herumfuhrwerkte, mich ständig lobte, wie konzentriert ich doch mitmachte – wohl wegen meiner gefrorenen Stockfischattitüde –, versuchte ich zu erraten, wie viele Stunden inzwischen vergangen waren und wie viele es noch sein würden, bis ich endlich mein Nutellabrot weiteressen konnte. Da fluchte die Frau Doktor ihre Assistenzärztin an:

»Das ist doch ... was ist das denn? Eine Unverschämtheit, sagen Sie selbst, also ... hm, Frau ... sagen Sie mal, an dem ›6er‹ hier ist doch schon mal was gemacht worden, sehe ich das richtig?«

»Hm, hm!«

»Wann und bei wem das war, können Sie sich daran noch erinnern?«

»Mm ... Mhm ...«

»Gut, war das denn ein Kollege aus Berlin?«

Kopfschütteln war wohl gerade nicht so angesagt, während sie dabei war, ins Bodenlose einzutauchen. Also bewegte ich meine Augen, parallel, wie denn sonst, von links nach rechts. Stimmt, ich hätte auch die Arme nehmen können, aber ich war am Oberkörper, zu meiner eigenen Sicherheit, mit einem Gurt festgeschnallt. Ich starrte ihr fragend in die Augen.

»Na, ich sach mal so, der gute Mann, ich geh mal davon aus, dass das einer war, wenn ich mir dieses Desaster anschaue, hat Ihnen nach der Wurzelbehandlung zwei der drei gekappten Wurzelspitzen einfach vergessen herauszunehmen und irgend ein Metallstück des Bohrers ist wohl abgebrochen ... das hat er auch gleich drin gelassen. Unmöglich ... kein Wunder ... tstss ...«

Vielleicht stand er unter Druck, damals in München, die Opernkarten, die Ex wartet im Regen, im kleinen Schwarzen ... all das. Sorry, da hätte doch jeder sein Geschirr im Maul eines dahergelaufenen Patienten liegen lassen, dachte ich.

»So, ich muss mir das aber noch mal ganz genau angucken, nicht dass wir da noch was übersehen ... von daher, wenn Sie einverstanden sind, würde ich gerne das Mikroskop einsetzen ... das wäre allerdings für Sie ein Kostenfaktor ... von ... schätzungsweise ... ja, da schau ich noch mal nach ... also wollen Sie, oder?«

»Mhm ... hmm.«

All die Jahre bildete ich mir ein, ein kleines Gebiss zu haben, aber das kam wahrscheinlich nur daher, dass es bis zum Anschlag mit Dingen vollgestopft war. Es wurden keine weiteren Utensilien, weder aus dem medizinischen Bereich noch irgendeinem anderen Klempnereibetrieb gefunden.

»Das verheilt in zwei bis drei Wochen, bitte keinen Sport, die nächste Zeit am besten nur liegen, so wenig Bewegung wie möglich, damit die Wunde verheilen kann, und falls Sie Ihrem alten Zahnarzt was mitbringen möchten ...? Wollen Sie wenigstens mal sehen ...?«

»Hmmhhhmm ...«

Nach einer Woche sollte ich zur Nachuntersuchung zur Frau Chirurgin, zur Frau Zahnärztin und zur Augenärztin. Über diese Woche muss man ja wohl nicht reden.

Ich konnte mit meinem verklebten Auge weder lesen noch *Tatort* gucken, auch kein Arte. Da mein »6er« – der »4er« nicht, der war okay – brutal schmerzte, anschwoll und pochte wie ein Presslufthammer, konnte ich weder essen noch überhaupt, und alles war unaussprechlich scheiße.

Manu: »Ja, Mensch, wird das heute wieder nix mit dir, wir wollten baden gehen und danach vielleicht noch ins ...«

»Sag es mir bitte nicht, so viel Takt muss sein! Nächste Woche ... versprochen, Hauptsache, ihr habt Spaß, tschüß!«

Selten war der Terminkalender so voll. Jeden Tag in einer anderen Praxis, manchmal auch mehrere Male in der gleichen. Endlich wieder bei der Augenärztin.

»Oh, Frau ... ich bin die Urlaubsvertretung ... so was hammwa denn?«

Gegenfrage: Wie lang ist ein Seil? Gut, ich wiederholte den Befund von A bis Z, ging unverrichteter Dinge und mit einer Aspirinsalbe unterm Arm eine Etage hinunter zur Zahnfachfrau, die meine Befürchtungen bestätigte, dass ich eine weitere, wenn nicht zwei Wochen länger auf Bewegung außerhalb der Couch oder des Bettes verzichten sollte. Eine weitere uferlose Woche verging, Manu wurde erneut vertröstet, die Augenärztin war aus dem Urlaub wieder da und schaute mich zynisch an: »Sagen Sie, was reden Sie denn da, was heißt der Zahn, ich bitte Sie, wie kommen Sie denn darauf, dass das irgendetwas miteinander zu tun ... was glauben Sie denn, was ... wieso ist dieses Auge denn immer noch nicht ... ich habe Ihnen doch verschiedenste Anti...«

»Schon richtig, und dafür bin ich Ihnen auch sehr dankbar, aber wie Sie sehen ... die Zahnärztin meint, dass Bakterien ...«

»So einen Quatsch habe ich ja noch nie im Leben gehört, hören Sie mal, wer hat Ihnen denn diesen Mist verzapft, also es reicht ...«

»Es tut mir auch sehr leid, wie das alles gekommen ist, Frau Doktor, ich verspreche, ich komme erst wieder, wenn ich komplett gesund bin, alles erdenklich Gute.«

Mein rechter Lymphknoten am Hals war zu einer Mandarine angeschwollen und mein rechtes Ohr tat weh. Klar, durch den noch immer nicht verheilten Krater im »6er« strahlte das Ganze bis ins Mittelohr. Trotzdem, wenn ich deshalb und sowieso nicht schlafen konnte, entschied ich, mich ein letztes Mal zu engagieren und ins Ärztehaus am Ku'damm zu gehen – Fahrradfahren pumpte mir zu viel Blut in den Kopf – und den HNO-Arzt in der vierten Etage zu konsultieren.

»Verstehe, so, so, der Lymphknoten ist ... ja, allerhand ... aber im Ohr, da kann ich auf Anhieb nichts erkennen, na, dann machen wir am besten gleich ein Röntgenbild.«

Sehr gerne. Verstrahlt war ich eh schon.

»Na ja, wir sehen die verschiedenen Bakterienherde ... durch die OP, und am Auge ... alles zusammen ergibt wahrscheinlich so eine Art ... ich kann nur sagen, nehmen Sie weiterhin Anti ... ach so, dann lieber nicht mehr, warten Sie einfach ab, schonen Sie sich, keine Sonne und keine Bewe... – exakt! Sie sollten vielleicht noch einen anderen Augenarzt ... Kommen Sie doch in zwei Wochen wieder und dann ...«

Das Ärztehaus am Savignyplatz hatte noch Kapazitäten frei. Alles, was das Herz begehrt. Termine bekam ich erst eine Woche später. Es war inzwischen August. Manu, wer weiß, ob sie mir für irre hielt, ich ihr nur unendlich leidtat, oder sie das in Gedenken an große Zeiten im Tiergarten tat, besuchte mich jedenfalls alle paar Tage, um mich mit Kniffel- oder Monopoly-Spielen in einem zeitlosen Café am Leben zu halten.

Nachdem ich stundenlang verloren hatte – das war auch in Gottes Namen gut so, denn sonst hätte ich schäbig lachen, wenigstens lächeln müssen, und das wiederum hätte meine Backe in Stücke gerissen –, begleitete Schwester Manu mich nach Hause.

Seit einem Monat ging diese absurde Tortur nun schon. Ich war körperlich nicht nur nicht ausgelastet, und Gott weiß, wie sehr ich Bewegung brauche, auch schrumpften alle jemals vorhandenen Muskeln auf ein Minimum zurück. Das war das Schlimmste. Selbst wenn ich heute Nachmittag in irgendeinem Proberaum hätte loslegen können, hätte ich mindestens sechs bis acht Stunden täglich üben müssen, um im Entferntesten in den verbleibenden vier Wochen auf das Level zu kommen – allein schon aus kraftausdauertechnischen Gründen –, das bei Bandproben erwartet wird. Ich lag also da, regungslos, wissend, dass ich quasi am nächsten Tag beim Zehnkampf meine Goldmedaille verteidigen musste.

Schluss. Hose an, Brille auf, ein paar Häuser weiter hatte ich ein Heilpraktikerschild gesehen. Ich klingelte Sturm und wurde hereingelassen in die Bibliothek mit Sauter-Klavier an der Wand.

»Geben Sie mir irgendetwas, ich flehe Sie an, irgendwelche Beruhigungspillen ... egal, bitte!«

»Hm, Sie meinen sicher Globuli, Sie sind hier in einer Naturheilpraxis.«

»Wundervoll, nur geben Sie sie mir ... ich drehe langsam, aber sicher durch und Sie möchten doch nicht verantwortlich sein für ...«

»Hier, das sind zwölf Stück, drei Kügelchen morgens einnehmen, das macht dann fünfzig Euro, bitte ... Danke.«

Glaube versetzt Berge, und dieser Mist kostete mich jetzt schon die Hälfte der kommenden Gage, *damn!*

Normalerweise bin ich nicht nachtragend. Wirklich nicht, aber als der Steuerberater aus *Old Munich* mich eines Nachmittags telefonisch – ich war gerade aus irgendeiner Praxis herausgetorkelt – im Tal der Tränen auf dem falschem Bein erwischte, konnte ich nicht anders. Ich sprudelte ihm all meinen Frust ins Ohr, beklagte mich vor allem über das Benehmen der Augenärztin. Endlich kam auch er zu Wort, und nachdem er mir in zwei Sätzen mitgeteilt hatte, dass er selbst dazu nichts sagen könne und wolle, fügte er souverän hinzu: »Momentchen, ich geb Ihnen kurz meine Frau, die weiß Bescheid in solchen Dingen.«

Halt, stopp, ich wollte jetzt nicht unbedingt heulenderweise mit irgendeiner wildfremden Ehefrau, der ich höchstwahrscheinlich, weil berufstätig, Hausfrau und Mutter, gerade bügelnd, ihre wertvolle Zeit stahl, über meine intimen Geschichten debattieren.

»Hallöchen, Frau ... nein, nein, lassen Sie Ihren Gefühlen freien Lauf! Gut, nun zum Thema: Wer hat was bei Ihnen diagnostiziert?«

»*Wow. I like!* Okay, Frau Steuerberater, die Ärztin, der die Massen vertrauen, Folgendes ...«

»So, aha, na da sind ja wieder Künstler am Werk, hören Sie ... Sie geben mir jetzt Name und Nummer dieser Ärztin. Ich gebe mich als Ihre Schwester und Ärztin aus, wenn's recht ist, und dann wollen wir doch mal sehen, was für ein Problem die Gute eigentlich hat. Dann werden wir dem ganzen Pfusch ein Ende setzen, das versprech ich Ihnen, wiederhören.«

Und knallte auf. Cool, jetzt hatte ich eine Cobra als Freundin, nicht schlecht. Dieser Nachmittag war gerettet. Über mir, an der Decke, sah ich wieder Bilder. Cobra ruft in der Praxis an, stellt sich als Dr. Dr. med. Irgendwas vor und sagt: »Ich grüße Sie, Frau Kollegin, sagen Sie mal, HABEN SIE EIGENTLICH NOCH ALLE LATTEN AM ZAUN? Ich muss Sie leider verklagen, und Gnade Ihnen Gott, wenn Sie noch einmal ...!«

Ach, das wird wunderbar mitanzuhören, dachte ich verträumt, wie ihr Hirn explo...

»Hallo, liebe Frau ... ich bin's wieder, sagen Sie mal, wie soll ich sagen, also die Frau Kollegin klang eigentlich gar nicht so unqualifiziert, ehrlich gesagt fragte sie mich, ob ich als ›Schwester‹ noch guten Kontakt zu Ihnen hätte, und wisse, dass meine Schwester ein schweres psychisches Problem hat, ob ich mir sicher sei, das Sie nicht geisteskrank sind ... dass Sie einen völlig entrückten Eindruck auf sie gemacht hätten ... haben Sie?«

Die Globuli waren alle. Ich sagte Manu für den Nachmittag ab. Meine Mutter hatte für solche Fälle einen Stapel billigster Teller aus der Kaufhalle gebunkert, die sie dann genüsslich, mit voller Wucht, einen nach dem anderen, an der Wand zerschmetterte. Schade, muss ich mir schleunigst auch besorgen, dachte ich.

Am nächsten Morgen erwachte ich mit pochenden Schmerzen in der rechten Schulter. Wahrscheinlich bildete ich mir auch das ein, da ich ja so entrückt war. Im Laufe des Tages, und der war weiß Gott wieder lang, wurde es schlimmer. Die ganze Schulterpartie so gut wie unbeweglich. Vielleicht sollte ich Kalles Betreuer, falls es denn einen real existierenden gab, fragen, ob er für mich einkaufen gehen kann, aber Kalle würde lieber von einer Eisenstange erschlagen werden, als mir diesen Gefallen zu tun.

»9:34 Uhr, Frau Gádji immer noch nicht zu sehen – seit sechs Wochen –, wahrscheinlich wieder arbeitslos, diese Schmarotzerin.«

Nach drei Tagen setzte ich mich wieder mal an meinen Rechner, um einen Orthopäden ... Im Ärztehaus, zweite Etage rechts. Ja, ein Röntgenbild.

»Mhm, tja, eine Schleimbeutelentzündung, das kommt vor, ab dreißig ...«

Massagen, Stromschläge, Salben, Kälte- und Wärmebehandlungen. »Ich halte das nicht aus! Wie lange kann das ...? Drei bis vier Wochen? Wo sind die Teller!« Ich ging die Treppen hinunter. Eine Etage nach der anderen. Kurz vor dem Ausgang des Schmierenkomödientheaters gab es noch ein Schild, das mir durch seinen unaufdringlichen Schriftzug bisher nicht aufgefallen war. Dr. med. B. Tulpe, Ärztin für Allgemeinmedizin. Mittwochs Sprechstunde, nur nach Vereinbarung. Es war Mittwoch. Überlebende des Todesmarsches, jene Ausgemergelten, Halberfrorenen, die weniger als einen morschen Fetzen am Leib trugen, hätten in diesem Moment eine positivere Ausstrahlung gehabt, das war mir klar, und trotzdem drückte ich mit letzter Kraft auf den Messingklingelknopf. Wimmernd harrte ich der Dinge, eine einzelne erbärmliche Träne presste sich aus den Tiefen meines Kanals, als ich ein paar gedämpfte Schritte behäbig auf die Tür zukommen hörte. Die frisch lackierte, schneeweiße Berliner Altbautür öffnete sich und eine ältere Dame im mintfarbenen Selbstgestickten mit Bernsteinkettenimitat sah mich freundlich an.

»Guten Tag, aber wir haben heute leider geschlossen ...«
Ich brachte kein einziges Wort heraus. Grinsen ging auch nicht mehr. Sie wartete einen Augenblick und wiederholte: »Verstehen Sie? Es tut mir leid, aber wir haben ...«

»Ich ...«
Dann konnte ich nicht anders. Einen Schritt und noch einen Schritt ging ich auf sie zu. Ich stand schon mit einem Bein in der Praxis, dann – fiel ich ihr um den Hals und brach in Tränen aus. Das ganze Bernsteinarrangement war binnen Sekunden durchtränkt von mehreren Kubiklitern bittersten Salzwassers. Es tat gut, einem Großmutterersatz spontan alle Seelenqualen an den Hals kleben zu können. Ohne Worte verging, man weiß nicht, eine lange Zeit.

»Setzen Sie sich, um Gottes willen, was ist denn nur los?«
Ich erklärte ein weiteres Mal mein langes Seil, und sie kam auf die unfassbare Idee, mir Blut abzuzapfen.

»Wir machen jetzt ein großes Blutbild, und dann sehen wir, was eigentlich los ist, alles wird gut, in zwei Wochen spätestens wissen wir Bescheid ... ich gebe Ihnen noch eine Adresse von einem der besten Orthopäden, und dann schaut der mal ...«

Wieder hinaus aus Großmutters Schoß, gestärkt, ich hatte mich wieder im Griff, ab zum Orthopäden. Zum Röntgen nach Halensee. Zum Kollegen nach Spandau. In die Sonnenallee. Um die Ecke, in die Pestalozzistraße.

Protokoll: »13:56 Uhr, Frau Gádji verlässt vermummt, jedoch leuchtend wie Tschernobyl, heute zum zwölften Mal ihre Wohnung, kommt verheult auf allen vieren wieder. 17:25 Uhr, Frau Gádji wirkt noch entrückter als vor zwei Stunden, als sie zum achtzehnten Mal die Fahrradständer passiert.«

Es machte alles keinen Sinn mehr. Ich legte mich hin. Ich musste der Wahrheit endlich ins verdammte Auge blicken. Nichts ekelhafter, als sich selber was vorzumachen. In diesem Leben würde ich die Tour, die in weniger als vier Wochen starten würde, nicht mitmachen können. Ich war raus. Punkt! Kein Zweifel. Wenn ich jetzt wenigstens die Eier hätte, dies meiner Plattenfirma, dem Management und Herrn X. mitzuteilen, damit die eine Chance hätten, einen Ersatz zu suchen ...

Ein Dolch stach unendlich tief in mein verschrumpeltes Herz hinein. Ich bekam einen ganz normalen Nervenzusammenbruch. Leute, mit einer gelähmten Schulter, einer faustgroßen Wunde im Gebiss und einem eiternden Auge hätte ich das gesamte Projekt, schon rein optisch, gefährdet. – Reiß dich zusammen, ruf an, das bist du ihnen schuldig, dachte ich, sieh es in Gottes Namen endlich ein, es soll nicht sein! Vielleicht würde ich eines Tages wieder ... Freude im Leben ... Teil eines der schönsten ... alle Scheißjobs dieser Welt nicht umsonst..für diesen Traum ... wer weiß, nächstes Jahr wieder.. da wäre ich schon wie alt?

Nein, wie peinlich! Blödsinn, na und, dann wäre ich eben die *Louise Bourgeois of the Drums*, *so what*?, dachte ich. Eine Kunst war das, sich, während Kopf und Körper wie Atombomben auseinanderflogen, äußerlich nicht bewegen zu dürfen/können. Kompliment! Danke! Das nennt man wahre Depression, jetzt hatte ich tatsächlich eine psychische Störung, aber vom Feinsten. Auf einen Tag früher oder später kommt es auch nicht mehr an, dachte ich, holte die »Bob Ross«-DVD raus und fing an, parallel mit ihm meine Wände zu bemalen. »Morgen, versprochen, sage ich die Tour ab!«

Ein Teilnehmer mit unterdrückter Nummer. Ich hasse das. Es konnte sich entweder um irgendeinen Ex, das Finanzamt, oder eine Marketingumfrage handeln. Doch jede Ablenkung war mir recht. Vielleicht konnte man die gelangweilte Marketingforscherin mal so richtig zur Sau machen. Wer auch immer musste jetzt dran glauben. »Ja, was!«

Es knatterte am anderen Ende.

»... na? Shrona?«

»Jahaa, hm, gut, dass du anrufst, ich wollte sowieso gerade ... wo bist du denn?«

»Well, ich steige gerade in den Bus, hier ... Moment, die Karte ... *thank you* ... ja, ja, bin auf Hawaii und wollte mal fragen, ob du dich auch so auf die Tour freust? Haste denn fleißig geübt? Quatsch, sollte ja gar nicht mehr, haha ...«

Meine Eingeweide zogen sich zusammen. Jetzt, verdammt noch mal, los, raus damit, spring! »Nein, ich meine ja ... schön, Hawaii, was treibst du denn da so den ganzen ...«

»Ja, ja, herrlich, wie soll's schon sein, die Sonne scheint mir aus'm ... aber, jetzt sach doch mal ... was treibste ... allet jut mit dir? ... Hallo?«

Nichts. Es ging nicht.
»Zunge verschluckt? Shroni? Oh, oh ... komm schon, spuck's aus, wat is los?«
»Nichts. Ich wollte dir nur sagen – ich kann nicht. Ich kann die Tour nicht machen, es tut mir leid! Fahrt ruhig ohne mich los, lasst mich zurück, ich komm' schon klar«
Licht aus.
Der Felsbrocken flog von der Klippe, tausend Meter tief. Leiser Heulkrampf.
»Wat? Ha ha ha ... wie jetzt, was erzählst du da, Shaaarona? Jemand zu Hause?«
»Nein, ja, du hast mich schon verstanden. Es geht nicht! Da geht gar nichts mehr. Aus!«
Der Hüne mit den zweiundfünfzig gesunden Zähnen schien die Relativitätstheorie rückwärts zum Quadrat zu entwurzeln. Wovon redet die wieder, diese abstrakte Irre?
»Also, Schroni, ich bin ja für jeden Quatsch zu haben, muss aber leider gleich umsteigen ... andere Insel ... also, es bleibt dabei, melde dich bei Alex, wenn was is ... freu mich ... alles wie gehabt! Bis später ...«

Wenn sich ein warmer Schauer Blut schlagartig im ganzen Körper verteilt, bis in die Ohrläppchen schießt und wie Kohlensäure in den Nasenflügeln prickelt, dann hört man dem nevtötenden Getute aus dem Höhrer des am anderen Ende der Welt aufgeknallten iPhones einfach nicht mehr zu. Man möchte zwar, schließt aber lieber die Augen, um weiter in der heißen, duftenden Wanne zu baden ... stundenlang. Ich ergriff den neonorangenen Rettungsring in letzter Sekunde und versprach, mich noch einmal aufzubäumen, ein letztes Mal wie ein verfluchter Phönix ... den verkackten Karren mit allen noch verfügbaren Kräften aus dem Dreck zu zerren.
»Okay, gut. Ich versuch's!«
Handynummer vom Management, Alex ging noch spätabends ran. Ein Engel.
»Sharona, es gibt keine Probleme, nur Lösungen! Morgen hol ich dich um zehn ab, wir fahren dann zur Chiro-Queen! Mach dir keine Sorgen, alles ist machbar! Biste dabei?«
»Dabei!«
Die schönste Nacht seit Jahren hinter mir, erwachte ich in neuem, na ja, Glanz

wäre übertrieben, aber sagen wir, ich war einigermaßen ausgeschlafen, wenigstens das. Pünktlich auf die Minute holte mich mein gut gelaunter Tatortreiniger ab.

»... und sie behandelt die komplette Besatzung der Berliner und Wiener Philharmoniker ... eine absolute Koryphäe ...«

»... auf ihrem Gebiet? Mein Ding, gib Gas!«

Frohnau. Ein äußerst sympathischer Lockenkopf in Blond, schwanger.

»Ah, oui, oui, die Dame an der *battérie*? Schön, also, wo war jetzt die Lähmung?«

»Lähmung? Na ja, gelähmt bin ich ja nun nicht, ich kann den rechten Arm aufgrund der Schmerzen nicht ...«

»Wie, nicht gelähmt? Gar nicht? Nirgends? Aber Alex meinte doch ...«

»Tut mir leid – nicht gelähmt! Aber ich kann ja wiederkommen, wenn ...«

»*No, no*, schon okay.«

Sie verließ den wohligen, hellen Raum und schloss die Tür hinter sich. Anzunehmen, dass sie sich kurz Alex »the Lösung« vorgenommen hat. Sichtlich entspannter kam sie zurück und begann in wundersamer Weise, Dinge, von denen noch nie ein Mensch ... es war unfassbar, sie bog, zog, schraubte an meinen Extremitäten herum, in einer Weise – die reinste Erleuchtung! Die Begeisterung bescherte mir einen wunderbaren Restnachmittag. Das Leben war fast wieder schön. Insgesamt acht Termine hatte ich für die nächsten zwei Wochen bekommen. Und eine Überweisung in eine Chiropraxis in der Nähe vom Chef, direkt im Nachbardorf. So hatte ich's während der kommenden Proben nicht weit zu den Behandlungen.

Noch neun Tage bis zu den offiziellen Proben und weitere zwei Wochen bis zum ersten Gig. Ein Ding der Unmöglichkeit, aber eine einmalige Chance, die Welt vom Gegenteil zu überzeugen! Der nächste Morgen. Ich in voller Kampfstimmung. Festnetzgeläute.

»Frau Gádji? Dr. Tulpe am Apparat, die Praxis für Allgemeinmedizin. Ihr Befund ist da. Ich möchte Sie bitten, sobald Sie in der Lage dazu sind, heute, am besten jetzt gleich, zu mir in die Praxis zu kommen. Ihr Blutbild ... ich möchte das lieber mit Ihnen persönlich besprechen ... es ist dringend!«

Adrenalinschock. Espenlaub. Vielleicht ein Glas Wasser? Die Globuli bestanden doch eh nur aus Traubenzucker. Also schnell in einen Apfel beißen? Oder gleich vom Balkon springen? Zweiter Stock – bringt nicht viel. Aber wenigstens eine Lähmung? Okay, ganz ruhig jetzt: *Liebe Frau Gádji, ich weiß nicht, wie ich es Ihnen beibringen soll, aber Sie haben noch ca.* sechs Monate! Nein, drei! *Genießen Sie Ihre verbleibende Zeit. Machen Sie eine schöne Kreuzfahrt, eine letzte Weltreise, zur Chinesischen Mauer ... mit Ihren Allerliebsten. Alles Gute. Es tut mir leid!* Dichtmachen. Anziehen. Hingehen.

Mutig quälte ich mich in den ersten Stock aufs Schafott. Die Henkerin im lachsfarbenen Gehäkelten öffnete persönlich: »Nein, setzen Sie sich bitte hier hin, gleich neben mich und entspannen Sie.«

Wie eine Kindergärtnerin einem Kleinkind, das gerade aufs Knie gefallenen ist und nach seiner Mutter schreit, schonend beizubringen versucht, dass diese weder heute noch an irgendeinem anderen Tag das Kind mit blutender Schürfwunde jemals wieder abholen würde, begann Frau Lachs mir zu erklären:

»Frau Gádji! ... Bakterien ... Viren, wie kleine Tierchen ... klitzeklein ... ein Herr Epstein-Barre ... Es handelt sich um eine Immunschwächekrankheit, die Sie sich so etwa vor drei Jahren eingehandelt haben müssen. Das ist gar nicht so schlimm, im Allgemeinen ... zum Beispiel Stimmungsschwankungen ... Die Schulmedizin ... aber als Heilpraktikerin ... deshalb schlage ich vor, Ihnen gleich jetzt einen Liter spezielles Vitamin C-Gemisch intravenös zu verabreichen. Was meinen Sie?«

Auch einen Liter Schweinekopf, wenn's hilft. In Trance setzte ich mich in das Minibehandlungszimmer neben der Rezeption und starrte aus dem Fenster.

»Das sind ja mal Venen, hören Sie mal, ganz, ganz toll. Die sind ja so dick wie ...«

Was? Würste? Vorsicht! Kein falsches Wort jetzt, Frau Tulpe!

»... sind Sie Sportlerin?«

Mein linker Mundwinkel reagierte noch. Die Pulle war angedockt und tropfte in das Haus meiner neuen Untermieter hinein. Was zum verfluchten Henker sollte mir das alles sagen? Die ganze Tortur ergab also endlich einen Sinn? Ich musste doch nicht in die Klapse? Und ich war auch nicht mehr allein mit mir selbst? Vor drei Jahren? Das war doch ... die fantastischste Zeit meines Lebens – Kölle. Da kann doch gar nichts ... Andererseits, diese Kastanienbaumdichte – das muss man aber mal loswerden – in dieser Stadt war überwältigend. Ich war mir sicher, dass es in keiner deutschen Stadt solche Kastanienbäume gab. Dieses saftige Grün. Überhaupt, diese Farbenpracht überall, allein auf der anderen

Straßenseite. Auf die Bauarbeiter schien sich, heute im Besonderen, diese magische Aura der Fauna und Flora auch übertragen zu haben. Sieh da, er lacht! Ich konnte es selbst unter seinem Schutzhelm, den er sich für die Schweißarbeiten wohl extra angezogen hatte, erkennen. Gott, ich glaube ich muss schreien vor Glück. Kreischen. Nur ein Krümel Contenance hielt mich davon ab, mir die Nadel samt Schlauch aus dem Unterarm zu reißen, aufzuspringen und auf meterhohen lila Stelzen über alle Blumenwiesen von Mutter Erde zu hüpfen. Ich hatte Lust, elefantenkopfgroße Sträuße zu pflücken und alle Menschen zu beschenken, ihnen in Gottes Namen auch Fisch ohne Zitrone zu dünsten, Jesus Maria, alle würde ich abknutschen. Es wäre Frieden auf der Welt und ...

»So, Frau Gádji, wir wären dann fertig. Wie geht es Ihnen?«

»Ich liebe Sie!«

»Ja, ja, hm, jeder reagiert natürlich anders ... schön, wenn Sie sich gut fühlen, Soll ich Ihnen lieber ein Taxi rufen? Sie fahren ja wohl nicht mit dem Fahrrad, was?«

Kichernd schwebte ich durch die Praxistür in die Welt hinaus. Ach ja, Alex, der wundervolle Alex, den musste ich an meinem Glück unbedingt teilhaben lassen, ach und überhaupt, scheiß auf die Telekom, ich würde die nächsten fünfzehn Jahre alle Menschen aus meinem und anderen Telefonbüchern anrufen und ...

»Alex, habe ich dir jemals gesagt ..., ja, alles super, aber irgendwie bin ich so glücklich, wie geht es dir denn eigentlich, du ...?«

»Mhm ... LSD-Trip, oder was ... das wird schon ...«

»... sogenanntes chronisches Erschöpfungssyndrom ... doppelsträngiges DNA-Virus ... persistiert lebenslang im Körper ... Besteht eine Immunsupression, kann sich das Virus unkontrolliert vermehren und zur Entstehung von verschiedenen seltenen Krebserkrankungen beitragen. Seit rund 40 Jahren besteht der Verdacht auf Lymphdrüsenkrebs, Morbus Hodgkin, Burkitt-Lymphom ... weltweit verantwortlich ... In jüngster Vergangenheit erhöhte sich der Verdacht ... Autoimmunkrankheiten, z. B. Multiple Sklerose, rheumatoide Arthritis ... Forscher an der Charité chronisches Erschöpfungssyndrom mit EBV in Verbindung gebracht.«

Wiki kann nicht alles wissen, locker bleiben, nächster Infostand.

»In Afrika ... Epidemie ... im asiatischen Raum ... verantwortlich für Tumore an Nase oder Kehlkopf ... Brustkrebszellen häufig durch EBV infiziert, ohne dass ein ursächlicher Zusammenhang ... weiterhin sind die Leberwerte häufig erhöht.«

Weiterklicken, ins Beckenbodenchakra atmen.

»... häufigste Symptome:
– Kopfschmerzen (Infekt versch. Hirnbereiche)
– Epilepsie
– Psychische Störungen
– ADS
– rheumaähnliche Gelenksbeschwerden
– Nieren-, Leberschäden
– Herzrhythmusstörungen
– Hodenschmerzen ...«

Abschiedsbrief. Nein, Schreiben war nie meine Sache. Wenn ich allerdings nur in Ohnmacht falle, springen meine zeckenartigen Drecksviecher im selben Moment wie gestört übereinander her und zeugen binnen Millionstelsekunden *another billion* weitere zeckenartige Parasiten.

Ausmachen, hinlegen, nicht denken. In Spiritus Sancti. Applaus.

»Alex hier, was macht die Kunst? Weißte's jetzt? ... Wat denn, ist das so was wie Schwindsucht?«

»Jain, aber mein Hirn ist jetzt auf jeden Fall entzündet!«

»Wie meinen? Morgen um zehn? Hauptsache, es ist nichts Schlimmes ...«

Abends, ich lag immer noch wie eine Mumie in meinem eigenen, nicht mehr mir gehörenden Körper.

Alles kein Drama, im Gegenteil.

Nachmittagstermin beim Vitamin-C-Dealer:

»Ja, alles super! So, aber, was ist mit meiner Milz? Ich habe rumrecherchiert ... die Proben sind nächste Woche, ich sollte eigentlich wenigstens mit leichtem Joggen anfangen, sonst, das sage ich Ihnen, rolle ich schon nach dem ersten Song wie ein Quarkbällchen besinnungslos von der Bühne. Und das nicht nur, weil meine Milz gerissen sein wird ...«

Unterdrückte Nummer. Nein, bitte ...

»Hoopi, Gott sei Dank, du glaubst es nicht ...«

»Du auch nicht! Ich muss dir was erzählen! Unser Freund Manni, der Obdachlose von der Domplatte, du erinnerst dich? ... Na, jetzt halt dich fest. Er hat sich von den verkauften Möbeln und dem Surfbrett damals eine Kamera gekauft und seinen Alltag als Hobbypenner dokumentiert, seit Monaten schon ... frag mich nicht, er hat's geschafft! Die Bürgermeisterin ist auf ihn abgefahren ... Interviews, Fotos, ich hab den Artikel gelesen ... Die sind alle so begeistert von seinen Bildern, dass sie ihm eine Galerie angeboten haben, in der er seine Fotodoku ausstellen kann. In Köln Kalk! Für die Leute ist er inzwischen ein Hero, ein Che, ein Popstar oder so. Pommes plädiert in seinen Reden vorm Dom für niedrigere Mieten – es könne nicht sein, dass fast ein Drittel des Einkommens für die Miete draufgeht ... die lieben ihn ... Was sagste jetzt? Die Ausstellung geht noch den ganzen nächsten Monat. Und du so?«

Ich freute mich wieder mal sehr.

Letzter Morgen im Sanatorium. Packen, Gummibänder nicht vergessen. Die ersten Tage durfte ich noch alleine vor mich hin üben und in dem umliegenden Waldgebiet den Kreislauf auf Hochtouren bringen, bevor die anderen Kollegen dazustoßen sollten. Termine in der örtlichen Chiro-Praxis klargemacht, läuft.

An der Popstar-Ranch angekommen, verschwand ich erst einmal für mehrere Stunden im Proberaum. Da konnte man auch schön aus dem Fenster auf die Zedern und Zypressen glotzen. Sehr viele Meisen waren das, dieses Jahr, fand ich. Muskelkater, Schulterschmerzen de luxe. Der verschlammte Karren kam dennoch in Fahrt. Morgens joggen, dann Frühstück, zehn Bahnen in der Schwimmhalle neben dem Wohnbereich, ab in die staubgesaugte *rehearsalarea*. Grützen bis der Nachmittag kommt, ab ins Nachbarsdorf, Kälte-/Wärmebhandlung, eventuell Stromschlagtherapie, Abendessen, in die Kiste fallen, Angstschweiß unterdrücken.

Ich fühlte mich jeden Tag besser, fitter, bestens gelaunt. Ein f... Wunder. Mehr oder weniger schlagartig, innerhalb einer Woche, rannte ich doppelt solange durch die Wälder, ohne anschließenden Kreislaufkollaps. Nach dem Topf Birchermüsli mit Zitrusfrüchten waren es schon bald dreißig Bahnen.

Als die lustigen Musikanten dazukamen, ging mein Stimmungsbarometer nochmal höher. Tausend Ideen für das Projekt wurden selbst aus den Resten eines Frühstückseis zusammengesponnen, Filmchen gedreht, auf Higgins' frisch gemähtem Rasen vom Mann mit der Posaune in »Bob's Jonglage« Jonglieren gelernt, Gott, ich strotzte nach drei Wochen nur so vor Kraft. Fünfzig

Minuten, jetzt schon auf Zeit, schneller. Fünfzig Bahnen. Das einzig Unangenehme war die tägliche Einkaufszeremonie mit Daddy X. Ich konnte mich ja nicht immer drücken. Aber schon der Geruch am Eingang des Einkaufszentrums, obwohl dort erst die Obst- und Gemüseabteilung war, schien mir unerträglich. Ich war bereit, den Einkaufswagen herumzuschieben, aber meine Raserei machte X. ganz verrückt.

»Sag mal, können Sie bitte noch schneller rumheizen? Wenn dir dit keinen Spaß macht, dann ...«

»Spaß ... doch, doch, es gibt ja nichts Schöneres, eigentlich, als Essen kaufen, normalerweise ...«

Status Quo nach drei Wochen: *She was back!*

Eingebettet ins *A.X.T.*-Reha-Programm konnte man mich bald kaum mehr bändigen. Sicher, die blöde Schulter – Kostenpunkt: vierhundert Euro –, aber meine liebe Frau Dr. Tulpe sendete mir zur Beruhigung einen Befund zu. Er besagte, dass der Humeruskopf *in regelrechter Articulation, unauffällige Verhältnisse auch im Bereich des Acro-Claviculargelenks aufwies. Glatt konturierte Gelenkflächen* hatte ich, und *keine periartikulären Weichteilverkalkungen!* Es gab *keinen Nachweis einer Omarthrose, überhaupt keine Verkalkung.* Und jetzt kommt's: Das *AC-Gelenk* war auch *unauffällig!* Nächstes Jahr will ich Anatomie studieren, entschied ich.

Elfeinhalb Kilometer in einundfünfzig Minuten, nicht schlecht. Sechzig Bahnen. Nichtraucher. Baumstämme rausreißen? Langweilig!

War es das, wofür ich es hielt? Der Nightliner, man konnte ihn schon aus der Ferne sehen, rollte an, vorbei an Ur-Bullen und Bisons, die dort seit Jahren gezüchtet werden. In die Ranch-Auffahrt, durch die Zypressen-Allee, vor meine Nase. Gott, ich hatte ihn so schön gar nicht in Erinnerung. Er funkelte wie ein Diamant, oder waren das meine Freudentränen, in denen sich das Licht der Sonne brach? Jedenfalls konnte der Kindergeburtstag beginnen.

Man prügelte sich um die besten Kojen- und Stammsitzplätze, knallte sich die Schminktäschchen und Blechgebläse um die Ohren und tobte sich die nächsten Stunden im fahrenden Wolkenkratzer anständig aus und – *ich war dabei!* Aber jetzt bloß nicht durchdrehen, noch war der erste Gig nicht heulend in der Dusche verarbeitet worden ...

Die Krachgarten-Tour begann in der Philipshalle, wenn das Herr Gádji wüsste ... Gegen Ende wieder meine Lieblingscolumbiahalle in der Hauptstadt, und das Finale in Hamburg. Die à-Konto-Zahlung, die ich beim Management beantragt hatte, war diesmal höher als sonst, egal, dafür war keiner *happier* als Glückskeks S.!

Kaum zwei Monate nach meiner Reanimation spielte ich mit sündhaft teurer Unterwäsche auf dem Kopf vor weißnichwievielen Menschen auf der tollsten Schlagzeugburg der Welt und dachte an die Schnittchen, die bergeweise jeden Abend im Nightliner für die Rückfahrt ins Hotel für uns bereitstanden. Aber was sollte ich tun, war ich nicht auch nur ein Opfer dieser kapitalistischen, oberflächlichen Konsumgesellschaft?

Man behandelte mich ganz normal. Warum auch nicht? Inzwischen machte ich einen ganz passablen Eindruck. Selbst morgens bestens gelaunt, logisch, wohlgenährt, und ziemlich fit so weit. Nur das Theater mit den grünen Bändern, die ich fünfzehn Minuten vor jedem Gig an irgendwelchen Eisenstangen hinter der Bühne anbringen musste, um meine Aufwärmübungen durchzuführen, nervte uns alle.

Generell bin ich auch schon mit Reisfeldern, roten Walrossbadehosen oder Paprikafladen zufrieden, aber nachdem unser Album von null auf eins in die Charts eingestiegen war, bisher jedes einzelne Album Gold bekommen hatte und nun eine Live-CD aufgenommen werden sollte, bei dem die Band auch prozentual beteiligt wäre, etliche Videos für die Singles folgten, die auch mindestens *top twenty* wurden, die Merchandisestände sich in Möbelhäuser verwandelten, Fachzeitschriften, Film, Funk und Fernsehen über uns berichteten, wir grundsätzlich auf jeder Bühne der Hauptact waren, umgeben von absoluten Profis, die alle hundertprozentig um das Wohl der Mannschaft bedacht waren, ich mindestens zwölf Flaschen Gatorade während der Gigs von einem Drumtech gereicht bekam, der normalerweise für *Santana* – oder war's Brian Adams? – auf Welttournee oder beim Golfen zuständig war – gut, trinken musste ich schon selber, musste ich gestehen, und ich wurde ja quasi zu diesem Irrwitz gezwungen –, hätte es von mir aus, wer kann es mir verdenken, so bleiben können!

Die Menge der zahlenden Gäste hatte sich dieses Jahr verdoppelt. Also mussten wir in noch größere Hallen ausweichen. Die Bühnenshow war einen Schritt spektakulärer, wie ich fand. Meine Axtler mussten sich an stylischen Ölfässern zu schaffen machen. Was die *Blue Man Group* kann, konnten wir schon lange! Ein Meer von einem Kerzenarrangement wurde eigens aus einem aztekischen Tempel in Südmexiko herausgefräst und für eine Ballade auf die Bühne herangekarrt. Monatelange Arbeit von Technikern und Forschern steckte darin. Das Intro: noch aufwändiger. Sir X. ist eigens zu diesem Zweck nach Mali geflogen um dort den Fruchtbarkeitsgesang eines Volkes aufzunehmen, vor Ort schon zwischen Baobab-Bäumen zurechtzuschneiden und dann unter Zedern und Zypressen zu Hause wochenlang zu verfeinern. Der König der Lightshow, Luis, hatte sich wieder einmal selbst übertroffen und legte, dank der Kräne vom Hamburgerhafen, die extra ... mit einer Leiter ging's diesmal Gott sei dank nicht, ein Lichtspektakel hin, das seinesgleichen suchte – und nie fand. Dazwischen auf der eigenen Goldverleihungsparty oder der Platinparty der Mutterband H.N.O. Satéspießchen aus bengalischen ... mampfen. An *off-days* von anderen Bands, die gerade in der Stadt waren, zum Konzert eingeladen werden, V.I.P.- Lounge, logo. In Wien oder Zürich, da kostete die Flasche Mineralwasser aufs Zimmer nur 12 Euro, die aktuellen Ausstellungen oder Mozart besuchen. Vom Chef in die Oper, Kino oder einfach nur zum besten und teuersten Italiener der Stadt eingeladen werden, ach was, die Köche gleich ins Hotel bestellen, aufs Zimmer! Ein neuer Endorser, der extra aus Wasweissichwoher für mich angereist war, drehte mir ein paar geniale Plexiglasplatten mit Intarsien aus 24 Karat ... als Teppichersatz unter die Drums an. Wenn alle amerikanischen Tiptop-Drummer die hatten, wollte ich auch! Unterschreiben. Sich die Bühne teilen mit namenhaften Megakünstlern wie ..., und ... oder ..., nicht zu vergessen ... Bono was krank, dem Papst und Jesus Christus, Michael lebte nicht mehr ... die Liste ging ins Unendliche.

Hätte ich mich wehren sollen?

Es ließ auch im Jahr darauf nicht nach. Die Proben gingen im Mai los. Alle Festivals, auch das Gurten Festival mit den golden Dixis, mitnehmen, Tessa nötigte wieder irgendwelche Legenden wie Nick Cave – oder war's Mick Jagger? – zum gemeinsamen Foto vor den Klos, dann Übergang in die eigene Tour. Fliegen zur Abwechslung. Im Interconti oder Ritz oder was in Dings auf dem Dach plantschen. Noch 'ne Sushiplatte oder lieber 'n Stück Kuchen, frisches Lametta, Nutt'n'Koks, Gruß des Hauses, auf Zimmer, im Schlosshotels in *whatevertown*. Ach Gott, mir wurde ganz schwindelig.

Hoffentlich muss ich wegen des nächsten Virenaufstands nicht die Amerika-Eastcoast-Westcoast-Tour absagen, dachte ich. Na ja, wenn ich meinen Personal-Trainer mitnähme ... und den Masseur ...

⓪⓪⓪

Frisch war's geworden ohne Jacke. Sie nahm ihre blutleeren Beine wieder herunter und ging langsam zurück ins Abteil.

Es war ein schöner, weil vertrauter Blick in das Musikzimmer. Natürlich konnte man so nicht in Ruhe weiterarbeiten, dennoch fühlte sie sich mit diesem Irren und seinem Instrument in ihrer Nähe ganz wohl.

»Du, meinst du, dein Bass liegt gut so?«

»Ha, das makt ihm nix, he hat schon ganz anderes gelegen, haha …! Weißt du … in *South Africa*, da muss ik in näkste Zeit wieder spielen, sagt man … *You never know, if you* …«

Die Nachmittagssonne, falls sie sich denn je hatte blicken lassen an diesem Tag, musste wohl hinter den bayrischen Wolken und Bergen verschwunden sein. Alles schien so unwirklich und war doch real. Ein Art Retrofiktion, *Steampunk*, sozusagen. Aber wie pflegt man in *South Africa* zu sagen: *You never know, if you … what?* Das Ticketproblem war noch nicht aus dem Weg geschafft, wie alle folgenden Katastrophen auch. Trotzdem, gerade jetzt: kühlen Kopf bewahren. Um Gottes willen konzentrieren.

»… *anyway*, als mich dann die Sir Simon Rattle rausgeschmissen hat, habe ik gesagt, *okay, I'll go to Barenboim, anyway … and you know what?* Jetzt ik bin *more successful than ever*, haha … *everything is absolutely great, you know … but of course all that travelling and stuff … well*, es gibt schlimmere Saken … *you got to believe in yourself and* …«?

Mhm, sicher, Digger, dachte sie. Andererseits imponierte ihr dieser Mammut eines selbstbewussten, offensichtlich sehr erfolgreichen Klassikers doch etwas. Sie fragte ihn nach ihrem Bass-Vorbild, nicht dass sie jemals … aber sie war ja auch mit diesem Instrument aufgewachsen, und nur um sicherzugehen, ob dieser Hobby-Ungar auch wirklich Ahnung hatte. Vielleicht würde er sich aus seinem Laberflash selber direkt in den Schlaf sabbeln und sie könnte endlich weiterarbeiten, spekulierte sie und fragte ihn also nach Aladár Pege.

»*Oh my goodness, Aladár, a very good friend of mine, yes, we had a gig in … aah … Montreux, at the Jazz-Festival … yes, a few years ago … I remember … that was amazing, yeah …*«

Wahnsinns fette Beute. Das wäre also das Leben gewesen, Frau G., das sie mal besser bestellt hätten? Tja, *next time* vielleicht, *darling*, dachte sie. Das waren die Momente, in denen man einen Menschen eine Zehntelsekunde lang beneidet und doch im nächsten Augenblick genau weiß, dass man selbst nie und nimmer mit ihm und tausend anderen in engen, verstaubten Orchestergräben hocken und Notenblätter um die Wette wälzen will. Trotzdem hätte sie gerne gesehen, um welches Schmuckstück es sich bei seinem Bass handelte. Was wiederum extrem unhöflich gewesen wäre. Man lässt nicht einfach jeden an seinem Instrument herumpfuschen und überhaupt. Es war besser so. Was, wenn es eine Enttäuschung wäre. So eine nagelneue zusammengeklebte Kopie eines ... Sie hätte lügen müssen, ihn wunderschön finden müssen. Hatte er wirklich so viel Ahnung? Hatte dieser Bass überhaupt anständige Darmsaiten?

Das ging sie ja auch nichts an.

Es war immer noch ganz gemütlich, so eingepfercht zwischen Bassmauer, Fenster und erfolgreichem Weltenbummler. Solange der Feldmarschall nicht vorbeikam, war alles in Ordnung. Es war hoffentlich kein Direktzug. Auf dem Hinweg hatte sie die Haltestellen sicher verpennt. Also, sobald der Zug an Geschwindigkeit verlor, würde sie sich zum Aufbruch bereit machen. Von dort auf die nächste Autobahnraststätte und Daumen raus, Richtung Süden.

»... *well, well*, die *jetlag* makt mir nix, *but* letzte Woke in L. A., ik habe *lots of old friends over there, you know*, war ik fast zwei Tage *completely knocked out*, haha ... aber die *gig was great, yeah ... you got to come over one day, if you like* ...«

»*Sure*, gerne ...«

»Puh, *I got* Kohldampf, *darling, can I get you some food too, from the restaurant*?«

»Ach nö, *thanks*, mein *stomach ist upside down, like* dein *Basscase*, ha ...«

»*I see, all right*, ik gehe kurz was essen, *and* wenn ik die Typ sehe, ik sag, er soll zu dir komme, *okay*? Willst du auf meine Bass aufpassen? *You'll take care of him, don't you*?«

»Klar, auf jeden! Beide Augen werde ich auf ihn werfen! Keine Sorge, lass dir Zeit, hau rein.«

Gottes Gnade über uns allen, GEH, dachte sie.

Kenny musste noch nicht einmal das Knie richtig anheben, um über seinen Freund zu steigen. Er zwängte sich aus dem Abteil, zog sich im Gang die Hose anständig hoch, schaute verschmitzt zu S. rüber, während er die Glastüre zuschob. Das Bordrestaurant war im vorderen Teil des Zuges. Und genau da ging Kenny hin. Kein Planloser, nein, er ging wie die Indianer, dort kam er ja schließlich her, zumindest hatten sie ihn als Kind geprägt. Halb geduckt schlich er los. Man konnte ihn fast bedauern, wie er so als Riese in einer Spielzeugeisenbahn vorsichtig dahintapste. Mit beiden Händen stützte er sich an Fenstern und Klotüren ab, um nichts kaputt zu machen. Das brachte erfahrungsgemäß nichts. Elefant bleibt Elefant und Porzellan bleibt Porzellan.

Der Geruch von tagelang aufgewärmtem Gulasch kam ihm entgegen. Er setzte sich gleich an den ersten freien Tisch, in Fahrtrichtung, so konnte er dem Schaffner, der gerade einen Plausch mit dem Sous-Chef am Ausschank hielt, Bescheid geben.

Linseneintopf und Laugenknödel, überbackene Zwiebelsuppe, Käse oder Schinkenbaguette, ein paar Wiener Würstel mit einer Semmel, wahlweise Ketchup oder Senf und natürlich die leckere Gulaschkanone. Nichts unter 4,90 Euro. Der Pott Filterkaffe 3,90 Euro. Er bestellte den *German Linseneintopf* mit Laugenknödel als Vorspeise und ein Beck's.

Nach drei weiteren Beck's wischte er sich, während man seinen Tisch abräumte, den Mund mit der Serviette ab und warf dem Herrn vom Service ein »*Oh, sorry, I got no cash with me right now, but my wife got her Visacard in our* Abteil, Wagen *number fifteen, I guess ... If you like, I'll send her here, in a few minutes ... see ya*« entgegen, gab ihm einen *big canadian smile* und stampfte von dannen. Der Kellner, mit seinem Geschirr beladen, blieb versteinert stehen, sah ihm nach, drehte sich zum Sous-Chef, der das Gespräch mit dem Schaffnerkollegen unterbrach und sah schließlich hilflos aus dem Fenster auf die vorbeirasenden Kuhweiden.

Jahrzehntelange Erfahrung hatte dem Oberkellner längst abgewöhnt, hinter irgendwelchen zahlungsunfähigen, nicht um die hanebüchenste Ausrede verlegenen Passagieren herzusprinten. Vor dem nächsten Bahnhof würde er sie sowieso erwischt und in die Knie gezwungen haben, denkt der ICE-Angestellte, als ihn ungewöhnlicherweise – auf dieser Strecke sollte der Zug erst in circa fünfzig Kilometern auf dem Nürnberger Hauptbahnhof halten – ein abruptes *Ritardando*, gefolgt von einem mittlerweile in den ICEs in den oberen Frequenzen nicht ganz so ohrenbetäubenden Quietschgeräusch begleitet, in die Karategrundstellung N°1 zwingt. Die absolute Kontrolle über das eigene Gleichgewicht zu beherrschen, gehalten von der – Sportpros sprechen hier –»stabilen Tiefenmuskulatur«, ist die erste aller Übungen in der Ausbildung zum fahrenden, fliegenden oder segelnden Servicedienstleister … Wie gesagt, der solide Grundstand in Position N°1 hätte normalerweise völlig ausgereicht, um wieder Herr über die Balance zu werden, doch das unvorhersehbare Abbremsen von einer Geschwindigkeit von, sagen wir, gefühlten 530 Stundenkilometern auf eine 30er-Zone, wenn man mit circa 25 Tellern, Besteck und halbleeren Salatschüsseln bepackt ist, das ist selbst für erfahrene Jongleure eine Herausforderung.

Keine Zeit für Zeitlupentechnik. Ehe irgendjemand im Bordrestaurant überhaupt eine vernünftige Antwort auf die im Raum stehenden Fragen wie »Warum haben die Kühe auf den saftigen Weiden plötzlich das Vorbeirasen eingestellt?«, »Wieso fliegen bunte Geldscheine, Zuckerwürfel und Pfefferstreuer an meinem Kopf vorbei, und wem gehört eigentlich dieses Notebook, das sich in mein Rückenmark gebohrt hat, oder habe ich zwei davon?« – und so weiter finden kann, liegt der halbe Waggon bereits mehr oder weniger in Trümmern, und der große Bargeldlose ist weg.

Mehrere Bäuerchen später erreicht *Kenny the Dandy*, ohne sich und andere in Lebensgefahr gebracht oder nachhaltige körperliche Schäden verursacht zu haben, uns ist das unbegreiflich, das Abteil *fifteen*. Hier war er fürs Erste in Sicherheit. Der labil-frustrierten Berlinerin würde er mit seinem *Canadian charme* schon klarmachen, dass dieser brutale *full stop* einen allgemeinen Schock und Tumult Sondershausen ausgelöst hat, ausgerechnet, als er die Rechnung für das ungenießbare Süppchen verlangt hatte … aber bis zum jetzigen Zeitpunkt sei nicht davon auszugehen, dass … man müsse also den Verantwortlichen einen Moment geben und auf weitere Anweisungen warten. *By the way*, müsse sie ihm dann kurz mit ihrer Visacard aushelfen.

Er schiebt die Türe auf, will gerade über seinen Freund steigen und sich den Traumata seiner Zellengenossin widmen, als er eine Veränderung wahrnimmt. Mag sein, dass ein gewisser Pegel, kombiniert mit Adrenalin und Testosteron, *whatever*, vorübergehende Sehstörungen verursacht, aber er hätte schwören können – sie war eindeutig nicht im Abteil! Ihre Jacke hing noch, das zerknüllte Sweatshirt lag auf dem Sitz. Wahrscheinlich hatte er sie doch zu lange warten lassen. Frauen und ihre Blase. Auch in *Old Europe* war das nicht anders. Okay, aber er hatte sie doch ausdrücklich darum gebeten ... *What if* ein ausländischer Passagier, *the Germans* waren ganz ungefährlich, eingebrochen und ihm sein verdammtes Arbeitsmaterial geklaut hätte? Klar, bei *ebay* hätte man nicht allzu viel für diesen Kontrabass bekommen, K. hatte vor Jahren unschlagbare *eighty Euros* dafür hingeblättert, aber trotzdem – das Geschäft in der U-Bahn-Szene war hart. Egal in welcher Stadt.

Er könnte noch ein paar Minuten auf sie warten. Gesetzt den Fall, der Oberkellner war bereits mit der Bratpfanne unterwegs auf der Suche nach ihm, dann wäre jetzt der passende Moment, einen andere Bürgen zu finden und endlich ein vernünftiges Kaltgetränk.

Also, Solo-Improvisation im C-Teil, beziehungsweise spontan zu Plan B. Sofort den Bass und die Jacke schnappen und ein anderes Abteil belagern, am besten am anderen Ende des Zuges. Solange der technische Fehler behoben, beziehungsweise das Reh von den Schienen gekratzt wird, werden alle Mitarbeiter sicher mit anderen Dingen beschäftigt sein, als ihn zu suchen, um sich an seinen nichtvorhandenen Kröten zu bereichern. Alles Weitere sieht man dann, denkt der Zuversichtliche.

Die Abteile in Waggon vierundfünfzig sind hoffnungslos überfüllt, zumindest ziehen die Reisenden beim Anblick des riesigen Ungetüms eines Basskoffers vorneweg, gefolgt vom einem mit zweihundertfünfzig Zähnen bewachsenen Gebiss, hysterisch die Vorhänge zu. Nicht so in Abteil dreiundzwanzig. Die ältere Dame, die ihren vier Kindern mit ihren braun verschmierten Gesichtern und Nutella-Broten hinterherrobbt, kommt ihm bekannt vor. Kann das Zufall sein? *No way*, denkt der Koloss und reißt frohen Mutes die Schiebetür auf.

»*Oh my goodness, mam? This is crazy, I was just on the way to ... the second when the accident ... and I was thinking about you and your ... Isn't that awesome, mam?*«

»Herrgott Sakra, der ausländische Totngräber, Jesus Maria! Was wolldn sie jetzat hier? Hiiier voll! Hast mi, HIEER IS FULL!!«

»Meine Damen und Herren, eine kleine Durchsage: Wie Sie sicher bemerkt haben, mussten wir unsere Reise nach Berlin leider kurz vor Ingolstadt unterbrechen, da sich ein Objekt auf den Gleisen befindet. Bedauerlicherweise kann sich die Weiterfahrt um zwei bis drei Stunden verzögern. Polizei und Notarzt werden jeden Moment eintreffen. Bitte bleiben Sie entspannt auf ihren Plätzen, ich melde mich, sobald sich Neuigkeiten ergeben oder versuchen Sie, den weiteren Verlauf Ihrer Reise einfach selbst in die Hand zu nehmen. Falls Sie Wünsche oder Fragen haben, steht Ihnen das gesamte Bordpersonal jederzeit gerne zur Verfügung. Wir bitten Sie, die Verspätung zu entschuldigen.«

Die Blicke beider Heerführer erstarren gen imaginären Himmel. Selbst die Horde Bengel fühlt sich ob des völlig übersteuerten Sounds aus den Lautsprechern gestört und glotzt ihre Mutter an. Wie Fische, denkt Kenny, kleine, überfressene Kaulquappen, die hoffnungsvoll auf die nächsten Brotkrumen, möglicherweise jeden Moment aus dem bombastischen Dekolleté des Mutterkarpfens fallend – Kennys Blick kann sich von diesem nicht mehr abwenden –, gieren.

Lag es am *german beer*? *Whatever*, je mehr er sich zusammenriss, desto mehr spielte seine Fantasie in Schüben verrückt und bildete diese zwei enormen Glaskugeln aus den Brüsten dieser Frau, in die er hineinsehen konnte und in denen sich die ganze Palette karibischer Fischarten fröhlich tummelte, ja sogar bunte Korallen entstanden in diesem einmaligen lichtdurchfluteten Aquarium. Er meinte Schuberts Sonate in Bull-Moll zu vernehmen ...

NO WAY, zwei bis drei Stunden würde selbst er, und er wusste, zu essen gab es hier noch jede Menge, nicht aushalten können. Sicher, er hätte nicht lange gebraucht, um auch diese bayrische Nuss zu knacken und sie zur Suppenrechnung zu überreden, dennoch, das musste wirklich nicht sein.

»*Oh, I just lost my ... the girl*, die was in meine Abteil, sie ist weg, weiß nikt wohin!«

Einen Moment lang holte die bayrische Dame Luft – und alle ihre Murmeln im Gehirn zusammen.

»Weg? Woas hoast weg?«

Sie schien blitzschnell zu kombinieren, spitzte den kaum vorhandenen Mund, kniff die Augen zusammen und schien einen Augenblick später zu einem erschütternden Ergebnis gekommen zu sein. Anders konnte Kenny sich die aus heiterem Nichts aufgerissenen Augen, das sperrangelweit offene Karpfenmaul und die bebenden Aquarienbecken nicht erklären. »SIIIE! Sie hamm' des Madl nausgschmissn! SIE woarn des! Deswegen stehn mir jetzat no dräi Stund hier in der Pampa, SIIIE ...« So schnell konnten sich knapp zwei Meter nicht ducken, um den beiden bayerischen Halbschuhen auszuweichen. Einer traf Kenny direkt am Nasenbein, der andere streifte nur sein Ohr. Er sah gerade noch, wie die Dame sich umdrehte, um die Colaflasche und die Gefriertasche zu schnappen, da ergriff K. seinen Bass und schob die Tür im letzten Moment zu. Die Orangen und die Leberwurstbrote rutschten langsam in ihrem eigenen Saft die Scheibe hinunter. Kenny machte vier große Schritte in die andere Richtung, das war jetzt egal, als er den wildgewordenen Karpfen hinter sich her schreien hört: »MÖRRRDER, SIIIE, HÜIFÄÄ, POLZÄI, ÄIN MÖRRRDÄR ...«

Er verstand kein Bayerisch, aber es musste dringend neues *beer* her.

Vielleicht hatte seine Berliner Abteilgenossin auf dem Weg zu den *bathrooms* eine alte Partei-Freundin getroffen, die sie in ihr Abteil eingeladen hatte und sie berieten sich gerade über die neueste Berliner Schuhkollektion Sommer/Winter 2013. Vielleicht war sie wirklich ausgestiegen, wer weiß, ob sie noch weiter in den Nord-Osten reisen wollte, einen suizidgefährdeten Eindruck hatte die Frustrierte jedenfalls nicht auf ihn gemacht. Er beschloss, sich keine allzu großen Sorgen mehr zu machen. Ob sie der Herr Ober vom Bordresto inzwischen abgefangen hatte, und sie unter Tränen gegen ihren Willen festhielt, weil sie sein Süppchen ...? In diesem Falle wäre es höchste Eisenbahn, sich vom Acker zu machen.

Der Hauptbahnhof von Ingolstadt lag etwa noch fünf Kilometer Luftlinie nordwestlich des gestrandeten ICE. Sharona nutzte dankbar diese kleine Pause, um eine zu rauchen. Die Zugtür ließ sich problemlos öffnen, und nach der Durchsage erkannte sie die Chance, sich endlich die Beine vertreten zu können, frische Luft einzuatmen – und aus einer Kippe wurden schnell vier. Neben dem Gleis waren zwei weitere Schienenstränge, über die sie stieg, um sich ein wenig von der herrlichen Umgebung berieseln zu lassen. Die Stacheldrahtzäune an den Kuhweiden waren sicher mit leicht prickelndem Strom durchzogen, S. wollte das heute nicht genauer erforschen, und lief eine Zeitlang an den überraschten Kühen vorbei. Irgendwann, ganz in Gedanken versunken und benommen von der Schönheit ihrer alten Heimat Bayern – sie bemerkte kaum, wie weit sie sich schon von dem hinter ihr kaum mehr erkennbaren ICE entfernt hatte –, zwangen die dröhnenden Polizei- und Feuerwehrsirenen sie, sich umzudrehen.

Na ja, das wird wohl noch ne ganze Weile dauern, denkt S., und da sie solche Situationen gerne zu kleinen Abenteuern auszubauen pflegt, gewollt oder nicht, beschließt sie, die kleine Siedlung, einen halben Kilometer vor ihr, unter die Lupe zu nehmen. Zum Zurücksprinten hatte sie jede Menge Zeit. Hauptsache die haben einen anständigen Cappuccino, dann ist die Welt für eine Zehntelsekunde wieder erträglich, denkt sie und legt einen Zahn zu.

Je näher sie kommt, desto klarer wird ihr, dass es sich nicht um eine Siedlung handelt, sondern um einen heruntergekommenen Rasthof, hauptsächlich für Trucker. Keine amerikanische Kette, nein, eine selbst erfundene, eine, die »Draußen nur Kännchen« im Angebot hat. Ein satter Fluch folgt und schon wenige Schritte später betritt S. den Rasthof, *Bärbels Trucker-Treff*, gutbürgerliche Küche plus Pension.

Awesome, sagt sich S., besser als es im »Texas« je hätte sein können. Ob *Helmi, the Tankstellen-Bockwursttester* hier schon eine Probe entnommen hat? Sie ergreift den verklebten Türgriff, reißt die ehemals durchsichtige Glastür auf, nimmt eine Nase alten frittierten Bullenfetts und wirft der Küchen-, Putz- und Kassenkraft, die einen leicht abwesenden Eindruck macht, spontan ein freundliches Grinsen entgegen.

»Wunderbar, guten Tag! Einen Cappuccino bitte, danke!«, schallt es durch den menschenleeren Raum.

Es war, als hätte eine Mücke gehustet oder eine Zikade das linke Bein verloren, die Fachkraft wischte lustlos ohne aufzuschauen mit ihrem inzwischen lebenden Lappen die Oberfläche des verkratzten Tresens, oder was sie durch die übrig gebliebenen Haarsträhnen, die ihr sinnlos im Gesicht herumbaumelten, noch sehen konnte, weiter »sauber«.

Hinter der verträumten, aber pflichtbewussten Dame, direkt über der kalten Fritteuse, klebte ein einstmals weißes, fettfleckenfreies Stück Papier, auf dem mit kaum erkennbarer Druckschrift ein mit Kuli hingeschmiertes »Dringend eine Aushilfskraft, halbtags, Vollzeit, aber auch stundenweise gesucht« geschrieben stand.

Wenn nicht ihr, dieser bemitleidenswerten, vom Leben zerfressenen Frau, wem sonst sollte sie auf der Stelle unter die Arme greifen und ein paar Stunden, vielleicht sogar *übers WE* aus der Hölle der Tristesse helfen? Wer weiß, in ein paar Monaten, wenn die Gäste den frischen Wind in der Bude spürten – gut, die Wände bräuchten einen neuen Anstrich, da hatte S. Erfahrung ... eine Avocadopackung fürs Haupthaar ihrer Chefin, ein paar Schminktipps und eine entsprechende Haltung zu dem Ganzen wären angebracht, über das Design der Kittelschürzen machte sie sich erst mal keine Sorgen, so etwas schüttelt Sharona normalerweise lässig aus dem Ärmel, wenn also die richtige Musikauswahl, schmeichelnde Raumbeleuchtung und generalüberholtes Inventar den Laden wieder zum Brummen gebracht haben würden, könnte man hier tatsächlich, vorübergehend, eine Art Zukunft, ein 35. Standbein sozusagen, aufbauen. In Berlin würde sehr viel Gras wachsen, und wer weiß ... eine kleine Bühne, hier in der Ecke ... wenn man die Automaten und den Flippertisch ein wenig beiseiteräumt ... Wenigstens bis zur nächsten Tour ließe sich das alles aushalten. Ingolstadt-City hatte mit Sicherheit neben einer historischen Altstadt jede Menge moderne Kunst und Kultur zu bieten. Ihre Münchner Mädels hätten es auch nicht mehr so weit, wenn sie S. besuchten, alles paletti!

Wie stolz wäre wohl die gute Frau Fiedler in diesem Moment auf sie, wenn sie von Sharonas Engagement, die verbleibende Lebenszeit auf diese Weise zu nutzen und sich zumindest täglich ihr Bett und ihren Capu zu verdienen, wüsste?

Um den neuen Plan schnell zu konkretisieren, zu visualisieren und auszufeilen, entschließt sich Sharona, solange ihre neue Vorgesetzte mit Wischen beschäftigt ist, eine konzentrierte Kippe vor der Tür zu rauchen.

In diesem Augenblick hat das Schicksal schon zugeschlagen, quasi den weiteren Verlauf ihrer Zukunft, ohne sie zu fragen, beschlossen und in die Wege geleitet. Der weiße kleine Punkt, der verdammte ICE, setzt sich langsam in Gang und kommt näher, immer schneller aus dem bewölkten, nahezu stockdusteren Horizont auf sie zugeschossen, bald an ihr und dem Hof vorbei, um im Norden über den Bergen und den sieben Zwergen, mit ihrem Parka, samt leerer – aber immerhin! – Brieftasche und dem verfluchten Diktiergerät – Jesus, hatte sie wenigstens ihren Blackberry dabei? – sich für immer in Nichts aufzulösen.

① ① ①

Der Zug kam in Gang. Man würde ihn nicht mehr als Mörder verfolgen, nur als Zechpreller. Auch das hatte Kenny wieder unter Kontrolle. Das Glück war wie immer auf seiner Seite. Mit seinem unnachahmlichen Spürsinn hatte er sich genau das richtige Quartier ausgesucht. Die alleinstehende junge Dame in Abteil siebenundvierzig war zwar blind, für ihn kein Hindernis, im Gegenteil, er würde ihre Koffer und Taschen schon zu ihr nach Hause tragen können, und: Sie war musikalisch. Als Kind soll sie mal Klavier gespielt haben. Sicher, das könnte man auffrischen und in absehbarer Zeit ein kleines geschmackvolles Programm auf die Beine stellen, findet Kenny. Sie könne sich auch vorstellen, nach Berlin zu ziehen, von Nürnberg, dem nächsten Stopp. Viel Zeit blieb also nicht, aber Kenny war auf dem besten Wege. Noch ein paar Drinks aus dem Bordrestaurant, er würde ihr das Geld selbstverständlich auf der ersten Probe in Kreuzberg zurückgeben, ein paar Komplimente mehr, Anekdoten aus seiner erfolgreichen Bassistenkiste und die empfindsame Musikalische ist in trockenen Tüchern.

Wie sie so dasaß, mal die Hände in ihren Schoß legte, erstaunt ob seiner ausschweifenden Ausführungen, am Plüschsitz und am Kasten seines Holzinstruments zu ihrer Rechten Halt suchte, im entspannten Zustand sogar die glatte Fläche streichelte, es machte ihn ganz wirr, und er sah förmlich die großen Lettern der Theater Berlins vor sich leuchten: *Kenny & Angie in Concert – sold out!*

Sie würde alle Herzen brechen, in ihrem schwarzen Witwenoutfit, mit schwarzer Sonnenbrille und Netzhandschuhen, während sie mit ihren bleichen, flinken Fingern Kennys Kompositionen herunterspielte. Er, im perlmuttfarbenen Anzug, mit einem nagelneuen unbezahlbaren Bass, neben ihrem Flügel stehend, schmachtend an seinen Saiten zupfend. Ein Welterfolg, keine Frage, die Barenboims der Erde würde ihn, *Kenny Supersault*, noch anflehen, mit ihm überhaupt auftreten zu dürfen! Aber fürs Erste musste er sein Goldstückchen in die U-Bahn-Szene einführen, und sich einen Namen als Duett machen. Ein Klapp-Keyboard musste besorgt werden, Angie müsste wieder Unterricht nehmen, eine Wohnung, ein Auto mussten her, um mit dem ganzen Krempel zum Auftritt zu kommen und so weiter. Das war der Vorstadt-Nürnbergerin Angela so weit klar. Am Anfang des Erfolgs stehen vor allem harte Arbeit und Investitionen. Auch was die Optik der angehenden Pianistin betraf, sollte man sich keine Gedanken machen. Von der ersten Gage könnte man eine Nasen-OP und eine Kinnkorrektur angehen, you know! Er würde aus ihr eine neue Marlene Dietrich der Herzen zaubern. Darauf standen die Berliner, *Germans*, ach was, *worldwide*, alle! Wenn nur so viel zusammenkäme, dass er sich sein Tattoo endlich zu Ende stechen lassen kann, denkt K.

Auf alle Casting- und Talentshows wird er sie schleppen, *awesome! Too many options*, Fass *without* Boden! K. nimmt vor Aufregung Angelas letztes Stück Zartbitterschokolade aus dem Zellophanpapier heraus, anstatt zur Bierdose zu greifen, und sieht zum Fenster hinaus. Ergriffen von seinem eigenen Spiegelbild fixiert er mit leicht zugekniffenen Augen seinen Blick und versucht dabei sein Halbprofil perfekt zu positionieren. Ein gewisser Zucker-/Alkoholpegel stand seinem größenwahnsinnigen Gesichtsausdruck besonders gut, fand er. Wie schade, dass Angie mich jetzt nicht sehen kann. Nein, kann sie nicht, sie weiß auch nicht, wie viele Kühe im Moment an ihnen vorbeifliegen.

EPILOG

Am 27. 3. 2015 wurde Kenny Supersault aus der Haft entlassen. Man hatte ihn wegen undurchsichtiger Geschäfte, Zwangsprostitution, Raub und Autoschieberei zu eineinhalb Jahren Zuchthaus verurteilt. Nachdem er seine Strafe im Gefängnis Moabit abgesessen hatte – und keinen Tag früher –, übergab man ihm seine Habseligkeiten. Eine billige Armbanduhr, die Marke war nicht mehr erkennbar, sein Portemonnaie, das er von einer Verehrerin am Strand von Thailand geschenkt bekommen hatte, und seinen Kontrabasskoffer, auf den er sich am meisten freute. Zu seinem Entsetzen war dieser fast leer. »Bestohlen im Gefängnis« also! Er musste sofort zur *Bild*-Zeitung!

Ein zerknautschter Parka mit verrosteten Stickern und sonst nichts lag in seinem Koffer. Vorsichtig, mit zwei Fingern, zog er diesen heraus. In den Taschen befand sich leider auch nichts, außer einer leeren Brieftasche und einem Walkman, nein, ein Diktiergerät, mit dem kein Mensch heutzutage was anfangen konnte. Das Band leierte, irgendjemand hatte sich wohl einen Spaß erlaubt und ihm statt seines Basses einen Monolog in Kauderwelsch hinterlassen ... *these Germans* ...

Whatever, das Case war immer noch mindestens einige Euro wert!

Wenn Ihnen dieser Roman gefallen hat, könnte Ihnen auch das gefallen ...

Paul Lukas
VINYL
Roman
232 Seiten, Hardcover
ISBN 978-3-85286-225-5

Den Frust über sein verpfuschtes Leben, seinen Job als Manager einer drittklassigen Schallplattenfirma mit Alkohol und schnellen Drogen bekämpfend, streift ein Musiker nachts durch die sich verändernde Stadt, erinnert sich an seine große Liebe, die auf alle Konventionen pfeifende, ihn über seine Grenzen hinaus fordernde Nadja, und an seine frühere Band, die *Sonntagsmörder*, an Höhen und Tiefen, die Fallen und süßen Verlockungen des Pop-Geschäfts. An Punk und New Wave, Aufruhr und Widerstand, das Westberliner Inselleben, an Mauerfall und Einheitsbrei und den schlimmen Kater danach.

Vinyl ist zweite Roman des Mitbegründers von *Element of Crime*, Paul Lukas.

Witzig und flott erzählt und hat ein hohes Tempo!
Florian Schmid, inforadio rbb

Paul Lukas macht deutlich, wie gefährlich Pop als Lebensstrategie sein kann: Wer immer sich in seinem Text in der Musik verliert, hat eigentlich schon verloren.
fm4

Böse, besserwisserisch, frustriert aber auch romantisch und idealistisch – »Vinyl« ist immer unterhaltsam.
Frankfurter Journal

Wenn Ihnen dieser Roman gefallen hat, könnte Ihnen auch das gefallen ...

Dee Dee Ramone
CHELSEA HORROR HOTEL
Roman
Mit Begleitmaterial
Aus dem Amerik. von
Matthias Penzel
227 Seiten, Hardcover
ISBN 978-3-85286-224-8

Dee Dee Ramone erzählt von seinem Aufenthalt in New Yorks legendärster Absteige für hippe Künstler und ekstatische Rockmusiker. Er bewohnt mit seiner sexy Frau Barbara und Hund Banfield eines der rasend abgewohnten, lauten Zimmer und verbringt die Zeit mit Spaziergängen durch Manhattan mit Banfield, mit dem er sich übrigens blendend unterhält, und der ständigen Jagd nach Drogen. Dee Dee kann seine Nachbarn nicht leiden und versucht sich aus den ständigen Querelen rauszuhalten. Er wird den Verdacht nicht los, dass er im selben Zimmer einquartiert ist, in dem sein Freund Sid Vicious Jahre zuvor seine Freundin Nancy erstach. Dee Dees Albträume häufen sich, und zu allem Überfluss wird er immer stärker von lebenden und toten Dämonen geplagt, darunter auch seine alten Punkrockfreunde Johnny Thunders, Stiv Bators und eben auch Sid Vicious. Während eines letzten Konzerts mit seinen Freunden betritt dann der Teufel höchstselbst die skurille Hotel-Arena..

That's a revolution.
The New Yorker

Unterhaltsam, schön verpackt und für RAMONES und Musikfans unentbehrlich!
SLAM

Das ist Punk in Buchform.
Radio Kamikaze

Ein Buch für die unerschrockenen Freunde des Abgründigen & Experimentellen.
ARD Morgenmagazin

Dieses Buch wurde vermittelt durch: Dorothée Engel, Hamburger Buchkontor, www.hamburger-buchkontor.de

Jörg Vogeltanz, www.vogeltanz.at & Christian Gaunersdorfer, www.spickandspan.at – Umschlaggestaltung
CPI books GmbH, Leck – Druck und Bindung
© Milena Verlag 2013
A–1080 Wien, Wickenburggasse 21/1-2
ALLE RECHTE VORBEHALTEN
www.milena-verlag.at
ISBN 978-3-85286-238-5

Weitere Titel der Reihe LITERATUR und unser Gesamtverzeichnis finden Sie auf
www.milena-verlag.at